사장님!
왜 사업을 하십니까?

한영수

북봇
북GPT

본 책 내용에 대하여 북봇과 자유롭게 대화할 수 있습니다

아래 QR코드로 접속하시면
본 책의 내용에 대해 질문하실 수 있는 인공지능 채팅창이 뜹니다.
질문에 대답해 주는 인공지능의 이름은 "북봇"입니다.
저를 대신해서 책에 대해 많은 내용을 답해줄 겁니다.
추가 자료나 수정 내용도 주기적으로 "북봇"에게 교육하겠습니다.
책 읽기와 함께 "북봇"과의 대화로 더 폭넓은 지식을 즐겨주시기 바랍니다.

저자 **한영수**

Leading from Purpose 한영수 지음

사장님!
왜 사업을
하십니까?

**PURPOSE
DRIVEN
MANAGEMENT**

청어

추천의 글

대한민국의 기업도 다가오는
조용한 혁명에 동참해야 한다

그동안 숨 가쁘게 성장해 온 대한민국 기업들은 1970년대 '기업은 이윤추구가 목적이며, 주주의 이익을 우선한다'는 경제 논리로 노벨상을 수상한 밀턴 프리드먼Milton Friedman 신자유주의 경영의 연장선상에서 벗어나지 못하고 있다. 이러한 경향은 주주가 자신이 투자한 기업을 소유하고 있기 때문에 최종 결정권을 가져야 하며 주주가치를 위해 최선을 다하는 것이 기업의 의무라는 가정하에 1980년대, 90년대, 2000년대까지 번성해 왔다. 이러한 경제 논리에 변화가 일어나고 있다.

오랫동안 상당한 가치를 창출하며 전 세계적으로 널리 알려진 회사들은 신자유주의 지침 아래 주주의 이윤추구와 기업의 이익을 우선하는 경영방식을 돌아보았다. 이후 훨씬 더 깊은 것, 즉 이윤추구를 넘어 목적에 의해 인도되는 기업은 종업원, 고객, 파트너, 주주를 포함한 회사의 모든 이해당사자를 통합할 수 있는 공통의 비전을 창출한다는 사실을 깨닫기 시작했다.

오늘날 현명한 기업들은 자신의 행동이 직간접적으로 더 많은 사람에게 영향을 미친다는 사실은 깨닫고 있다. 그러나 기업이 목적을 인식하는 것은 높은 성과를 창출하는 원동력이 된다는 것을 알고는 있지만 실제로 행동으로 구현하는 것은 매우 어려운 일이다. 기업의 성과는 장기적인 재무 결과로 분명히 나타나지만 기업의 목적은 손익계산, 주가 또는 시가총액으로 나타나지 않기 때문이다.

최근 우리나라도 대기업을 중심으로 ESG 경영에 관한 관심이 급속히 증가하고 있다. 이는 기업에 불고 있는 목적 경영의 순풍과도 전혀 무관하지 않다. 자발적인 기업들의 각성이 아닌 갑자기 다가온 투자자를 중심으로 한 사회적 압력으로 이를 모면하기 위한 ESG 워싱Washing의 조짐이 여기저기에서 나타나고 있는 안타까운 현실이다.

이제 우리의 기업과 경영자들도 이 조용한 목적 경영의 혁명에 귀를 기울여야 한다. 기업의 목적은 경영자들이 온 마음과 영혼을 다해 헌신해야 하는 지속적인 되어감의 과정이다. 그것은 전체조직을 위한 운영체제이자 의사 결정을 위한 나침반 역할을 해야 한다. 기업의 목적이 이해관계자, 경영자 자신, 그리고 우리 사회에 주는 혜택은 매우 지대하기 때문이다. 이 책의 저자인 한영수 박사는 중소기업을 직접 창업하여 25년 이상 기업을 경영해 온 경영자이며, 목적 경영을 몸소 실천하고 있는 기업인이다. 또한 그는 목적 경영을 연구하고 있는 학자로서 대한민국 중소기업경영자들에게 그들만의 대체 불가능한 목적으로 100년 기업의 족적을 남길 수 있는 목적 중심 경영을 전파하겠다는 투철한 소명을 가지고 있다. 그의 오랜 연구와 경험을 바탕으로 저술된 이 책은 아직까지 전통적인 카리스마 경영에 의존하여 왜^{Why}가 아닌 어떻게^{How}만을 고민하고 있는 기업 경영자들에게 매우 신선하고 새로운 충격을 줄 수 있는 귀중한 책이 될 것이다.

정신과 의사
이시형

추천의 글

한영수 박사는 한국을 대표하는 목적 경영의 전도사다. 실제로 한영수 박사는 (사)한국조직경영개발학회의 한 모듈인 목적 경영학교를 이끌고 있고, 한국의 목적 경영에 대해서 가장 오랫동안 연구하고 고민했던 분이다. 본인이 경영하고 있는 회사 첨단엔프라와 기업들을 엮어 목적 경영의 실험실로 설정해 목적 경영과 관련한 다양한 도구, 척도, 실천 패러다임을 개발했다.

초뷰카 세상으로 상징되는 경영환경은 상수로 설정된 변화와 이에 따른 각종 복합위기로 전통적 경영 패러다임에 빠진 기업들에 길을 잃게 했다. 본인들은 길을 잃지 않은 것처럼 연기하지만, 이런 연기는 생존의 문제를 더 절박하게 만든다. 길을 잃었음을 고백하고 새로운 경영의 패러다임을 찾아내서는 기업들만 지속가능한 번성을 구가할 수 있다.

본 저서에서는 길을 잃었을 때 경영자에게 필요한 것은 나침반이라고 가르치고 있다. 나침반이 있어야 길 잃은 지점을 정확하게 찾아낼 수 있고 새롭게 찾아낸 좌표를 중심으로 다시 여정을 시작할 수 있는 지도를 만들 수 있다고 제안한다. 경영자에게 나침반은 책의 제목인 "사장님, 왜 사업을 하십니까?"에 대한 답변인 존재 목적을 은유한다. 존재 목적이라는 나침반만 있다면 세상이 아무리 변화해서 다시 길을 잃어도 두려워할 필요가 없다고 제안한다. 길을 잃은 것만 인정하면 언제든지 새로운 지도를 그려낼 수 있기 때문이다. 목적 경영을 실천하는 경영자들이 근원적 자신감을 가지고 회사를 번성시키는 이유이기도 하다.

저자는 기업이 목적 경영의 패러다임을 채용하기 위해서 기업의 대표는 다른 회사가 아니라 왜 본인 회사가 경영에 나서야만 하는지에 대한 이유인 목적을 소구할 수 있어야 대체 불가능한 존재우위를 구가할 수 있다고 제안한다. 지금과 같이 생태계의 생존 자체가 문제인 불경기 시대 기존의 신자유주의 방식에 따라 경제적 유익만을 위해서 회사를 경영한다면 자연스럽게 먼저 도태될 운명을 택한 것이다. 본 저서는 목적 경영으로 기존의 전략적 경영을 넘어서려는 경영자들이 본인 회사를 위해 목적선언문을 만들고 목적선언문에 따라 목적 경영 기업을 설계하는 방식을 설명한다. 목적 경영을 위한 시스템 설계와 더불어 목적 경영 기업을 이끄는 경영자의 진성리더십도 설명한다. 목적 경영 기업이 홈페이지에만 존재하고 비즈니스 모형으로 정렬되지 못하는 디커플링을 어떻게 벗어나야 하는지도 제안한다. 마지막으로 이런 목적 경영을 통해 초뷰카 시대 새로운 경영의 지평을 만드는 데 성공한 글로벌 기업과 한국 기업의 생생한 사례도 공부할 수 있다.

저자는 목적 경영을 한다고 기존의 전략경영을 버리라는 주장으로 오해하지 않기를 주문한다. 경기가 좋을 때 작동했던 전략경영은 지금 있는 경쟁역량을 최신화한다는 점에서 경영의 필요조건이지만 지금과 같은 기업의 생존 자체가 문제 되는 초뷰카 시대 전략경영을 가지고 지속가능성을 담보할 수 없다고 제안한다. 지속가능한 번성은 전략경영이 제시하는 경쟁우위와 목적 경영이 제시하는 존재우위가 서로 직조되었을 때에 가능하다는 점을 밝히고 있다.

많은 기업이 이 책을 읽고 대한민국 기업생태계를 건강하게 만들었으면 한다. 경쟁우위와 존재우위를 직조하는 수준까지 가지 않아도 본 저서에서 제시된 목적 경영의 원리가 어느 정도 채용되어 구성원들이 목적 경영을 이해하기 시작하면 목적이 회사의 대표이사의 책무를 담당하는 상태에 도달한다. 목적이 대표이사 자리를 차지하면 회사는 관리비용이 제로인 회사로 전환된다. 일정 수준의 기술적 역량에다 관리비용조차 사라지면 기업이 도약을 위한 강력한 날개가 부착된 것이다. 한영수 박사가 경영하고 있는 첨단엔프라의 모습이다.

이화여자대학교 경영대학 인사조직전략 교수
윤정구

PURPOSE DRIVEN

차례

추천의 글 : 이시형(정신과 의사) — 4
추천의 글 : 윤정구(이화여자대학교 경영대학 인사조직전략 교수) — 7
서문 — 16

제1장 사장님! 왜 사업을 하십니까?

사장님! 왜 사업을 하십니까?   30
이 책을 쓰게 된 저자의 내러티브   36
중소기업 경영자를 위한 목적 경영학교   41

제2장 지금 왜 목적 중심 경영인가?

초뷰카 시대의 올바른 이해   50
초뷰카, 초연결사회와 경영자의 역할   53
플랫폼을 모르는 개인과 조직은 미래가 없다   57
생성형 AI의 등장으로 달라지는 경영환경   65
대화형 AI 시대의 경영자 역할   72

제3장　목적 중심 경영은
　　　　　전통적인 카리스마 경영과는 어떻게 다른가?

목적 중심 경영이란?: 목적은 새로운 경영이론을 요구한다　80

전통적 경영이론, 주인–대리인 모형　82

밀턴 프리드먼의 주주이익 우선 경영　87

목적 경영의 순풍, BRT의 성명　90

새로운 경영학의 가능성 목적 중심 경영이론　93

목적 중심 경영자의 특성　97

진성경영자와 유사경영자　99

목적 중심 경영은 계약에서 서약으로의 도전　102

왜 기업들이 목적 경영을 추구하지 않을까?　105

제4장　조직의 목적선언문이 왜 중요한가?

목적 중심 조직이란?　112

기업의 목적　113

목적 중심 조직의 목적선언문, 정신모형Ⅱ　115

목적선언문의 구성 요인: 목적, 사명, 비전, 가치관   119

구성원 개인의 목적선언문   127

조직의 목적과 구성원 목적의 통합   130

목적 중심 경영의 성공은 목적의 내재화에 있다   138

① 구성원의 목적에 대한 지식이 있어야 한다   140

② 목적의 중요성에 대해 이해해야 한다   141

③ 경영자의 목적 소통 리더십을 검증해야 한다   142

④ 조직구성원의 가시적 헌신이 있어야 한다   143

⑤ 회사 목적이 최종 의사결정권자로 작동해야 한다   144

⑥ 회사 목적에 대한 성찰이 있어야 한다   145

⑦ 눈에 보이는 관리로 목적을 상기시켜야 한다   146

제5장   그러한 탁월한 조직이 가능할까?
- 목적 중심 조직 만들기

목적 중심 조직 만들기 첫 단계:
목적선언문은 만드는 것이 아니고 찾는 것이다   150

목적 중심 조직 만들기 두 번째 단계:
목적선언문의 진정성을 검증받아라   155

목적 중심 조직 만들기 세 번째 단계:
목적을 최종 의사결정권자로 맞이하라   158

목적 중심 조직 만들기 네 번째 단계:
중간관리자를 목적 중심 리더로 참여시켜라   162

목적 중심 조직 만들기 다섯 번째 단계:
조직구성원을 회사 목적에 연계시켜라   164

목적 중심 조직 만들기 여섯 번째 단계:
조직의 긍정 에너자이저를 활용하라   168

제6장 경영자에게 어떠한 리더십이 필요한가?

목적 중심 경영의 DNA는 진성리더십   172

리더십의 민주화 진성리더십/목적 중심 리더십   176

진성리더십/목적 중심 리더십의 끌게 정신모형   180

진성리더십/목적 중심 리더십의 오해   184

진성리더십과 긍정심리자본   188

진성리더십의 4가지 구성변인   191

진성리더십의 태반, 긍휼감   195

내 몸 안의 성인아이를 일으켜 세우는 자기긍휼감   200

진성 최고경영자 영향력의 비밀 '리더십 임재'   202

제7장 목적 중심 경영과 ESG 경영의 관계는?

왜 갑자기 ESG 경영인가?   208

목적 중심 경영과 ESG 경영의 관계   213

대한민국 ESG 운동, 바르게 가고 있는가?   216

ESG 워싱 / Green 워싱   221

MANAGEMENT

제8장 세계적으로 성공한 목적 중심 경영 기업의 사례가 있나?

세계적인 목적 중심 경영 기업의 사례　231

1. 하늘을 나는 자유, 사우스웨스트 항공　234
2. 지구를 되살리기 위해 옷을 만드는 파타고니아　238
3. 아이스크림으로 세상을 바꾸는 벤 앤 제리스　242
4. 고객의 마음을 읽는 마법사 자포스　245
5. 더 나은 일상, 더 나은 미래, 유니레버　248
6. 건강한 지구를 위한 신발 올버즈　251
7. 디지털 미래, 목적 중심 오디세이 마이크로소프트　254
8. 지식의 바다 구글링, 플랫폼 제국 구글　257
9. 희망을 보게 해주는 와비 파커　260
10. 친환경 세계로의 여행, 세븐스 제네레이션　263
11. 집과 직장 사이 제3의 공간 스타벅스　266
12. 맛과 웰빙의 선한 목자 초바니　270
13. 좋은 음식과 따뜻한 마음의 오아시스 징거맨스　274
14. 교육을 통한 변화의 등대, 아짐 프렘지 재단　278
15. 단지 한 조각의 스낵바가 이룬 기적, 카인드　282

제9장 한국에서 목적 중심 경영을 실천하는 기업은 있나?

1. 21세기 음악의 거장 BTS를 배출한 빅히트 뮤직　288
2. 대한민국에 목적 중심 경영을 실천하는 중소기업 CDE　297

**제10장 목적 중심 경영은
어떻게 실천할 수 있나?**

1. 경영자는 목적의 촉진자가 되어야 한다 319
2. 최종 의사결정권자는 목적이 되어야 한다 321
3. 조직의 모든 메시지에 목적을 포함해야 한다 322
4. 조직의 모든 회의에도 목적이 있어야 한다 323
5. 모든 구성원이 영향력을 발휘하도록 지원하라 324
6. 모든 부서에도 목적이 있어야 한다 325
7. 우리가 세상을 바꿀 수 있는 것처럼 행동해야 한다 327

부록   우리 회사의 목적 중심 경영 수행 평가 리스트 329

고마움의 글 — 332

MANAGEMENT

서문

사회가 복잡성과 불확실성으로 점철된 새로운 시대인 '초뷰카 시대 Hyper VUCA Era'에 진입하면서, 우리가 알고 있던 경영이라는 개념은 많은 변화에 직면하게 되었다. 초뷰카 시대는 현실, 가상, 메타 플랫폼이 얽혀 서로 영향을 주며, 특이점 Singularity에 도달하기 위한 과정으로 볼 수 있다. 그러나, 이러한 변화가 상수가 된 시대에서, 기업이 생존하기 위해서는 이 변화를 직시하고, 자신의 목적을 깨닫고 그에 따라 행동해야 한다는 것이 중요하다. 신자유주의 시대에서는 기업의 주요 목적은 기술과 역량으로 경쟁우위를 강화하고, 경제적 이익을 추구하는 것이었다. 그러나 이러한 관점은 현시대에 더 이상 적용되지 않는다. AI와 로봇기술의 접목으로 기술 민주화가 이루어지고 있는 초뷰카 시대에 이들과 경쟁하여 우위를 도모하는 것은 무모하기 짝이 없는 일이다.

최근 전 세계적으로 지역, 세대, 분야를 막론하고 종업원, 고객, 투자자가 기업에 기대하는 바가 크게 변하고 있다. 조용한 혁명이 일어나고 있다. 종업원들은 생계를 넘어 의미 있는 변화를 만들어내는 직장을 원하고 고객은 그들의 구매가 사회와 지구에 선한 영향력을 미치는 바라며, 투자자들은 선한 일을 하는 것이 좋은 사업이라는 사실을 깨닫기 시작했다. 최근 수십 년 동안 전통적인 사회시스템의 중심이 되는 도덕이 무너졌다. 밀턴 프리드먼과 같은 사상가들의 영향을 받은 경영자들은 사소한 이익 추구에 매몰되어 회사를 건조하고 무감각한 장소로 만들었다. 외형적으로 많은 이익을 추구하고자 지구와 사람들에게 큰 피해를 입혔다. 하지만 이제 현명한 기업은 오직 경제적 이익만을 추구하는 것이 아니라, 그 이상의 대체 불가능한 존재 목적을 찾고 이를 실현하며 차이를 만들어내야 한다는 사실을 깨닫기 시작했다.

회사의 존재 목적은 모든 결정과 행동에 영향을 주며, 회사의 지속가능성에 결정적인 영향을 미친다. 그러나, 목적을 제시하고 실현하는 것은 쉽지 않다. 이를 위해서는 기업이 자신의 존재 이유를 재정의하고, 이를 실현하기 위한 비전을 세워야 한다. 이 과정에서 경영자들의 역할은 매우 중요하다. 그들은 조직의 목적을 이해하고, 이를 실현하기 위한 비전을 설정하고, 이를 종업원들에게 공유해야 한다.

최근 사회적 압력으로 ESG 경영을 표방하면서 지속가능한 경영 방법으로 목적 중심기업으로의 변화를 꾀하고 있다. ESG 경영의 방점은 기업의 지속가능성을 평가하는데 기존의 재무적 측면을 넘어 기업의 존재 목적과 정렬된 환경, 사회, 지배구조라는 비재무적 측면을 고려하겠다는 것이다. 2020년 하버드 로스쿨 포럼과 포브스 등에 따르면, 목적 중심 경영 기업에서의 ESG 경영은 기업생태계가 존재해야 하는 목적과 사명을 정하고 ESG는 이를 실현하기 위한 도구인 지렛대로 이용해야 한다고 하였다. ESG 그 자체는 목적이 될 수 없기 때문이다.

  하지만 대부분의 기업에서 목적과 사회적 선은 여전히 사업의 성패를 좌우하는 트렌드 중 하나로만 여겨지고 있다. 또한 대다수 경영자가 목적과 사회적 선이 비즈니스에 중요하다고 말하지만, 목적을 진정으로 내재화하지 못하고 있고 목적 중심 경영으로 방향을 바꾸는 기업은 거의 없다. 본 도서는 이런 변화의 핵심에 대해 논의하며, 기업이 존재 목적을 제시하고 이를 실현하기 위한 방법을 탐색한다. 그러나 이것이 쉬운 과정은 아니다. 조직이 목적을 공유하려면, 그 목적이 개인의 목적과 가치에 일치해야 한다. 조직은 각 구성원에게 목적이 무엇인지, 왜 그것이 중요한지, 그리고 어떻게 그 목적을 실현하는 데 기여할 수 있는지를 설명하고 이해시키는 내재화 과정을 거쳐야 하기 때문이다.

  헨리 데이비드 소로는 그의 고전적인 저서 『월든』에서 "많은 사람이 조용한 절망의 삶을 살고 있다"고 했다. 미국인의 20% 미만이 자신이 꿈꾸는 직장에서 일하고 있다고 한다. 그들은 매일 하는 일과 삶의 목적을 일치시키기를 갈망한다. 결국 목적과 의미로 가득 찬 삶은 우리 모두가 원하고 있다. 하지만 사람들은 삶의 목적과 일이 일치하지 않는 경우가 많다. 종업원에게 있어 목적은 일이 자신에게 의미 있는 방식으로 변화를 가져다주는 역할을 한다는 믿음이다. 단순히 월급을 받거나 지위를 얻기 위한 것이 아니라, 일 자체가 의미가 있고 그 일이 사회나 개인의 가치에 긍정적인 방식으로 기여할 수 있다는 자부심과 자기긍휼감을 갖게 하는 것이다.

 조직의 목적은 종업원, 고객, 사회, 지구를 비롯한 모든 이해관계자의 현재와 미래의 삶을 개선하기 위한 열망적 존재 이유로 정의할 수 있다. 목적 중심적인 조직은 이러한 핵심 존재 이유를 중심으로 기업 전체를 구축한 조직이다. 기업이 제품을 제조하고 서비스를 제공하여 수익을 창출할 수 있지만 기업의 시스템은 고객, 종업원, 사회, 환경을 위해 현재와 미래의 삶을 개선하고자 하는 존재 이유를 중심으로 운영되어야 한다.

 '목적'은 단순히 경영에 속한 하나의 요소가 아니다. 목적 그 자체로 경영에서 중심 역할을 한다. 이 책은 목적 중심 경영에 대한 이론과 실제를 다루며 통찰력을 제공한다. 이를 통해, 경영자와 기업들은 자신의 목적을 찾고 이를 달성하기 위해 필요한 목적과 연계된 전략을 개발하고 실행하는 방법을 배울 수 있다. 또한, 기업의 경영자들이 자신의 진정성 있는 목적을 찾아 구성원들과 공유하고 그들과 함께 목적 달성에 성공할 수 있는 목적 경영의 DNA인 진성리더십과 목적 중심 리더십을 통한 리더십의 민주화를 통해 100년 기업의 족적을 남길 수 있는 방안을 제시한다. 나아가 이 책은 목적 중심 경영이 비즈니스 성공뿐만 아니라 사회적 책임과 지속가능성에 어떻게 기여할 수 있는지를 보여준다. 이를 통해, 기업들은 자신의 목적이 지역사회와 전 세계에 어떤 영향을 미치는지, 그리고 이를 어떻게 측정하고 개선할 수 있는지를 이해할 수 있다. 목적은 단순히 '성공'을 위한 도구가 아니라, 기업의 사회적 책임을 실현하는 수단이기도 하다.

이 책은 기업이 초뷰카, 초연결 시대에 어떻게 지속적으로 생존하고 번영할 수 있는 지에 대하여 목적 중심 경영으로 세계적으로 성공한 기업의 사례를 중심으로 실용적인 조언과 인사이트를 제공한다. 이를 통해, 기업들은 불확실성이 높고 빠르게 변하는 환경에서도 자신들의 목적을 이해하고, 이를 구현하는 전략을 세울 수 있다. 이러한 전략은 시장의 변화에 빠르게 대응하면서도, 단기적인 이익을 추구하는 것이 아니라 장기적인 성공을 추구하는 데 중점을 둔다.

또한 다양한 사례 연구를 보여주고 있으며, 이러한 개념들을 실제로 어떻게 적용할 수 있는지를 보여준다. 그것은 실제로 목적 중심 경영이 어떻게 작동하는지, 그리고 그것이 기업의 성공에 어떻게 기여하는지에 대한 실질적인 이해를 제공한다. 또한, 독자들이 자신의 조직에 이러한 원칙과 전략을 어떻게 적용할 수 있는지에 대한 실용적인 가이드를 제공한다. 물론, 모든 조직이 이 책에서 제시하는 방식을 그대로 적용할 수는 없다.

그러나 이 책의 핵심 메시지는 모든 조직에 적용될 수 있다. 목적은 조직의 성공을 이끄는 핵심 원동력이다. 그리고 그 목적을 구성원들과 공유하고, 그들을 그 목적 달성에 필요한 행동으로 안내하는 것은 조직의 경영자들에게 필수적인 역할이다.

최종적으로, 이 책에서 제시하는 '목적을 향한 통찰'은 현재와 미래의 비즈니스 경영자들에게 필수적인 도구이다. 경영인이 자신의 조직을 목적을 중심으로 전환하고, 그 목적을 실현하기 위한 전략을 개발하고 실행하는 방법에 대한 통찰력을 제공한다. 그리고 그것은 그들이 조직을 성공으로 이끄는 동시에 사회적 책임을 실현하는 방법을 보여준다.

이 책의 구성

이 책 『사장님! 왜 사업을 하십니까?』는 이제까지 경험하지 못했던 혁신적인 경영철학에 대한 탐구를 제공한다. 이 책은 사업가와 기업경영자들에게 그들이 왜 사업을 하는지에 대한 깊은 성찰과 목적 중심 경영이 무엇인지, 그리고 이를 어떻게 구현할 수 있는지에 대한 철저한 가이드를 제공한다.

1장 사장님 왜 사업을 하십니까?

이 장에서는 사업을 하는 이유에 대해 고찰하며, 사업을 하는 이유는 단순히 돈을 많이 벌거나 생계유지를 위한 것이 아니라 더 큰 숭고한 목적을 가지고 회사의 이익도 창출하고 사회에 기여도 할 수 있다는 논리를 펼친다. 저자의 내러티브를 통하여 이 책을 쓰게 된 진정성 있는 동기를 이야기한다. 또한 중소기업 경영자를 위한 목적 경영학교의 필요성을 설명한다.

2장 지금 왜 목적 중심 경영인가?

　이 장에서는 초연결, 초뷰카, 플랫폼 사회, AI의 등장으로 급변하는 사회와 현재의 경영환경은 기업이나 경영자는 자신이 언제나 대체 가능한 대상이 될 수 있다. 너무 빨리 변화하는 시대의 흐름을 올바로 이해하지 못하면 길을 잃을 수가 있다. 신속히 자신만의 나침반을 복원하지 못하면 언제든지 사라질 수밖에 없다. 이러한 시대가 요구하는 메가트렌드를 의식하고 기업의 존재 이유를 명확히 하는 목적 중심 경영의 중요성을 강조한다.

3장 전통적인 카리스마 경영과는 어떻게 다른가?

　목적 중심 경영은 전통적인 경영방식을 무시하지 않는다. 전통적 주인-대리인 모형을 중심으로 목적 중심 경영이 전통적인 경영방식과 어떻게 다른지 비교 분석하며, 목적 중심 경영의 특성과 장점을 살펴본다. BRT가 신자유주의 경영에 대한 사형선고를 하고 목적 중심 경영을 새로이 채택한 이유와 진성경영자와 유사경영자의 차이를 통해 목적 중심 경영의 중요성을 강조한다. 또한 목적 경영은 전통적인 계약을 서약으로 바꾸는 도전이며, 그렇다면 사람들은 아직도 왜 목적 경영 도전하지 않는지를 규명해본다.

4장 조직의 목적선언문은 왜 중요한가?

　'우리 기업이 왜 존재해야 하는지를 누구나 이해하도록 명료하게 문서화된 문장'이 조직의 목적이며 목적선언문이다. 조직의 사명서라고도 말한다. 이를 찾았다는 것은 조직의 제2의 탄생을 의미한다.

성과형 조직에서 목적 중심 조직으로 전환을 의미한다. 조직의 목적 선언문은 존재 이유인 목적과 비전, 가치관으로 구성이 된다. 이 세 단어의 깊은 이해가 매우 중요함에도 이를 정확히 이해하는 경영자와 관리자가 거의 없다. 순전히 제 경험으로도 그렇다. 이에 대하여 자세히 기술한다. 목적, 사명, 비전, 가치관을 통해 목적선언문을 설정하고, 이를 바탕으로 조직의 목적과 개인의 목적을 통합하는 방법을 제시한다. 목적선언문을 통해 조직에 목적을 내재화할 수 있는 구체적 방법을 제시한다.

5장 그러한 탁월한 조직이 정말 가능할까?

이 장에서는 이상적인 목적 중심 조직의 가능성에 대해 논의한다. 6단계를 통해 목적 중심 조직을 만드는 방법을 상세히 제시한다. 목적선언문을 '만드는' 것이 아니라 '찾는' 과정에 대해 설명하며, 이를 통해 조직의 목적이 진정성 있게 전달될 수 있도록 하는 방법을 제시한다. 또한, 중간관리자를 목적 중심 리더로 전환시키고, 구성원이 회사의 목적에 연계되도록 유도하는 방안을 제시하며, 마지막으로 통해 조직의 긍정적 에너지를 최대한 활용하는 방법을 설명한다.

6장 목적 중심 경영자에게 어떠한 리더십이 필요한가요?

이 장에서는 목적 중심 경영의 씨앗이며 DNA인 진성리더십에 대하여 자세히 설명한다. 존재적 삶이 아닌 존재론적 삶을 위한 진성리더십의 중요성을 강조하고, 진성리더십의 원리와 구성 요인, 진성리더십의 오해, 진성리더십의 끝게 정신모형에 대해서도 설명한다. 진정성의 태반인 긍휼감과 리더 자신 안에 있는 성인아이를 일으켜세우는 자기긍휼감과 최더십의 최고의 경지인 영향력의 비밀 리더십임재를 소개한다. 진성성있는 자기만의 진정성 있는 목적적 스토로리를 구성원과 공유를 통하여 품성으로 내재화한 성품을 바탕으로 변화와 성과를 만드는 진성리더십을 심층 소개한다.

7장 ESG 경영은 목적 중심 경영과 관계가 있나?

이 장에서는 최근에 주목받고 있는 ESG$^{Environment, Social, Governance}$ 경영과 목적 중심 경영의 본질과의 관계를 설명한다. ESG 경영의 필요성과 그것이 목적 중심 경영과 어떻게 연계될 수 있는지를 탐구한다. 또한 한국에서의 ESG 경영이 올바른 방향으로 나아가고 있는지를 검토하고, 사회적 기업과 목적 중심 경영의 연계성에 대해 설명한다. 마지막으로 사회적 압력에 의해서 피동적으로 수행되는 과정에서 소비자의 신뢰를 떨어뜨리고 ESG 투자 시장의 질서를 교란할 수 있는 ESG 워싱의 국외, 국내기업을 사례를 설명한다.

8장 세계적으로 성공한 목적 중심 경영 기업은?

이 장에서는 세계적으로 목적 중심 경영을 통해 놀라운 성공을 이룬 기업들의 사례를 자세히 살펴본다. 각기 다른 산업에서 성공적으로 목적 중심 경영을 실천하고 있는 하늘을 나는 천사기업 사우스웨스트 항공, 지구를 되살리기 위해서 옷을 만드는 파타고니아, 아이스크림으로 세상을 바꾸는 벤 앤 제리스, 지속가능한 삶의 일상화를 전파하는 유니레버 등 15개 기업의 사례이다. 이러한 기업들의 목적, 가치관, 조직 구조, 리더십 스타일, 조직문화, 이룬 성과에 대해 세부적으로 분석한다. 이러한 사례 연구를 통해, 독자들은 목적 중심 경영의 원칙이 실제로 어떻게 적용되며 그 결과 어떤 변화와 성과가 일어나는 지에 대해 인사이트를 얻을 수 있다.

9장 한국에서 목적 중심 경영을 실천하고 있는 기업이 있나?

한국기업들은 아직 목적 중심 경영의 중요성을 인식하지 못하고 있다. 하지만 최근 열풍이 불고 있는 ESG 경영을 투자자들 중심의 사회적 압력으로 또 하나의 성과지표로 경쟁적으로 진행 중에 있다. 이 장에서는 K-POP으로 우리나라의 국격까지 상승시키고 있고 BTS를 21세기 음악의 거장으로 키운 방시혁 대표가 이끌고 빅히트 뮤직가 목적 경영 기업으로 성공할 수밖에 없었던 이유와 대한민국 정부의 K-POP에 대한 인문적 인식의 부족함을 지적한다. 또한 저자가 1997년 직접 창업하여 지금까지 수성 해오고 있는 대한민국의 전통적인 자동차부품제조 중소기업 CDE에서 일어나고 있는 조용한 혁명의 사례를 생생하게 간접경험 하게 될 것이다.

10장 목적 경영은 어떻게 실천할 수 있나?

최고경영자는 최상의 실적보다는 조직문화와 족적을 남기는 것이라 했다. 이제 우리가 아는 내용을 실천에 옮겨야 하는 숙제가 있다. 실천을 넘어 조직의 문화로 자리잡게 해야 한다. 이제 우리가 하려는 실천은 익숙하지 않은 패러다임으로 어려울 수 있다. 조직에 활기를 불어넣기 위해서는 조직의 목적을 최우선 순위에 두어야 한다. 회사는 모든 직원에게 회사의 목적과 가치를 공유하고 회사가 이것을 실천하고 있다는 것을 자랑스럽게 인식하도록 해야 한다. 저의 경험과 학습을 통하여 체득한 7가지 실천방법을 공유한다.

부록 목적 경영 측정도구 개발 및 타당화 논문

조직의 공유된 비즈니스 목적을 기반으로 하는 새로운 목적 중심 경영이론은 사람들의 마음을 사로잡고, 가슴을 매혹 시키며, 조직의 구성원들을 고무시킨다. 하지만 이러한 새로운 논리에 비추어 볼 때, 비즈니스의 목적이 진실로 공통적이며 얼마나 깊이 공유되고 있는지를 객관적으로 어떻게 평가해야 할까? 나는 학문적 스승인 윤정구 교수의 지도로 강혜정 박사와 함께 목적 중심 경영의 수준을 정밀하게 진단할 수 있는 '목적 중심 경영 측정도구'를 연구를 통하여 한국적 맥락에 맞게 타당화시켰다. 이 책을 읽는 독자들은 물론 향후 목적 중심 경영을 학습하고 연구하는 분들에게 공유할 수 있어 매우 기쁘고 국내는 물론 국제적으로 목적 경영연구의 토대를 마련해 목적 중심 경영 확산에 기여하고자 한다.

사장님!
왜 사업을
하십니까?

**PURPOSE
DRIVEN
MANAGEMENT**

제1장

사장님!
왜 사업을 하십니까?

사장님! 왜 사업을 하십니까?

내가 경영하고 있는 중소기업이 위치한 화성은 서울의 면적의 1.4배이며 25,000여 중소기업이 밀집된 주목받는 성장하는 지역이다. 최근에도 경기도 인근 중소도시로부터 인구를 빨아들이는 블랙홀 지역이다. 화성상공회의소는 전국상공회의소 기준으로 회비징수 금액 기준 5위에 해당하는 규모이다. 내가 화성상공회의소의 부회장과, 화성경제인포럼을 창업하여 포럼운영위장과, 화성경영자 인문학습원을 창업원장으로 소임을 오래 맡아왔다. 그래서 다양한 중소기업 경영자와 만날 기회가 많았다.

처음에는 관례상 명함을 주고받으며 사업내용과 매출 등의 이야기가 오고 간다. 자연스럽게 개인적으로 식사를 할 수 있는 자리가 생기게 되고 사업의 성공 사례나 어려움의 대화가 오고 간다. 나는 그들과의 대화 말미에서 반드시 습관처럼 하는 질문이 있다. **"사장님! 왜 사업을 하십니까?"** 자신감 있게 자신의 사업 이야기를 하던 그들은 갑작스러운 나의 질문에 당황하며 침묵한다. 침묵도 대화이다. 기다려 본다. 반응은 다양하다. 한참을 망설인 후 돌아오는 대답은 겸연쩍은 미소와 함께 먹고 살기 위해서이다. 그들을 과소평가하거나 폄훼할 생각은 추호도 없다. 생계형이라는 말이다. 우리는 일을 하면 누구나 먹고산다.

한 중견기업을 이끄는 경영자는 먹고살기 위해서 사업을 한다고 한다. 우리에게는 그리 이상한 상황은 아니다. 이 대답을 그 회사의 종업원들에게 직접 들려준다면 그들은 어떻게 생각할까? 자기가 다니는 회사의 수장이 목적이 없는 경영자라면 믿고 따르겠는가? 내가 믿고 다니는 직장이 목적이 없는 조직이라면 거기에 계속 몸을 담고 싶은가? 우리는 자신이 하고 있는 일에 대하여 의미를 부여하는 것에 익숙하지 않다. 하지만 자기가 그 일을 왜 하고 있는지를 알고 거기에 의미를 부여해 보면 세상이 달라져 보인다. 나 자신도 그랬고 우리 회사도 과거에는 그랬다. 하지만 이제는 아니다.

아주 오래전, 우리 회사가 목적 중심 경영을 하기 전에, 종업원과의 식사 자리에서 이렇게 질문한 적이 있다. "자네는 요즘 오랜만에 만난 친구가 '너 어떤 회사에 다니냐'는 질문을 받으면 어떻게 대답하겠나? 솔직히 말해주게." 재미있는 답변이 돌아왔다. "저라면, '응, 나 화성에 있는 조그만 중소기업에 다녀'라고 답하겠습니다." 이 내러티브에는 나 먹고 살기 위해서 화성에까지 가서 할 수 없이 그 회사에 다니고 있다는 의미가 담겼다. 사람이 생계를 위해서 일한다고 생각하면 무척 힘들 것 같다. 하지만 우리 회사 종업원들은 이제 더 이상 그렇게 대답하지 않는다. 그들은 자신이 왜 우리 회사 그 자리에서 일하고 있는지를 알고 있다. 모두가 개인의 목적선언문을 가지고 있다.

이제는 같은 질문을 받으면 이렇게 답한다고 한다. "응, 너 혹시 제네시스 G80 아니면, GV80이라고 아니? 난 그 차에 장착된 파워 윈도우 시스템과 사일런트 체인의 핵심부품의 품질을 담당하고 있어." 이제 그들은 생계를 넘어 자신이 하고 있는 일이 자랑스럽고 의미가 있다는 것을 잘 알고 있다. 표정과 눈빛조차 다르다. 회사의 목적에 자부심을 갖고 있다. 나는 우리 종업원들이 자랑스럽다. 누구나 자신의 일을 하고 있다. 일을 하면 급여를 받는다. 자신이 하는 일이 구태여 먹고살기 위해서라는 생각보다는 의미를 부여해 보면 삶이 달라진다. 사람들은 단순히 생계를 유지하는 것을 넘어 의미를 찾기 원한다. 자신의 일이 세상을 변화시킨다는 느낌을 받기를 원한다.

우리 회사 거래처은행 지점장이 회사를 방문한 적이 있다. 우리 회사와 같은 중소기업은 본 적이 없다고 칭찬한다. 매출이나 이익을 말하는 것이 아니다. 왠지 신뢰가 간다고 한다. 나는 또 습관처럼 질문을 한다. 지점장님은 기업들에게 대출을 결정하는 기준이 무엇이냐고 물었다. 역시 생각처럼 답은 어렵다. 전망, 기술, 특허, 매출, 이익 많은 이유가 있을 수 있다. 하지만 나는 그에게 이런 질문을 해보라 권했다. '사장님 왜 사업을 하십니까?' 이 질문에 대한 명료한 답을 하느냐, 하지 못하느냐에는 엄청난 차이가 있다. 지점장은 내내 진지한 표정이다. 대한민국에는 많은 국민에게 존경받는 기업이 드물다. 이제는 회사도 경쟁사와의 생존경쟁을 넘어서 우리 회사만의 고유한 목적이 있어야 한다.

이러한 목적은 중소기업의 경우 최고경영자의 철학이며, 빅 스토리이며, 서사이다. 이러한 목적은 그 회사가 제공하는 제품이나 서비스에 철학과 가치를 담아낼 수 있는 심층수와도 같은 것이다. 경쟁사와의 제품을 존재 수준에서 차별화 시켜준다. 100여 년을 코카콜라에게 앞자리를 내주던 펩시가 코카콜라를 앞서게 한 사건이 있다. 그것은 인도 출신 여성 CEO 인드라 누이의 목적 경영이었다. 그녀는 경쟁사인 코카콜라를 경쟁상대가 아닌 '식음료 시장을 건전하게 만드는 스파링 파트너'로 규정했고, 제품을 파는 것이 아니라 회사의 철학인 '목적을 파는 것'이라 규정했다. 최근에 내가 조사한 자료에 따르면 세계 초일류 회사로 알려져 승승장구하고 있는 회사들은 하나같이 목적 중심 경영을 하고 있는 회사들이다. 마이크로소프트를 비롯하여, 사우스웨스트 항공, 파타고니아, 벤 앤 제리스, 탐스 오브 메인, 올버즈, 세븐스 제네레이션, 초바니, 와비 파커, 자포스, 아일린 피셔, 스타벅스, 아마존, 유니레버, 구글과 같은 회사들이다.

조직에서 종업원들과 공유되고 내재화되고 체화된 숭고한 목적이야말로 회사가 고객에게 팔 수 있는 최상의 가치이다. 물론 내가 접하거나 찾지 못하는 숨어있는 보석 같은 중소기업이 있을 수 있다.

최근 챗GPT의 등장으로 기업에서의 최적화된 목표설정이나 성과를 달성하는 것은 앞으로 보편화되어 그리 어려운 일이 아닐 것이다. 이제 전략과 기술을 업데이트해서 목표를 달성하고 생존을 위한 경쟁우위를 달성하는 것만으로 지속가능한 기업이 될 수 없다. 왜 우리가 이러한 목표를 달성해야만 하는지 존재우위를 구현할 수 있어야 한다. 이러한 존재우위를 구현한 회사의 구성원들은 자연스럽게 조직의 목적에 대한 믿음으로 소명과 사명과 비전의 생생한 모습을 경험할 수 있다. 그들을 종속적인 계약이 아니라 자발적인 서약으로 일을 하게 만든다.

우리 사회에는 사명을 가져야 할 직업마저도 극히 소수 이외에는 생계형이 대부분인 안타까운 현실이다. 적어도 내 눈으로는 그렇다. 생계형 정치가, 생계형 의사, 생계형 교수, 생계형 교사, 생계형 검사, 생계형 판사, 생계형 고급공무원 등 안타까운 현실이다. 심지어는 우리나라에서 가장 인기 있는 직업들이 사명이 없다면 남이 불행해져야 그들이 행복해지는 직업들이 있다. 독일의 경우 경제를 비롯하여 전 유럽을 이끄는 리딩 국가인 이유는 있어야 할 자리에 있어야 할 사람들이 많은 국가이다. '소명으로 무장한 사람들이 있어야 할 사회의 구석구석을 지키고 있어서가 아닐까' 하는 생각에 부럽기까지 하다.

우리나라 대학 수학능력의 상위 0~1%에 해당하는 학생들은 의대 선택은 필수라 한다. 심지어는 지방에도 초등학교 때부터 학원에 의대반이 있다고 한다. 그 이유를 진정으로 알고 싶다. 과연 그들이 히포크라테스 선서를 지킬 수 있는 소명과 사명을 갖고 그 길에 들어서는지 묻고 싶다.

중소기업 경영자들이 당장 생계를 꾸려야 하는 것 이상으로 자신의 목적을 분명히 하기 위해 고군분투하는 것은 쉽지 않다. 그러나 분명한 목적의식은 기업과 경영자 모두에게 상당한 이점을 줄 수 있다는 점이다. 강한 목적의식은 동기부여, 방향 및 의사결정의 기초를 제공할 수 있다. 또한 비즈니스를 차별화하고 강력한 브랜드의 정체성을 구축하는 데 도움이 될 수 있다. 따라서 경영자가 시간을 내어 개인적인 가치와 동기를 반성하고 이것이 어떻게 비즈니스의 명확한 목적으로 전환될 수 있는지 고민하고 학습하는 것은 바람직하다. 이는 초연결사회에서 성공을 위한 강력한 도구가 될 수 있으며 목적 중심 경영은 이를 달성하기 위한 프레임워크를 제공할 수 있다.

전통적 경영에 익숙하고 매출과 목표 중심으로 생계를 유지하는 데에만 집중하는 경영자에게 목적 경영을 추천하는 것이 어렵다는 것을 실감하고 있다. 목적 중심 경영 가치나 비즈니스와의 관련성을 인식하지 못할 수 있기 때문이다. 그러나 경영환경이 목적 경영을 하지 않으면 지속가능이 어렵다는 사회적 압력들이 우리 앞에 성큼 다가와 있다. ESG 경영이 대표적인 사례이다. 재무성과와는 전혀 관계가 없는 비재무적 지표들을 평가해서 낮은 기업에게는 세계적인 투자자들이 투자하지 않겠다고 나서고 있고, 우리 기업들도 이제는 ESG 경영을 하지 않으면 망할 것 같은 엄살을 떨고 있다. 우리 중소기업들도 불어오고 있는 목적 경영의 순풍을 받아들여야 한다. 그렇지 않은 심한 역풍을 감수해야 할 것이다.

목적 경영을 도입하기 위해 가장 중요하고 우선적인 일은 우리 기업이 왜 존재해야 하는지에 해당하는 진정성 있는 목적을 찾아 선언하는 것이다. 다음은 경영자의 목적을 지키기 위한 일관성 있고 처절한 모습이 종업원들에게 정서적으로 다가가서 믿음을 형성하여야 한다. 이후에 중간관리자들에게 자신들의 목적선언문을 갖도록 도와서 목적 중심 리더로 양성해야 한다. 조직의 목적과 구성원의 목적이 맥락을 같이 할 때, 목적의 내재화가 이루어지며, 구성원들의 조직의 목적에 자부심을 가질 수 있는 조직문화로 거듭나게 된다. 그렇게 되면 종업원들의 피동적인 계약이 능동적인 서약으로 바뀌는 기적이 일어난다. 이것이 목적 중심 경영이다.

이 책을 쓰게 된 저자의 내러티브

나는 개인적으로 공학도로 다국적기업의 연구소에서 경력을 쌓다가 1997년 한국의 금융위기^{IMF}가 있기 전 6월에 중소기업을 창업 하여 2023년 지금까지 수성해 오고 있다. 자동차 엔지니어링 플라스틱 모듈부품 전문 중소기업으로 현대, 기아자동차 협력사이다. 나는 기계설계학을 전공한 엔지니어이자 창업자로서, 기계분야 베스트셀러이며, 스테디셀러인 『도해기계용어사전』 저자이며 대한민국의 엔지니어링 플라스틱 기어의 최고 전문가로서 산업자원부 한국산업기술평가원 평가위원으로 국가발전에 기여한 바 있다.

일본정밀공학회의 성형플라스틱기어 전문연구위원회 위원으

로 활동하면서 그들과 같이 집필한 『성형플라스틱기어 핸드북』을 1999년 도서출판 일진사에서 한국어버전 역자로 출간한 적 있으며, 1999년 문화관광부 선정 우수학술 도서에도 올랐다. 2000년부터 경기과학기술대학교에서 금형설계과, 자동차과에서 20여 년간 겸임교수로서 후학양성에 정년까지 소임을 다했다. 기술과 자신감이 넘치는 중소기업 경영자였다. 기계설계학을 전공한 공학도가 기술과 자신감만으로 창업하고, 준비되지 않은 중소기업경영자가 되었고, 되돌아보고 싶지 않은 주주와의 갈등이라는 각성 사건을 경험한 후 이를 극복하기 위하여 독서와 경영자를 위한 조찬포럼에 열심히 참가하였다. 삼성경제인포럼, 인간경영포럼 나아가서는 본인이 화성경제인포럼과 화성경영자 인문학습원을 직접 창업하여, 포럼운영위원장과 인문학습원장으로 화성의 중소기업경영자들을 위한 평생학습의 장을 만들어 실천해왔다.

하지만 돌이켜 보면 포럼의 강연 내용은 대부분은 어떻게 하면 성공할 수 있을까? 어떻게 하면 조직을 성공적으로 이끌 수 있을까? 어떻게 하면 리더십을 발휘할 수 있을까? '어떻게'로 점철된 내용이었다. 지금도 대한민국에서 CEO를 위한 포럼은 달라지지 않고 여전히 '어떻게'를 중심으로 진행된다. 거기에 '인문'은 없었다. 그래서 나는 고전을 읽고 인문을 공부했다. 나는 대한민국의 학습방법이 '어떻게의 저주'에서 탈피해야 한다는 교육철학을 가지고 있다. 국내 유수의 대학마저도 '어떻게'의 학습공장이라는 생각이 든다. 상황이 이렇기에 선진국임을 자처하는 우리나라가 제대로 된 노벨상

하나도 수상하지 못하고 있는 게 아닐까?

그래서 결국 나는 화성경영자 인문학습원을 만들어 화성경영자들에게 '어떻게'가 아닌 '왜'의 교육을 실천하고 싶었다. 옛말에 사람은 고쳐 쓰지 않는다는 말이 있다. 그처럼 사람은 변하기 어렵다는 말이다. 하지만 인간이 자신이 크게 바꿀 수 있는 기회는 세 가지가 있다는 말이 생각났다. 첫째는 좋은 책과의 만남이고, 둘째는 좋은 교육과의 만남이고, 셋째는 좋은 사람과의 만남이다.

나는 개인적으로 자기계발서를 좋아하지 않는다. 그러던 내가 2003년 스티븐 코비 박사의 명저 『성공하는 사람들의 7가지 습관The Seven Habits of Highly Effective People』과의 만남은 운명이었다.

1994년에 출간되어 세계적으로 38개국 언어로 2,500만 부나 팔린 스테디셀러다. 이 책을 몇 번이나 읽었다. 이 책과 2박 3일의 워크숍 형태의 CEO과정과의 만남이 나를 송두리째 발가벗겨 버리고 오늘의 나를 만들어 주었다. 특히 습관 2를 통한 삶의 재각본화를 경험한 후 그동안 어떻게How와 무엇What에만 집중되어 있던 삶의 패러다임을 왜Why라는 패러다임으로 바꾸는 계기가 되었다. 이후 나 스스로에게 '내가 왜 살지? 내가 이 사업을 왜 하지?'라는 본질적인 질문을 던지게 되었고, 늦었지만 대학원 평생교육 & HRD 박사과정에 도전하게 되었다. 박사과정에서 만난 운명 같은 또 한 권의 책, 윤정구 교수님의 『진성리더십』은 왜Why의 필터로 세상을 보며 살아가는 방법에 불을 붙여주었다. 순수한 저자와 독자의 만남이 결국은 목적 중심 경영의 DNA인 '진성리더십'의 연구로 이어져 박사학위를 취득하는 결과를 낳았다.

이제 마음껏 목적 경영을 연구할 수 있는 학자의 자격을 얻었다. 지금 내가 쓰고 있는 이 책『사장님 왜 사업을 하십니까』의 마지막 장에 실려 있는 목적 중심 경영 측정도구는 나의 숙원사업으로 3년여간에 걸쳐 윤정구 교수님의 지도하에 연구논문을 통하여 국내는 물론 국제적으로 목적 경영을 연구하는 연구자들에게 검증된 연구 도구로 공유할 수 있어 기쁘고 자랑스럽다. 나는 학자로서, 중소기업 경영자로서, 개인의 목적과 내가 이끄는 회사의 목적을 찾았다. 그리고 꾸준히 업그레이드하고 있다. 그 목적은 나의 삶과 일치되고, 회사의 경영과 일치되고 있다. 그렇게 되려고 부단히 노력하고 있다.

회사의 목적선언문과 중간 관리자들의 목적선언문이 오늘의 자랑스러운 나 자신과 지금의 우리 회사를 만들었다. 또한 이러한 우리 회사만의 고유한 경영 방법이 목적 중심 경영이라는 것을 알게 되었고, 경영의 민주화인 것도 알게 되었다. 신기한 것은 이러한 경영 방법이 시대적 대세로 조용한 혁명이 일어나고 있다는 사실이 믿어지지 않는다. 게다가 2019년 미국의 200대 기업 최고경영자 모임 BRT[Business Round Table]는 총회를 통하여 기업의 사명을 주주이익 우선주의에서 '기업은 목적을 실현함으로써 이윤을 따라오게 한다'로 바꾸었다는 정보를 접하고 가슴이 뛰었다.

최근 ESG 경영의 열풍이 대단하다. 열풍이라기보다는 자본가들이 중심이 된 사회적 압력이다. 목적이 없는 ESG 경영은 또 다른 성과지표만 만들고 워싱Washing으로 끝날 것이다. 우리 기업들도 이윤만을 추구하여 경쟁에서 이겨야 한다는 기존의 패러다임으로는 기업을 운영하려 한다면 불어오는 세찬 역풍으로 견디어 내기 힘든 상황을 맞을 것이다. "나는 대한민국 중소기업 목적 중심 경영 디자이너로 그들만의 민주화 경영으로 백년기업의 족적을 남기도록 돕겠다"이것이 나의 존재 이유이며, 제3의 삶의 존재 이유이며, 나의 목적선언문이다.

누구나 살아가는 모습은 다양하다. 나는 남은 삶은 이렇게 살기로 했다. 이 생각만 하면 가슴이 뛴다. 나는 내가 연구하고 직접 경험하여 열매를 얻고 있는 이 목적 중심 경영을 대한민국 중소기업에게 공유하고 전파하기로 마음을 먹었다. 이를 전파 할 수 있는 방법으로 책을 쓰기로 했다. 제목을 다양하게 고민하다가 『사장님 왜 사업을 하십니까』로 정했다. 물론 이 책의 원제목은 '대한민국 중소기업을 위한 목적 경영'이다. 이 책을 통해서 목적 경영을 접하고 실천하는 대한민국 중소기업경영자가 많아졌으면 좋겠다. 또한 더 적극적으로 목적 중심 경영을 실천하고 싶은 분들을 위해 2년 전부터 대한민국 중소기업 경영자를 위한 "목적 경영학교"를 설립하여 운영 중이다.

총 10주 과정으로 온라인과 오프라인 병행의 하이브리드 교육방식을 택하고 있다. 오프라인은 10회 중 3번으로 입학식과 수료식 중간에 오프라인 8시간 과정 '목적 찾기' 워크숍이 있다. 물론 학비전액은 무료이다. 왜 학비가 무료인가를 묻는 사람이 많다. 그 답은 다음 장 목적 경영학교 편에서 구체적으로 실체를 공개한다.

중소기업 경영자를 위한 목적 경영학교

중소기업을 창업하고 수성해 오면서 상상하지도 못했던 사건을 계기로 각성하여 평생학습의 여정이 시작되었다. 나의 7가지 가치관 중 세 번째는 '숨 쉴 수 있을 때까지 학습하라'다. 그 당시도 자기계발을 위한 리더십, 코칭, 멘토링 등의 교육과정 들이 유행처럼 대기업의 연수원을 중심으로 구성원과 관리자들에게 메뉴처럼 틀에 박힌 커리어 개발이 유행하였다. 하지만 최근에는 대기업의 연수원과 HRD 센터들은 그 규모가 거의 축소되든가 기업 중심의 커리어 계발은 없어지는 현상이 뚜렷하다. 개개인 스스로 능력을 개발하는 프런티어 커리어가 대세다.

나 자신도 해외에서 도입된 속칭 명품 교육과정을 수없이 찾아다니면서 채워지지 않는 무언가를 얻으려고 전전긍긍한 적이 있다. 또한 교육과정에서 배운 것을 자신과 조직에 전달하고 시행하려고 많은 도전을 해왔지만, 좋은 결과를 기대하기에는 부족했다. 국내 수없이 많은 리더십 교육프로그램이 도입하여 리더를 육성하기 위한 많은 시간과 재원을 투입하였지만, 이러한 리더십으로 기업을 성공적으로 이끌었다는 사례는 거의 들어본 적이 없다. 한국의 리더십

교육은 왜 진정한 리더를 육성하지 못할까? 아마도 경영자와 조직에게 맞지 않는 옷을 입히거나 입었던 것이 아닐까?

내가 처음 직장에 입문해서 회사를 창업할 때까지만 해도 아니 어쩌면 대부분의 기업이 최고경영층이나 기획실에서 사업계획이나 전략을 짜서 구성원들을 움직이게 해서 성과를 달성하려 했다. 여기에는 반드시 지행격차가 있다. 그래서 잘 따라오지 않으면 당근과 고깃덩어리를 보여주면서 따라오게 했다. 복지라는 명목으로 봉급인상, 상여금 등으로 채찍질했다. 이렇게 할 수 있던 배경에는 그나마 경제성장이 지속되던 때였기에 가능했다. 하지만 저성장이 지속되고 있는 최근의 상황은 극히 일부 회사를 제외하고 이런 방법을 지속하기 어렵다. 이제는 종업원들의 손과 발만 열심히 움직이게 하는 도구적 몰입으로 지속적인 성과를 창출하여 기업을 경영하는 것은 어렵다. 그들의 몸과 마음을 영혼까지 움직여서 자발적으로 업무에 임할 수 있는 인게이지먼트를 이끌어내지 못했다.

최근 HRD에서 최고의 화두는 리더십과 멘토링, 코칭은 서열에서 한참 뒤로 밀려있다. 단연코 목적과 조용한 사직, 종업원 인게이지먼트이다. 최근 미국의 밀레니얼 세대를 대상으로 Great Place to Work에서 연구한 바에 의하면 자신이 일하는 곳이 자랑스럽지 않거나, 그 일을 하는 것이 재미가 없거나, 그 일에서 의미를 찾지 못하면 조용한 사직Quiet Quitting으로 이어진다는 연구결과가 놀랍다. 목적이 직장에서 이직을 결정하는 중요한 동인이라는 것이다. 그렇다면 종업원에게 인게이지먼트를 갖게 하려면 어떻게 해야 할까?

경영의 DNA는 리더십이다. 경영자가 조직에 어떠한 리더십의 씨앗을 심느냐가 매우 중요하다. 리더십의 종류에는 수없이 많다. 다들 이 리더십이 좋다고 아우성이다. 그래서 비싼 교육비와 시간을 들여서 교육도 하고 사내에 도입도 해보지만 성과로 연결되지 못한다. 왜일까? 리더십의 정의는 "구성원에게 자발적 영향력을 행사하여 구성원과 함께 변화와 성과를 창출하는 행위"이다. 문제는 영향력의 원천이 무엇인가가 중요하다. 권력, 돈, 직급, 상여금은 더 이상 종업원을 인게이지먼트 시키지 못한다. 리더십은 성과와 변화를 만들어 내기 위한 수단일 뿐이지 그 자체가 목적이 될 수 없다. 이 리더십을 수단으로 조직이 달성하려는 목적과 사명을 실현해야 한다.

경영자 자신이 저자임을 증명할 수 있는 스토리와 철학으로 무장한 리더십이 필요하다. 모든 개인은 고유하며 기업 역시도 고유하다. 자신에게, 우리 회사에게 맞는 옷이 필요하다. 남의 지식과 경험으로 만들어 놓은 편한 길이 아니라 내가 직접 만든 남들이 가지 않는 길을 갈 수 있는 도전이 필요하다. 그렇지 않으면 일과 리더십이 디커플링되어 회사의 시급한 생존의 문제의 압박으로 리더십이 우선순위에서 밀리게 된다. 일을 통해서 성과도 내고 일을 통해서 리더를 육성해야 한다. 경영자는 깊은 자아 인식을 바탕으로 자신만의 고유한 목적과 사명을 찾고 이를 구성원들의 일속에 개입시켜 공유하는 것이 중요하다. 경영자는 이렇게 찾아진 목적과 사명을 실천하기 위한 처절하고 일관된 삶의 과정이 구성원들의 마음속에 정서적 반향을 일으켜 구성원들과 맥락을 형성하면 비로소 그들의 스킬과 역량, 자원을 통합시켜 리더로서 존재감과 영향력을 행사할 수 있다. 이렇게 되면 지속가능경영이 가능하다.

  이것이 내가 지금까지 우리 회사를 경영해오고 있는 우리 회사만의 독자적인 리더십이다. 리더십의 민주화이다. 나는 이 경영 방법이 학문적으로 어떻게 접근할 수 있는지가 궁금해졌다. '어떻게'로만 점철된 지기계발서를 보지 않은 지 오래되었다. 세계적인 논문과 학술자료들을 검색한 결과 내가 경영하고 있는 방법이 목적 중심 경영임을 알게 되었다.
  많지는 않지만 이와 관련된 논문을 읽고 해외 관련 도서에 관심이 생겼다. 어렵게 발견한 닉 크레이그가 쓴 『Leading from Purpose』와 로버트 퀸 박사가 쓴 『The Econimic of Higher Purpose』 두 권의 도서를 목적 경영을 공부하기 위해서 번역하면서 읽었다. 이 내용을 한국의 경영자 특히 중소기업 경영자들과 공유하고 싶었다. 그래서 한국어 제목으로 로버트 퀸 박사의 『목적 경영 리더십』과 『목적 중심 경영』으로 번역서를 출간하게 되었다. 이 책이 알려지면서 강연과 강의를 통해서 전달할 수 있는 기회가 많이 생겼다. 또한 어떻게 한 회사의 목적 경영의 정도를 측정할 수 있을까가 궁금해졌다. 그래서 이 분야의 학문적 스승인 이화여자대학교 윤정구 교수님의 도움을 받아 강혜정 박사와 함께 '목적 중심 경영 측정도구 개발 및 타당화'에 대한 논문도 썼다. 아직도 해외에서도 목적 경영 성과를 측정하기 위한 논문들은 다수 있지만 이것을 측정도구로 개발한 사례는 없다. 국제적으로도 목적 경영의 측정도구가 개발된 적이 없다. 따라서 본 연구를 시작으로 국내 기업들의 목적 경영 확산은 물론, 국제적인 목적 경영의 측정도구로 활용될 수 있는 가능성을 열었다는 사실에 가슴이 뛴다.

나의 삶의 목적은 분명하다. '나는 대한민국 중소기업 목적 경영 디자이너로서 그들만의 민주화 경영을 확산하여 100년 기업의 족적을 남기도록 돕는 것'이다. 그렇다. 먹고살려면 무슨 일이든 하며 먹고살 수 있다. 하지만 생존이 아니라, 목적과 의미를 추구하는 차원은 같은 방식으로 대할 수 없다. 이제 남은 삶은 대한민국을 밝고 맑은 사회로 만들기 위해서 내가 가진 고유한 역량으로 족적을 남기고 싶다. 이 목적과 사명을 감당하기 위해서 2021년 내가 수석 부회장으로 있는 한국조직개발경영학회 내에 대한민국 중소기업경영자를 위한 '목적 경영 학교'를 설립·운영해오고 있다. 목적 경영학교의 목적은 다음과 같다.

'대한민국 중소기업 경영자들이 그들만의 고유하고 진정성 있는 목적을 찾아 구성원과 협업을 통하여 100년 기업의 족적을 남길 수 있도록 목적 경영의 평가와 학습을 돕는 플랫폼을 제공한다.'

목적 경영학교는 10주 과정이다. 1년에 2회 온라인과 오프라인을 통한 하이브리드 교육으로 진행해오고 있으며, 현재까지 3회에 걸쳐 40여 명의 졸업자를 배출하였다.

학습은 목적 중심 리더십과 목적 중심 경영에 관한 내용을 독서토론과 강의를 통해서 학습하고 있다. 게다가 보너스로 과정 중에 개인의 목적과 조직의 목적을 찾아, 각자의 '목적선언문'을 수료식에서 공유하고 있다. 지금까지의 경험과 연구를 바탕으로 2023년 9월부터 시작하는 4기부터는 6주차에 오프라인 8시간 과정으로 〈목적 찾기 여행〉이라는 워크숍 프로그램을 운영하고 있다.

이 과정을 통해 과거의 추억, 현재의 경험, 미래에 대한 희망과 성찰을 통하여, 자신만의 고유한 목적을 찾고 목적 중심의 삶을 디자인하고 살아갈 수 있는 로드맵을 갖게 된다. 지금까지 자신들이 상상하던 그 이상의 가슴 뛰는 삶을 경험할 수 있게 된다. 목적 경영학교 수강료는 100% 무료이다. 책을 읽고 논점을 요약하여 패들렛에 올리고, 논점 내용을 중심으로 토론하고, 이때 토론은 이 학교를 졸업생으로 구성된 FT셀파들에 의해 진행된다. 토론이 끝나면 학교장의 해당 주 차의 주제 마무리 강연으로 진행한다. 물론 학교장은 저자인 나다. 많은 이들이 수강료가 무료인 점을 많이 궁금해한다. 물론 공짜는 아니다. 당신도 앞으로 이처럼 갚으라 답한다.

교과서 두 권만 자비로 구입하면 된다. 향후 본도서가 메인 교과서가 될 것이다. 이 책을 쓰고 있는 지금 4기가 한참 진행 중이다. 대상은 물론 중소기업경영자들이다. 현재는 한국조직경영개발학회의 진성리더십 아카데미 수료생들도 입학자격이 있다. 이 과정에 입학하면 목적 중심 리더십과 목적 중심 경영을 공부한다. 참고 교재로 윤정구 교수가 저술한 『진성리더십』과 『황금수도꼭지』를 추천한다. 목적 중심 리더십은 『진성리더십』, 목적 중심 경영은 『황금수도 꼭지』와 맥을 같이한다. 정말 훌륭한 양서들이다. 이러한 도서를 바탕으로 학습의 결과로 자신의 정체성을 찾는 어려운 산고 끝에 자신과 자신이 속한 조직의 목적을 찾아 수료한다. 지금까지 40여 명이 그들의 목적을 찾아 수료했다. 현재 4기생 16명이 도반들이 학습과 목적 찾기에 여념이 없다.

내가 아는 수많은 중소기업 경영자가 있지만 이 과정을 권하기란 쉽지 않다. 두 가지 이유에서이다. 첫째로는 학습이 습관화되어 있지 않은 중소기업 경영자들이 많이 부담스러워한다. 지금까지 다수의 경영자가 이러한 사유로 중도 포기했다. 두 번째로는 희생과 이타성이 중요한 목적 경영에 기존의 효율과 이익을 추구하는 전통적인 경영자가 참여할 용기를 내기가 쉽지 않다는 점이다.

이점은 우리가 학습과 사고의 부재에서 오는 오해일 수 있는 생각이다. 나 역시 '가장 이타적인 것이 결국은 지속가능한 가장 이기적이라는 것'을 깨닫기까지는 많은 시간이 걸렸다.

인간은 직접 행동하면서 얻어지고 학습되는 것이 많다. 인간은 되어감^{Becoming}의 존재라 했다. 우리 종업원들이 아니었으면 지금의 우리 회사는 없었을 것이다. 경영환경은 ESG와 CSR이 사회적 압력으로 다가온 지는 오래되었다. 미국 최고의 명품 경영자단체 비즈니스 라운드 테이블^{BRT}도 목적 경영을 선포했다. 그럼에도 불구하고 이를 실천에 옮기는 기업은 흔치 않다.

MZ세대를 중심으로 조용한 혁명의 목적 경영의 순풍이 불고 있지만 학습하지 않은 경영자들은 아직 눈치를 채지 못하고 있다. 목적 경영학교 수료식 날은 자신의 찾은 목적과 목적을 찾기까지의 여정과 목적의 삶을 실천하기 위한 야심찬 계획을 공유한다. 분위기는 상상하기 어려울 만큼 진지하고 눈물을 보이는 일은 다반사다. 부모의 뱃속에서 제1의 탄생을 맞이한다면, 이날은 자신의 정체성과 존재 이유를 깨닫고 다시 태어나는 영적인 제2의 탄생을 경험하고 선포하는 날이다.

일본 경영의 구루 마쓰시타의 창업자 마쓰시타 고노스케는 1918년 3월 7일 회사를 창업했지만, 자신이 왜 사업을 하는지를 깨닫게 된 날이 1932년 5월 5일이었다. 그는 이날을 창립기념일로 바꾸었다.

우리 목적 경영학교 수료식 날은 진지하고 엄숙하기까지 하다. 참여한 모두는 제2의 탄생을 자랑스러워한다. 얼굴에는 조건적 자신감이 아닌 근원적 자신감으로 충만하다. 나도 내가 자랑스럽다. 내가 살아있는 날까지 모든 대한민국 중소기업경영자가 그들만의 민주화 경영으로 100년 기업의 족적을 남길 수 있는 날까지 목적 경영학교는 계속 이어지길 간절히 바란다. 물론 관심 있는 독자분들의 참여를 환대한다.

제2장

지금 왜
목적 중심 경영인가?

초뷰카 Super-VUCA 시대의 올바른 이해

초뷰카 시대란 사회 변화의 속도가 인간이 따라갈 수 있는 범위를 넘어서는 시대이다. 대부분 살아있는 주체들은 변화에 대한 지도를 사전에 갖지 못하고 있다가 변화에 직면한다. 세상을 이해하지 못해 아무것도 할 수 없는 멘붕에 빠지게 된다.

이처럼 대부분의 사람은 세상의 돌아가는 현실을 보지 못하고 안전하다고 믿는 자신의 토굴 속에서 빠져나오지 못하고 속수무책으로 당한다. 'VUCA'라는 용어는 원래 동서 냉전 이후 세계의 예측할 수 없는 도전적인 특성을 설명하기 위한 글로벌 안보환경을 설명하기 위한 용어로 시작되었다.

이후 기업환경의 극심한 변동성Volatility, 불확실성Uncertainty, 복잡성Complexity 및 모호성Ambiguity을 강조하기 위해 채택되었고 급기야는 Super-VUCA라는 용어로 변화무쌍한 현재 비즈니스 환경을 설명하는 데 사용되고 있다. 즉, 기업들은 변화가 빠르고 예측 불가능하게 발생하고 관련된 문제의 복잡성으로 인해 경영자들의 결정을 내리는 것이 매우 어려운 시기에 처해있음을 뜻하는 말이다. 예를 들어 과거에는 기업이 상대적으로 안정적인 시장 상황과 예측 가능한 소비자 행동 패턴에 의존하여 결정을 내리고 미래를 계획할 수 있었다.

그러나 Super-VUCA 시대에는 AI 및 로봇 공학, 지정학적 사건, 코로나와 같은 전 세계적인 유행병, 기후변화와 같은 파괴적 기술로 인해 비즈니스 세계에서 전례 없는 수준의 불확실성과 변동성이 발생하고 있다. 이러한 환경에서 기업이 지속가능하기 위해서는 기업이 적응력, 민첩성, 혁신성을 갖춰야 한다. 그들은 변화하는 시장 상황에 대응하여 신속하게 선회할 수 있어야 하며 위험을 효과적으로 예측하고 관리할 수 있어야 한다. 전반적으로 Super-VUCA 시대는 성장과 혁신의 기회뿐만 아니라 경영에 대한 새로운 기술과 접근 방식의 필요성을 제시하기 때문에 기업에게 도전적이면서도 흥미롭기까지 하다.

세계적으로 VUCA시대를 성공적으로 극복한 기업으로 전자 상거래, 클라우드 컴퓨팅, 디지털 스트리밍 및 인공 지능 분야의 글로벌 리더인 아마존은 홀 푸드마켓 인수 및 아마존 고$^{Amazon\ Go}$ 매장 개발을 포함하여 제품을 지속적으로 혁신하고 확장했다. 애플은 아이폰, 아이패드, 맥북과 같은 혁신적인 제품을 개발 출시하였으며, 유니레버^{Unilever}는 환경 영향을 줄이고 긍정적인 사회적 영향을 증가시키려는 야심 찬 목표를 설정과 성공을 인정받은 다국적 소비재 회사이다. 또한 파타고니아는 재활용 재료 사용 및 공정한 노동 관행을 포함하여 환경 보호 및 기후 조치를 지지하는 윤리적 관행을 우선시하는 의류 회사로 VUCA시대를 성공적으로 극복한 회사들이다.

초뷰카 시대의 본질은 '길 잃음'이다. 모든 사람이 변화의 속도에 적응하지 못해 길을 잃을 수밖에 없는 운명이다. 이러한 시대에 기업을 운영하는 것은 사막을 횡단하는 것과 같은 여정이다. 초뷰카 시대의 기업들이 경쟁력이 없어서 무너지는 것이 아니라 모래폭풍이 하룻밤 사이에 사막의 풍경을 순식간에 바꿀 수 있는 것처럼, 급속한 변화의 시대에 축적한 경험, 지식, 능력은 갑자기 길을 잃고 무의미해질 수 있다. 따라서 회사가 방향을 잃었다고 느낄 때는 기본 원칙으로 돌아가 자기 조직화의 유인자 역할을 할 수 있는 떨고 있는 나침반인 존재의 목적을 복원해야 한다. 이러한 존재 목적에 대한 근원적 자신감이라는 근력은 어떠한 어려움이 있어도 목적을 향한 길을 포기하지 않는 회복탄력성의 근력도 만들어준다.

깜깜한 모래사막에서도 밤하늘의 북극성은 사람들을 포기하지 않게 만들어준다. 그동안 소니를 비롯하여 모토로라, 코닥, 노키아, 시어스, 엔론 등 영원할 것 같았던 세계적으로 잘 나가던 기업들이 길을 잃고 복원하지 못해 영원히 사라졌다. 길을 헤매고 있는 기업이나 경영자는 자신이 언제나 대체 가능한 대상이라는 점을 고민해야 한다. 초뷰카 시대에 차별성을 가진 경영자는 조직이 존재 목적을 향해 가는 길에서 불가피하게 탈선했을 때, 존재 목적의 길로 다시 복원하는 회복탄력성의 근력을 갖는 것이 매우 중요하다. 목표와 성과만을 좇는 전통적 카리스마 경영으로는 한계가 있다. 기업의 존재 이유인 목적에 부합하는 결과를 낳기 위한 목적 중심 경영의 새로운 도전을 수용해야 하는 이유이다.

초뷰카, 초연결사회와 경영자의 역할

초연결사회란 주로 인터넷과 디지털 기술을 기반으로 네트워크를 통해 개인과 조직, 시스템이 복잡하게 연결되어 있는 상태를 말한다. 초연결사회에서는 정보, 아이디어, 영향력이 연결된 개체 간에 자유롭고 빠르게 흐르며 새로운 수준의 복잡성, 상호의존성 및 역동성을 만들어낸다. 초연결사회는 개인과 조직은 스마트폰, 컴퓨터, IoT 장치 등을 통해 항상 인터넷에 연결된다. 이러한 지속적인 연결을 통해 종종 전 세계적으로 지속적인 커뮤니케이션과 상호작용이 가능하다.

또한 사람과 사람, 사람과 사물, 사물과 사물조차도 연결되어 있으며 그렇게 연결된 모든 것을 CCTV가 감시하고 있는 세상이다. 리더나 경영자의 모든 행동은 사람들이 직접 목격하는 것을 넘어서 24시간 항상 적나라하게 지켜보고 있다. 문제가 되는 행동이 벌어졌을 때는 시간의 문제이지 발각되는 것을 막을 수 없다. 인간의 초고도 연기력이라도 투명성 향해 상승하는 초연결 시대가 도래했다. 초연결 시대의 문제를 일으키는 경영자들은 자신이 활동하는 공공의 영역을 넘어 측근과 함께 있는 사적공간에서도 CCTV가 감시하는 시대에 살고 있다는 것을 간과해서는 안 된다.

이러한 초연결사회는 레거시 미디어에 의해 장악되던 일방적인 소비가 무너지고 SNS를 통해 모든 사람의 소통이 채널을 가지고 레

거시 미디어가 감당할 수 없었던 은밀한 공간에서 벌어진 일들을 집중적으로 보도한다. 소통의 민주화가 진행되고 있다. 이러한 소통의 민주화는 자신의 진정성을 숨기려는 가짜 뉴스의 보급도 많아졌지만 고도화된 투명성의 검증을 피할 길은 없다. 지금까지는 리더십은 진정성이 아닌 연기력으로 승부가 가능할 수 있었다. 이러한 리더들의 연기력은 공연이 이루어지는 무대와 공연이 준비되는 무대 뒤 공간이 명확하게 구별되던 시대의 전유물이 된 것이다.

고프만Goffman은 『연극학적 이론』에서 이렇듯 이원적으로 돌아가는 무대를 '직장과 일터는 역할연기를 통해 공개적으로 사고파는 무대공간이다'라고 했다. 가정은 직장과 사회에서 연기를 위해 분장하고 나서는 사적공간이다. 무대에서 의도된 대로 연기가 되지 않으면 사적인 맨얼굴이 공개되는 것을 의미한다. 이러한 경우 연기자인 리더는 체면을 잃고 쪽이 팔리게 된다. 초연결사회 시대의 본질은 이러한 사적공간과 공적공간이 완전히 해체되는 것이다. 초연결 시대는 연기보다는 앞모습과 뒷모습이 같아야 한다는 진정성의 시대를 요구하는 것이다. 거액을 들여 매스컴에 등장시키는 마케팅 광고도 유명 연예인을 등장시키는 화려한 포장이 아니라 진정성이 있는 소비자의 체험을 전달하는 광고가 대세이다. 비싼 광고모델로 승부했던 시대를 제대로 읽지 못하는 화장품회사들이 최근 고전하고 있는 이유이다. 더욱이 최근 일본의 핵폐기물 방류가 이슈화된 현실에서 원산지표기가 안된 수산물은 최우선 기피 대상이다. 원산지를 속이려는 시도는 진성성을 연기할 수 있다는 잘못된 믿음이 만들어낸 상술일 뿐이다.

진정성이 있는 리더와 경영자는 실수하는 상황이면 먼저 자백하고 사과한다. 진정성이 있는 사람들은 길을 잃으면 길을 잃기 전의 순수한 의도가 작동되던 초기 상황으로 되돌아가 거기서 다시 시작하기 때문이다. 이것이 학습하는 죄인으로 진성리더인 모습이다. 진정성이 없는 사람들은 자신의 목숨이 촌각을 다투어도 길을 잃었다는 것을 인정하지 않는다. 길을 잃은 지점에서 다시 길을 찾기 위해 할 수 있는 모든 자원과 시간을 낭비하다 결국 완전히 막다른 길에 도달한다. 지금과 같은 초연결 시대는 연기로 살아남을 수 있는 시대가 아니다. 연기가 아니라 목적에 대한 진정성으로 소구하는 리더만 진성리더로 인정받아 신뢰를 창출하고 이 신뢰를 자원으로 구성원과 협업을 통하여 약속한 변화와 성과를 실현한다. 우리 시대는 연기하는 리더가 아닌 구성원에 대해 진정성이 넘치는 리더를 원한다.

목적에 대한 진정성이 있는 리더만 목적에 대한 약속을 지켜가며 미래에 대한 근원적 변화를 완성하기 때문이다. 진정성이 없는 리더는 스스로 싱크홀에 빠져 여러 번 실족을 거듭하다 어느 순간 스스로가 블랙홀이 되어 세상에 많은 피해를 남기고 사라진다. 초뷰카 시대 리더의 경쟁력은 자신의 존재를 걸고 약속한 대로 투명하고 정직하게 사는 것이다. 진정성을 연기하지 않는 것이 경쟁력이다. 실수가 생기면 시간을 지체하지 않고 자복하고 상처를 준 사람들에게 사과하고 같은 실수가 반복되지 않게 몸과 마음을 바쳐 학습하는 것이 최선이다.

투명성이 표준이고 모든 행동을 면밀하게 조사하는 세상에서 기업의 지속가능성은 매우 중요하다. 소비자는 점점 더 구매 결정을 자신의 가치에 맞추며 지속가능한 관행에 대한 약속을 보여주는 회사를 선택하고 있다. 기술의 도움으로 기업은 탄소 배출량을 모니터링하고 에너지 사용을 최적화하며 환경의 영향을 줄이는 원격 작업과 같은 관행을 촉진할 수 있다. 따라서 초연결사회에서는 지속가능성이 강력한 비즈니스 전략이다. 경계가 흐려지고 아이디어가 눈 깜짝할 사이에 대륙을 넘나드는 초연결성의 새로운 여명 속에서 기업은 패러다임 전환의 벼랑에 서 있다. 단순히 기술을 업그레이드하거나 디지털 혁신을 수용하는 것이 아니라 운영의 핵심인 목적을 이 복잡하고 연결된 세계의 진화하는 역학과 일치시키는 변화이다.

모든 사람과 모든 것이 연결되는 디지털 가속화 시대에 접어들면서 기업의 근본적인 존재 이유인 존재 이유가 그 어느 때보다 중요해졌다. 더 이상 양질의 제품이나 서비스를 제공하는 것만이 아니다. 그것은 사회와 지구에 기여하고 소비자의 명시적인 요구를 충족시킬 뿐만 아니라 지속가능성, 윤리 및 사회적 책임에 대한 암묵적인 기대를 충족시키는 것이다. 이 초연결사회에서 진정으로 번창하는 기업은 고객, 종업원과 그들이 운영하는 지역사회와 공감하는 북극성이라는 목적에 의해 추진되는 기업이 될 것이다.

초연결사회에서 목적 중심의 경영이 단지 바람직한 측면이 아니라 현대 비즈니스의 필수 측면인 이유를 이해하는 여정이다. 각 페이지를 넘길 때마다 우리는 초연결성의 본질이 목적 중심 경영과 어떻게 얽혀 회사를 지속가능한 성공으로 인도할 수 있는 가치와 혁신의 조화를 만들어낼 것인지 밝혀낼 것이다. 실제 사례와 사려 깊은 통찰력을 통해 기업이 목적을 찾고, 구체화하고, 명확하게 표현하여 전략과 문화에 주입하는 방법을 탐구한다. 또한 이 변혁적인 여정에서 경영자의 역할에 대해 자세히 알아보고, 이익을 넘어 모든 이해관계자의 발전을 보장하는 미래를 향한 공유된 비전을 향해 팀을 이끌 수 있는 방법을 해독할 것이다.

이 계몽적인 여정을 시작하면서 초연결 세계에서 목적 중심 경영으로 향하는 길은 선형적이거나 직선적이지 않다. 지속적인 학습, 민첩한 적응, 그리고 무엇보다도 핵심가치에 대한 확고한 헌신이 필요하다. 그러나 보상은 매우 크다. 목적 지향적인 회사는 비즈니스 측면에서 성공적인 기업이 아니다. 그것은 이 초연결 세상에서 다른 사람들을 위한 길을 비추는 긍정적인 변화의 등대일 뿐이다.

플랫폼platform을 모르는 개인과 조직은 미래가 없다

초연결사회의 생태계는 협업을 통한 '공진화'로 움직이는 세상이다. 플랫폼의 눈으로 세상을 이해하고 플랫폼의 스토리로 세상과 소통을 해야 한다. 점점 더 많은 사람이 인터넷에 접속하고 모바일 기기가 유비쿼터스화되면서 플랫폼 비즈니스는 사람과 비즈니스를 새로운 방식으로 연결하는 사용하기 쉽고 편리한 서비스를 제공하며 번성했다. 초연결사회는 기술, 사람, 환경이 하나의 망 안에서 연결되어 서로 제어하고 소통하고 영향을 미치는 세상으로 플랫폼이라는 새로운 조직 형태를 등장시켰다.

플랫폼 비즈니스의 핵심 기능 중 하나는 네트워크 효과를 활용하는 능력이다. 더 많은 사용자가 플랫폼에 참여할수록 모든 사용자에게 플랫폼의 가치가 증가하여 성장의 선순환 구조를 만든다. 이를 통해 플랫폼 비즈니스는 차량 공유, 전자 상거래 및 소셜 미디어와 같은 전체 산업을 빠르게 확장하고 지배할 수 있었다.

비즈니스 및 기술의 맥락에서 '플랫폼'이라는 용어는 소프트웨어 응용 프로그램이 다른 하드웨어 및 운영 체제에서 실행될 수 있도록 하는 기본 기술을 나타내는 컴퓨팅 산업에 뿌리를 두고 있다.

시간이 지남에 따라 이 용어는 사용자, 생산자 및 소비자를 새롭고 혁신적인 방식으로 연결하기 위해 디지털 플랫폼에 의존하는 비즈니스 모델로 발전했다. 구글, 페이스북, 아마존, 애플 같은 기업들은 기업을 넘어 플랫폼 제국으로 전 세계를 지배하고 있다. 구글은 이미 인류의 뇌를 지배하여 새로운 신으로 존재하며, 페이스북은 자신의 정체성을 찾을 수 있는 공간을 내주어 행복감을 느끼도록 유혹하고 있으며, 아마존은 구매로 인간의 더 성공으로 느끼도록 우리의 손가락과 뇌 사이의 연결망을 자극한다. 애플은 과시적인 사치품 브랜딩으로 생식 욕구를 자극한다. 이처럼 플랫폼 제국들은 신과 사랑과 섹스와 소비를 선언하고 수십억 명의 삶에 가치를 추가하고 있다. 이와 같은 디지털 플랫폼의 부상은 비즈니스 환경을 근본적으로 변화시켜 새로운 형태의 가치 창출을 가능하게 하고 전통 산업을 혼란에 빠뜨렸다. 플랫폼 경제 또는 플랫폼 사회의 개념은 경제 및 사회적 상호작용을 형성하는 데 디지털 플랫폼의 중요성이 커지는 것을 설명하기 위해 등장했다. 플랫폼이라는 용어가 등장한 이후 사회적으로 성공의 개념과 정의가 바뀌었다. 개인의 성공이란 남의 성공을 도와서 성공하는 것을 의미하며, 조직의 경우도 남의 성공을 도와서 성공하는 기업을 플랫폼 조직 또는 플랫폼 기업이라 한다. 목적 경영 기업과는 무관하지 않다.

플랫폼 시대의 성공이란 무엇일까? 마틴 루터 킹 목사가 "우리는 서비스의 질과 인간관계보다는 연봉이나 자동차의 크기로 성공을 판단하는 경향이 있다"고 한 말이 지금도 유효할까?
2014년에 스트레이어 대학교와 글로벌 시장조사 기관인 입소스 Ipsos는 미국인에게 성공이 어떤 의미인지 알아보기 위해 설문조사를 실시했다. 응답자 5명 중 1명만이 금전적 부가 성공을 정의한다고 생각했다. 또한 67%는 성공이란 개인적인 목표를 달성하는 것이며, 60%는 자신이 하는 일을 사랑하는 것이 성공이라고 했다. 우리에게는 목적의식과 핵심가치에 뿌리를 둔 자신만의 성공에 대한 정의를 추구하고 성취할 수 있는 방식으로 인생의 길을 선택해야 할 의무가 있다. 갤럽은 사람들이 자신의 업무와 고용주에게 감정적으로 헌신하는 정도를 나타내는 직원 인게이지먼트를 수년 동안 추적해왔다. 이 조사에 의하면 미국 직원의 3분의 1에 해당하는 33%만이 업무에 몰입하고 있으며, 전 세계적으로는 13%만이 몰입하고 있다는 결과이다.

진정한 소명으로 자신만의 고유한 목적과 핵심가치를 바탕으로 성공이 무엇인지 정의한 다음, 이를 전심으로 추구하는 데 필요한 어려운 결정을 내리는 데서 비롯된다. 자신의 가치관을 알고 그 가치관이 성공의 의미를 자신과 자신만을 위해 안내하도록 하는 것이다. 성공하면서도 동시에 진정한 성공이 아닐 수도 있다. 돈이 많으면 성공한 것인가, 사랑하는 가족이 있다면 성공한 것인가, 좋은 차를 가지고 있고 좋은 옷을 입는다면 성공한 것인가, 당신은 강력하고 영향력이 있으며 높은 지위를 가지고 있다면 성공한 것인가, 중요한 타이틀과 명성이 있다면 성공한 것인가, 진정한 성공은 화려한 경력과 관련 수식어가 있든 없든 직업적 소명이 있는 사람이 되는 것 그 이상의 의미를 갖는다.

오늘날 더 많은 사람, 특히 밀레니얼 세대는 "우리가 하는 일의 의미가 무엇인가요?"라고 묻는다. "목적이 무엇인가? 내가 하는 일이 어떻게 세상을 더 나은 곳으로 만드는가? 내 삶과 시간으로 할 수 있는 더 초월적인 일이 있는가?"라고. 이렇게 삶에서 가장 중요한 본질을 성찰할 수 있게 하는 질문은 매우 중요하다. 우리에게는 계속 살아가고자 하는 욕구가 있다. 인간에게는 육체적인 삶이 끝난

후에도 지속될 무언가를 남기고자 하는 유산에 대한 갈망이 있다. 이는 우리가 삶의 기간보다 훨씬 더 오래 지속되는 것을 성취하고자 하는 본능이 있다는 것을 의미한다. 가치 있는 목표는 살아있는 동안 결실을 경험할 수 있는 목표만 있는 것이 아니다. 그렇다면 우리가 성공을 정의하는 방식과 인생의 일을 추구하는 방식도 다르지 않아야 한다.

플랫폼으로 성공한 기업들은 다음과 같은 특성이 있다.
첫째, 기업은 명확한 목적과 가치를 정확히 이해하고 이를 이해당사자들에게 효과적으로 전달하고 있다. 둘째, 조직의 운영은 거버넌스에서 투명해야 하며, 조직의 목적을 중심으로 이해당사자와의 협업과 파트너십이 개방적이다. 셋째, 플랫폼은 증가하는 사용자와 생산자를 신속하게 수용할 수 있어야 하며 유연해야 한다. 넷째, 이해관계자를 위한 새로운 가치와 기술을 활용할 수 있어야 한다. 다섯째, 플랫폼에는 강력한 사용자와 생산자 커뮤니티가 있어야 하며 모든 이해관계자들을 위해 플랫폼의 가치를 증폭시키는 네트워크효과를 생성할 수 있다.

하지만, 플랫폼 사업자들이 초심에서 벗어나 사용자에게 피해를 주는 경우가 있다. 페이스북 플랫폼은 원래 "사람들에게 커뮤니티를 구축하고 세상을 더 가깝게 만드는 힘을 주는 것"이라는 목적으로 시작했다. 하지만 페이스북은 주로 사용자 데이터의 처리와 관련하여 그리고 경쟁사에 대한 불공정한 행동으로 비난받고 있다. 페이스북은 사용자들의 개인 데이터를 광고주에게 판매하는 방식으로 수익을 창출한다. 이러한 모델은 사용자의 개인정보가 어떻게 사용되고 보호되는지에 대한 광범위한 우려를 불러일으켰다. 가장 두드러진 사례로는 대규모의 개인정보유출 사건으로 2018년 '케임브리지 애널리티카 스캔들'이 있다. 이는 페이스북의 사용자 데이터가 불법적으로 수집되고 선거 용도로 사용되었다는 사실이 밝혀졌던 사건이다. 또한 페이스북의 알고리즘이 사용자에게 특정의 콘텐츠를 계속해서 보여주는 방식은 사회적 분열을 조장하고 가짜 뉴스를 확산시킨다는 비난을 받고 있다. 이는 페이스북이 사용자의 주의를 끌고 페이지에 머무르게 하기 위한 전략이다.

애플 플랫폼의 존재 이유는 "혁신적인 하드웨어, 소프트웨어 및 서비스를 통해 고객에게 최고의 사용자 경험을 제공하는 것"이었다. 하지만 플랫폼에 의존하는 개발자나 사용자들에게 그들의 iOS 및 MacOS 운영 체제에서 앱을 구입하고 실행하는 유일한 방법인 애플 앱스토어에서 통제력을 유지하는 경영으로 비난받고 있다. 애플 앱 개발자에게 앱 스토어에서 판매하는 모든 디지털 상품에 대해 15%~30%의 수수료를 부과하고 있다. 이는 일부 개발자들에게 부담이 되며, 특히 아마존과 같은 대형 기업이 아닌 작은 개발자들에게 부담스럽다는 비판이 있다. 또한 애플이 일부 앱을 자체 앱 스토어에서 제외하거나 플랫폼에서의 경쟁을 제한하는 방식이다. 이런 비난의 우려는 스포티파이와 같은 회사가 애플 뮤직과 경쟁하는 경우에 나타났다.

아마존은 원래 존재 이유는 "세계에서 가장 고객 중심적인 회사"가 되는 것이었다. 1994년 처음 설립되었을 때 사람들이 원하는 책을 구입할 수 있는 온라인 플랫폼을 제공하여 사실상 '지구상에서 가장 큰 서점'이 되었다. 이제 아마존은 회사가 성장함에 따라 지금까지의 존재 목적이 그 수명을 다하고 이제 회사의 목적은 "고객이 온라인에서 사고 싶은 모든 걸 찾고 발견할 수 있으며 고객에게 가능한 최저 가격을 제공하기 위해 노력하는 지구에서 가장 고객 중심적인 회사"가 되는 것이다.

세계 최고의 전자 상거래 및 기술 회사 중 하나인 Amazon 플랫폼은 소규모 판매자와 경쟁하기 위해 플랫폼에서 수집한 데이터를 사용한다는 비난을 받아왔다.

온라인 소매에서 Amazon의 지배적인 위치는 독점으로 전자 상거래 부문에서 잠재적으로 경쟁과 혁신을 질식시킨다는 우려가 있다. 아마존은 특히 창고에서 저임금과 열악한 근로자를 처우한다는 비판을 받아왔다. 아마존의 빠른 배송 시간과 포장 관행은 환경 영향에 대한 우려를 불러일으켰다. 회사는 2040년까지 탄소 배출량을 제로로 만드는 대책을 발표했지만 여전히 이 분야에서 비판을 받고 있다.

구글 플랫폼의 존재 이유는 "세계의 정보를 체계화하여 보편적으로 액세스하고 유용하게 만드는 것"이었다. 이러한 근본적인 목적 또는 존재 이유는 구글 플랫폼과 그 수많은 서비스의 생성 및 개발을 이끌었다. 따라서 구글 플랫폼은 엄청난 양의 개인 데이터를 수집하고 처리한다. 그럼에도 불구하고 비평가들은 회사가 사용자에 대해 너무 많이 알고 있어 개인 정보 보호 문제가 제기된다고 주장한다. 그들은 구글이 종종 명시적인 동의 없이 사용자의 온라인 행동을 추적한다고 지적한다. 특히 온라인 검색 및 광고에서 구글의 지배력은 독점 행위에 대한 비난을 불러일으켰다.

2020년 미국 법무부는 검색 광고에서 불법적으로 독점권을 유지하는 것에 대하여 구글을 상대로 반독점 소송을 제기했다. 구글은 특히 플랫폼 유튜브에서 콘텐츠 조정 정책에 대해 알고리즘이 유해하거나 잘못된 정보를 조장한다는 비판을 받고 있다. 많은 다국적 기업과 마찬가지로 구글도 탈세 혐의를 받고 있다. 이 회사는 납세 의무를 줄이기 위해 다양한 법적 메커니즘을 사용하여 공정한 몫을 지불하지 않는다는 비판이 있다. 이러한 비판이 존재하지만 구글은 정보 검색, 이메일 통신, 생산성 도구 등과 같이 삶의 다양한 측면을 지원하는 광범위한 제품과 서비스를 통해 경제와 사회에 크게 기여하고 있다.

반면 훌륭하게 평가받는 플랫폼들도 있다. 에어 비엔비 플랫폼은 사람들이 집, 아파트 또는 심지어 여행자가 머물 방을 임대할 수 있도록 하여 환대 산업에 혁명을 일으켰다. 여행자에게 진정한 현지 경험을 제공함으로써 새로운 여행 방식을 만들었다. 우버 플랫폼은 모바일 앱을 통해 운전자와 승객을 연결하여 운송 산업을 변화시켰다. 그것은 사람들이 돌아다니는 것을 쉽고 편리하게 만들었고 운전자에게는 추가적인 수입원을 제공했다. 온라인 교육 플랫폼 코세라 Coursera는 최고의 대학과 기관의 온라인 과정을 제공하여 교육에 대한 접근성을 높였다. 그것은 사람들이 물리적 기관에 다니지 않고도 새로운 기술과 지식을 배울 수 있는 방법을 제공했다.

패트리온Patreon 플랫폼은 크리에이터를 위한 크라우드 펀딩 플랫폼으로 회사는 구독 기반 모델로 운영되어 크리에이터가 자신의 작품에서 수입을 얻는 동시에 후원자 사이에 공동체 의식을 조성할 수 있었다. 패트리온은 정책을 투명하게 공개했으며 플랫폼에서 발생하는 증오심 표현 및 괴롭힘과 같은 문제에 대한 문제를 해결하기 위해 적극적으로 노력해 온 경우이다. 바람직한 플랫폼 기업은 플랫폼 생태계에 참여하는 모든 당사자가 공정하고 공평하게 대우받도록 운영의 투명성과 공정성을 우선시해야 한다. 또한 바람직한 플랫폼 회사는 사용자 개인정보 및 데이터 보호를 우선시하고 알고리즘과 프로세스가 공정하고 편파적이지 않도록 해야 한다. 나침반이나 지도 없이 배를 항해하면서 광활한 바다에서 항해를 시작한다고 상상해보자. 결국 어딘가에 도달할 수 있지만, 그 어딘가가 당신이 가고자 했던 곳일까? 디지털 트랜스포메이션과 초연결을 향한 엄청난 변화로 특징지어지는 오늘날의 비즈니스 세계는 그 광활한 바다와 같다. 플랫폼은 항해를 안내하는 중요한 나침반이다.

생성형 AI의 등장으로 달라지는 경영환경

지금까지의 경영환경은 대부분 점진적으로 조금씩 변화해 왔다.

하지만 초뷰카 시대가 도래하며, 사회 변화의 속도가 인간이 따라갈 수 있는 범위를 넘어서는 시대가 되었다. 살아있는 주체들 대부분은 변화에 대한 지도를 예비하지 못한 채 변화에 직면했다. 바로 인공지능이 그렇다. 특히 2020년 코로나가 불러온 언택트로 시작된 경영환경 변화는 2022년 말을 기점으로 챗GPT^{ChatGPT}가 변화의 주역이 되고 있다. 변화의 마지막 주자는 사람과 대적할 수 있는 AGI$^{Artificial\ General\ Intelligence:\ 인공일반지능}$이 되지 않을까 생각한다. 의사, 검사, 변호사, 회계사 등 그동안 기득권 세력으로 권력을 누렸던 직업들이 먼저 대체될 것이다. 이들 수준의 전문성보다 더 높은 수준의 전문성을 값싸게 무한대로 제공한다. 전문성의 민주화 시대가 도래한 것이다. 당분간은 AGI 이상의 경영환경 변화는 없을 것으로 예측하고 있다. AI와 AGI의 출현은 변화라기보다는 전쟁이라 생각하는 사람들이 있을 정도다. 혹자들은 인간과 AI 간의 전쟁이 일어날 것이고, 전쟁의 승자는 AI가 될 것이라고 말한다.

최근 챗GPT 개발사 오픈에이아이^{OpenAI}의 대표이사인 샘 알트만$^{Sam\ Altman}$이 예고 없이 이사회의 해고통지를 받았다는 뉴스가 토픽이다. 이는 상징적인 사건이다. 인간과 AI 간의 전쟁이 일어나기 전에 AI개발자 간에 전쟁이 먼저 일어난 것이다. 특이한 점은 회사의 경영권 싸움이 아니라 AI의 위험성에 대한 대처 방안 갈등으로 벌어진 싸움이다. 샘 알트만의 AGI에 대한 조급함이 '브레이크 없는 차의 엔진 능력 최대화'로 이어질 것으로 판단한 수석 개발자 일리야 수츠케버$^{Ilya\ Sutskever}$가 이사회를 움직인 것이다.

대외적인 발표로는 "오픈에이아이의 비전과 목표에 대한 샘 알트만의 지도력에 대한 우려"라고 밝혔지만, 내적으로는 인간이 제어 불가능한 AGI의 위험성에 대한 견해 차이 때문으로 보는 사람이 많다. 코앞에 다가온 AGI는 반드시 인간의 제어가 가능해야 하는데, 지금 속도로 개발을 계속한다면 인간 제어가 불가능한 AGI가 되고 말 것이다. 이것을 직시한 일리야 수츠케버가 이사회를 설득해 샘 알트만을 해고했다. 그러자 샘 알트만은 마이크로소프트로 자리를 옮겨서라도 AGI를 완성하겠다는 각오를 내비쳤다. 역사학자 유발 하라리가 우려했던 것처럼, 봉준호 감독도 설국열차를 통해서 인간의 욕망은 제어 불가능한 것으로 결국 인간의 선택에 달려있다고 예고한 바 있다.

샘 알트만은 AGI가 사람들을 노동에서 해방시키고 기본소득을 가능하게 하는 재화의 생산자가 될 것이라는 확신하고 있다. 그래서 AGI를 소수의 이익으로 삼으려는 사람들의 손에 들어가기 전에 AGI를 자기 손으로 공유하며 AGI로 인한 이득을 인류 전체와 골고루 나누고 싶은 것이다. 두 사람의 입장을 정리하면, 샘 알트만은 AGI가 낳은 이익을 전 인류에게 돌아가게 하는 것이 중요하다고 본 것이고, 일리야 수츠케버는 AGI가 인간을 제어하는 위험성을 확실하게 없애는 것이 더 중요하다고 생각한 것이다. 이후 최대 투자자인 마이크로소프트사가 샘 알트만과 동반 퇴사를 한 개발자들을 모두 흡수해 인공지능 개발팀을 확대해 오픈에이아이의 후속작을 차지하려 하자, 오픈에이아이 이사진들이 결국 백기를 들고 해고를 취소하는 해프닝이 벌어졌다. 결국 상처뿐인 원상회복으로 막을 내렸다.

질문은 다시 시작된다. 천천히 안전한 AGI로 갈 것인가? 빠른 AGI로 수익을 균등 배분하는 쪽으로 갈 것인가? 물론 모범답안은 천천히 안전한 AGI로 수익을 균등 배분하는 쪽으로 가는 것이다. 사실 답은 쉽지만, 실행은 어려워 보인다.

인간의 욕망은 두 마리 토끼를 한 손으로 잡으려 하기 때문이다. 이제 개발자 간의 협업이 필요한 시점이다. 안전한 AGI 개발을 위해서는 개발자들 간의 협업이 필수적이다. 개발자들이 서로의 전문 지식과 경험을 공유하고, 인본주의적이고 인문적 관점으로 협력하여 위험을 식별하고 완화하는 노력을 기울여야 한다.

안전한 AGI 개발을 위한 개발자들 간의 협업을 위해 다학제 간 협업으로 컴퓨터 과학자, 수학자, 윤리학자, 철학자, 문학가 역사학자, 법률 전문가 등 다양한 분야의 전문가들이 머리를 모아 AGI 개발의 안전성을 확보해야 한다. 다중 시각적 협업으로 AGI 시스템의 설계, 개발, 평가 과정에서 다양한 관점으로 시스템을 검토하여 위험을 식별해 내야 한다.

최근 몇 년 동안 음성 비서 및 챗봇에서 자율 주행 자동차 및 스마트 홈에 이르기까지 다양한 응용 프로그램을 통해 인공 지능[AI] 기술의 개발 및 사용이 폭발적으로 증가하고 있다. AI는 우리가 생활하고 일하는 방식에 변화를 주도하고 있다. AI의 등장이 비즈니스 환경에도 변혁을 불러올 것이다. 최근 오프라인 대형서점에 가보았다. 챗GPT로 대표되는 생성형 AI 관련 서적이 컴퓨터 서가는 물론이고 경제, 경영, 미술, 음악, 언어, 글쓰기 등 많은 서가의 좋은 자리를 차지하고 있다. 베스트 셀러를 모아놓는 평대 중 경제, 경영 파트는 챗GPT와 프롬프트 엔지니어링에 관한 책들이 절반 이상을 덮고 있다. 우리 시대 최고의 변혁이라 말하는 인공지능의 출현을 다급하게 맞이하는 모양새를 보여주고 있다. 이제 누구나 핸드폰과 노트북으로 인공지능을 활용할 수 있는 시대가 왔다. 공기가 충분해 누구나 숨 쉴 수 있듯이 그렇게 인공지능도 선택이 아닌 필연으로 받아들여야 할 것 같다.

인공지능은 조직과 개인에게 도움이 되는 신선한 공기처럼 작용할 것이다. 우리 중소기업경영자나, 자영업자, 어떠한 개인도 인공지능과 친숙해져야 한다. 챗GPT로 대표되는 생성형 인공지능, 그리고 모든 면에서 인간과 소통이 가능하고 인간과 유사한 방식으로 광범위한 영역에 걸쳐 지식을 이해하고, 학습하고, 적용하는 능력을 갖춘 일반형 인공지능 AGI[Artificial General Intelligence]에 익숙해지지 않은 조직은 지속가능하지 못할 것이다.

챗GPT는 글을 생성해 주는 인공지능이다. 그림, 음악, 영상 등을 생성해 주는 인공지능들도 많이 발표되었지만, 아직까진 글 생성 인공지능이 가장 많이 사용되고 있다. 글을 생성해 주는 생성형 인공지능이 챗GPT만 있는 것은 아니다. 구글에서 만든 바드(Bard)도 있고, 챗GPT에서 파생된 클로드^{Claude}도 있고 메타로 이름을 바꾼 페이스북에서 2023년 7월에 오픈소스로 공개한 대규모 언어 모델 라마투^{Rama2}는 텍스트 생성, 언어 번역, 질문 답변 등 다양한 언어 처리 작업까지를 수행한다. 하지만 사람들은 글쓰기 솜씨로 자신들을 제일 먼저 놀라게 한 챗GPT를 생성형 인공지능의 대명사처럼 사용하고 있다. 챗GPT는 콘텐츠를 생성하거나 결과를 예측하거나 심지어 제품을 디자인하는 능력을 가진 혁신적인 기술이다. 이제 우리 기업도 운영방식을 바꾸어야만 하는 선택에는 여지가 없다. 세상의 변화가 무언의 압력을 가하고 있다. 이를 알아차리지 못하면 회사의 운명도 장담할 수가 없을 것 같다. 그동안 불가능하던 많은 일들이 인공지능 때문에 가능해지게 되었다. 모든 사람에게 모든 것이 가능해진다는 말은, 경영자에겐 모든 것이 불가능해진다는 말과 같은 것이다. 차별화가 없는 경영은 의미가 없어지기 때문이다.

모든 사람이 사용할 수 있는 누구나의 인공지능이 아닌 우리 회사만의 목적에 맞는 우리만의 독자적인 인공지능이 필요할 것 같다. 한때는 자동차를 구입해서 비싼 돈을 들여 자신의 취향에 맞게 튜닝하는 사람이 많았다. 최근에는 자동차 오디오 장치가 훌륭해져서 별도로 튜닝하는 경우가 거의 없다. 지금의 AI는 누구에게나 기본적인 만족을 줄 수 있지만, 다양하고 고유한 분야에 맞는 업무를 만족할 수 있는 서비스를 제공하지 못하고 있다. 그래서 AI도 튜닝^{Tuning}이 필요하고 생각한다.

나는 AI 전문가가 아니어서 더 이상의 관련된 정보를 제공할 수 없지만, 우리 회사에서 진행 중인 '독자적인 인공지능개발을 위한 튜닝 프로세스'만 간단히 소개한다. 첫째, 여러 가지 AI 서비스 중에 챗GPT와 같이 자신의 회사에 가장 적합하게 사전교육이 되어 있는 AI 서비스를 선택이 우선이다. 둘째, AI로 처리하고자 하는 회사의 해당 문제 해결에 적합한 데이터를 충분히 수집한 후 튜닝 교육을 추가로 시킨다. 셋째, 수집된 데이터를 AI 교육으로 적합한 형태로 변환해야 한다. 특히 오류가 있는 데이터를 제거해 주는 것이 매우 중요하다. 넷째, 사전 훈련된 모델을 크게 변형하지 않고 회사의 데이터로 추가 교육 시키는 과정이 효과적이다. 다섯째, 수집된 데이터 중 일부를 훈련된 모델의 성능을 평가하기 위해 남겨둔다. 이 데이터들을 검증 데이터셋이라 하며, 이것을 이용해 교육된 모델의 성능을 평가하고 반복적으로 성능향상을 위한 파인튜닝을 한다. 여섯째, 만족할 만한 성능이 확인되면 해당 부서에 실제 업무를 처리하도록 이관한다. 일곱째, 환경 변화나 데이터 변화에 따라 모델의 성능이 저하될 수 있으므로, 모델의 성능을 계속 모니터링하고 필요한 경우 추가 데이터 수집과 튜닝을 통하여 업데이트한다. 이처럼 우리 회사만의 독자적인 인공지능을 개발하기 위해서는 전문인력이 필요하다. 따라서 초기에는 외부 전문가를 초빙하고 개발 초기부터 자사 직원을 참여시켜 사내 전문가가 될 수 있는 교육을 받도록 하는 것이 바람직하다.

그럼에도 불구하고 경영자는 기본적인 교육은 물론 자신의 업무에도 AI를 직접 활용하는 것이 좋다. AI가 비즈니스 세계에서 점점 더 보편화됨에 따라 기업은 경영에 대한 접근방식을 재고하고 빠르게 변화하는 환경의 요구에 맞는 존재의 목적을 재설정해야 한다. 기업이 AI의 복잡한 환경을 탐색하고 지속 가능한 미래를 구축하기 위해 명확한 목적을 설정하고 AI 전략을 목적에 맞게 조정함으로써 기업은 수익뿐만 아니라 직원, 고객 나아가 사회에 도움이 되는 결정을 내릴 수 있다. 목적 중심 경영이 혁신과 효율성을 추진하면서 목적과 가치를 지원하는 방식으로 AI를 사용할 수 있는 프레임워크를 제공받을 수 있다면 최상의 가치를 실현할 수 있는 경영으로 거듭날 것으로 확신한다.

대화형 AI[Bard / ChatGPT] 시대의 경영자 역할

대화형 AI의 발전으로 새로운 시대의 벼랑에 서면서 전통적인 경영의 토대가 의문시되고 있다. 실제로 변화는 불가피하며 그 흐름은 우리가 비즈니스를 수행하고 고객과 상호 작용하는 방식에 널리 퍼져 있다. 우리는 언제나 도전을 받고 그 도전을 극복하는 방법을 찾아 내왔다. 우리가 현재 겪고 있는 도전은 그 이전의 도전에 대한 극복의 부작용일 수 있다고 생각한다. AI 메가트렌드 시대를 맞이하며, 전통적인 경영의 원칙들이 철저하게 재평가되고 있다. 이 변화는 비즈니스 운영과 고객 관계에서 단순히 불가피한 것이 아니라 깊이 있는 변화를 요구한다. 역사적으로, 극복된 모든 도전은 예상치 못한 결과를 낳았다. 과거의 어려움에서 벗어난 것은 새로운 도전을 탄생시키기도 했다. 이러한 문제 해결 후 새로운 도전의 등장

패턴은 우리 사회 진화에서 반복되는 주제이기도 하다.

　기계류, 산업 및 가정용 로봇의 발달은 육체노동을 크게 완화시켰다. 이제 정신노동의 해결책으로 AI가 등장했다. 그러나 AI의 놀라운 생산성은 자체적인 도전 과제를 가지고 있다. 경영자는 이러한 결과에 대해 깊이 고민하고 학습하는 것이 중요하다. AI에 대한 초기 관심을 가진 경영자로서, 이러한 도전에 대하여 어떻게 접근하여야 할까?

　첫째, AI 기술은 다양한 산업 전반에 걸쳐 생산성과 품질을 크게 향상시켰다. 이는 이전에 상당한 인간의 노력과 시간이 필요했던 작업을 이제는 더 효율적이고 정확하게 수행할 수 있음을 의미한다. 그러나 이러한 혜택은 특정 회사에만 국한되지 않고 AI 기술을 채택하는 모든 경쟁업체가 액세스할 수 있다. 또한 AI 도구와 솔루션은 널리 사용 가능하기에 기업 간의 경쟁의 장을 공평하게 만들었다. 이는 경쟁업체가 유사한 AI 향상 기능을 이용할 가능성이 높기 때문에 기업이 더 이상 생산성 향상이나 고품질 제품으로만 차별화를 기대하기는 어렵다는 것을 의미한다. 소비자에게는 고품질 제품과 생산성을 넘는 브랜드 가치가 중요해진다.
　따라서 이러한 시나리오에서 경영자의 역할은 목적과 연계된 전략이 필요하다. 경영자는 AI로 인해 기존의 우수한 품질, 생산성 등 경쟁 우위가 무력화된 시장에서 존재우위의 브랜드를 구축하고 차별화하는 데 집중해야 한다. 예를 들면 타겟 고객의 공감을 불러일으키는 고유한 브랜드 스토리와 가치 및 시각적 정체성을 만들어야 브랜드를 중심으로 한 커뮤니티 구축을 통해 고객 경험 및 참여를 향상시킬 수 있다. AI를 넘어서는 창의적인 마케팅 전략, 고유한 제품 기능, 탁월한 서비스 등 AI가 쉽게 복제할 수 없는 영역에서 지속적인 혁신을 해야 한다. 브랜드를 AI의 윤리적인 사용자로 포지셔닝하고 지속 가능성, 개인 정보 보호 및 윤리적인 비즈니스 관행에 중점을 두는 것이 차별화 요소가 될 수 있다.

둘째, 전통적으로 인간이 수행했던 작업의 자동화가 증가는 자명하다. 이러한 변화는 인간 노동의 미래 역할에 대한 우려를 불러일으키고 새로운 경영 접근방식이 필요다. 처음에는 일자리 손실에 대한 두려움으로 자동화에 대한 저항이 있었다. 그러나 시간이 지남에 따라 자동화는 현대 비즈니스 운영의 일부로 점점 더 많이 받아들여졌다. 이를 통해 효율성이 향상되고 비용이 절감되며 인간에게는 불가능한 규모나 정밀도로 작업을 수행할 수 있는 능력이 향상되었다. 이제 우려되는 점은 한때 자동화가 불가능하다고 여겨졌던 인간의 판단과 창의성이 필요한 영역으로 AI가 진출하고 있고 AI가 인간의 역할을 강화할 뿐만 아니라 일부 부문에서 인간의 역할을 완전히 대체할 수도 있다는 것이다.

이에 대한 경영자의 역할은 AI와 함께 일하기 위한 AI 활용 능력, 데이터 해석 및 기타 보완 기술에 대한 종업원 교육에 관심을 가져야 한다. AI가 일상적인 작업을 처리하고 인간은 감성 지능, 복잡한 의사결정, 창의적 사고가 필요한 영역에 집중하는 인간-AI 협업의 가치를 공유해야 한다. AI가 수행할 수 없는 AI 감독을 포함한 윤리적, 인간 중심 서비스 영역에 역할을 고려할 필요가 있다.

또한 AI와 자동화가 직원의 역할과 향후 직업 전망에 미치는 영향에 대해 직원과 공개적으로 소통해야 한다. 결론적으로 자동화와 AI의 인력 통합이 증가함에 따른 경영자의 사려 깊고 적극적이고 균형 잡힌 접근방식이 필요하다.

셋째, AI와 빅데이터가 널리 사용되는 현재 비즈니스 시대에 전통적인 이익 중심 경영모델은 한계가 있고 더 이상의 차별화는 어렵다. 이는 경쟁업체가 유사한 AI 및 빅데이터 도구를 활용하여 업계 전반에 걸쳐 효율성과 기능이 수렴될 가능성이 높기 때문이다. 따라서 오로지 이익 극대화와 운영 효율성만을 통해서 경쟁 우위를 추구하는 전통적인 접근방식은 더 이상 차별화의 충분조건이 아니다. AI 및 빅데이터 사용이 수단이 아닌 목적으로 차별화함으로써 존재 우위에 초점을 맞추어야 한다. AI 시스템을 포함한 회사의 운영을 단순한 수익 창출 이상의 회사의 고유한 목적에 맞게 조정하는 변수가 아닌 상수가 되어야 한다. 이에 대한 실용적인 접근방식 중 하나는 회사의 고유한 목적을 반영하는 데이터로 AI 시스템을 재교육하는 것이 매우 중요하다. 이는 효과성과 이익을 최적화할 뿐만 아니라 지속 가능성, 사회적 영향, 고객 웰빙 또는 윤리적 관행과 같은 더 광범위한 목표에 부합하는 정보를 AI 알고리즘에 제공하는 것을 의미한다. 예를 들어, 의료 회사는 환자 처리량을 극대화하는 것뿐만 아니라 환자 결과와 만족도를 최적화하기 위해 AI 시스템을 교육할 수 있다.

  마지막으로, 종업원들이 회사의 목적에 자긍심을 갖고, 교육에 참여할 수 있는 조직문화를 만들어야 한다. 자신의 일상 업무가 회사의 목적과 가치관, 비전과 연계되어 있고 회사와 사회에 기여하고 있다는 자부심을 가질 수 있도록 주기적인 피드백과 격려가 필요하다. 경영자의 진정성 있는 목적과 스토리가 종업원의 정서적 반향을 일으켜야 한다. 회사의 목적이 최종결정권자로 작동되고 있음을 이들이 알도록 해야 한다. 사용 중인 AI 시스템이 재정적 또는 효율성 목표를 달성할 뿐만 아니라 회사 목적과 가치관, 윤리적 고려 사항까지도 반영되어야 한다는 말이다. 또한 회사의 목적을 중시하는 방식으로 고객, 지역 사회 및 기타 이해관계자와 소통하여 브랜드 충성도와 명성을 구축할 수 있다. 목적 중심적인 경영방식은 혼잡한 시장에서 브랜드를 크게 차별화할 수 있다. 종업원들은 목적 중심 조직에서 일할 때 더 많은 동기를 부여받고 참여도가 높아진다는 연구 결과는 많다.

  목적 중심 조직의 목표는 AI가 인간의 능력을 지원하고 향상시키는 시너지 관계를 만드는 것이다. 창의성, 윤리적 판단, 감성 지능, 복잡한 목적 중심 목표에 대한 이해 등 인간 지능의 고유한 강점을 활용하는 것이다. AI는 탁월한 도구이지만 단지 이익 극대화가 아닌 조직의 더 넓은 목적을 지원하는 방향으로 이루어져야 한다. AI와 인간 지능이 협력하여 각각의 장점을 활용하는 균형 잡힌 접근방식이 장기적인 성공에 필수적이다. 챗GPT와 같은 AI 기술은 혁신과 성장을 위한 도전이자 기회이다. 지속 가능한 기업 성공은 인간 지능과 AI 간의 협력의 산물이다. 이러한 협업은 목적을 중심에 두고 이루어져야 하며, 인간과 AI 모두가 전통적인 이익 중심 목표를 넘어서는 목적과 가치관 비전의 공유를 위해 노력해야 한다.

경영자는 AI를 업무에 전략적으로 통합하여 AI가 인간 업무를 보완하고 향상시킬 수 있도록 해야 한다. 여기에는 조직의 진화하는 목적과 목표에 맞춰 AI 시스템을 지속적으로 미세 조정하는 작업이 필요하다. 이제 우리 기업들은 이러한 AI 등장과 같은 메가트렌드를 의식하고 기업의 존재 이유를 각성해야 한다. 그것은 목적을 중심으로 제품과 서비스를 통하여 지구와 인류에게 진정으로 기여하는 결과로 이어져야 한다. 이러한 목적 선도적 브랜딩이 사람들에게 지속가능성에 대한 영감을 줄 때 비로소 기업은 문화적 족적을 남길 수 있을 것이다.

제3장

목적 중심 경영은
전통적인 카리스마 경영과는
어떻게 다른가?

목적 중심 경영이란? Purpose Centered Management :
목적은 새로운 경영이론을 요구한다

오늘날 대부분의 조직들은 사회과학자들이 고전 및 신 고전경영이론의 관념에 뿌리를 두고 있다. 이러한 이론은 조직을 서로 다른 환경에서 미리 결정된 목표를 달성하는 것을 주요 목표로 하는 '기계' 또는 '유기체'로 여겨졌다.

실제로 전통적인 경영이론의 영향은 어렵지 않게 평가할 수 있다. 예를 들어, 신입 직원이 조직에 들어올 경우, 그의 업무를 규정하는 기본적인 경영 맥락은 과업, 능력, 목표로 확립되어 있다. 관리자가 신입 직원이 무엇을 하고, 그것을 어떻게 할 것인지를 확실히 이해하도록 만들지만, 그가 **왜** 그것을 해야 하는지에 관해서는 거의 신경을 쓰지 않는다. 어쨌든, 기본 논리는 사람들이 직무를 수행하는 한 그 이유가 중요하지 않다는 것이다. 그러나 지난 세기 동안 조직을 주도한 이러한 경영이론으로 목적 중심 경영조직을 이해하기에는 쉽지 않다.

목적 중심 경영조직을 이해하기 위해서는, 사람과 조직에 대한 보다 포괄적인 관점을 제공하는 탈산업화 경영이론을 탐구해야 한다. 이러한 관점에서 보면, 개인이 하는 일의 의미는 고유하고 매우 가치 있는 것이며, 그 사람의 삶의 근본적인 목적이라고 볼 수 있다. 조직에 대한 "인류학적" 관점으로도 알려진 새로운 목적 경영이론은 회사는 정해진 목표를 달성하기 위해 설계된 단순한 기계나 유기체가 아니라 각 구성원의 개인적 목적이 발전하는 장소이며, 기업가와 창업자의 목적으로 시작하여, 궁극적으로는 모든 직원과 함께 성과를 달성하는 장소이기도 하다. 최근 몇 년 동안 기업의 사회적 책임, 진성리더십, 서번트리더십, 사회적기업가정신, 인본주의적 경영과 같은 다양한 연구이론이 개발되어 목적 중심 경영의 새로운 논리를 제시하고 있다. 이러한 발전은 결실을 맺기 시작했으며 이 모든 발전으로부터 혜택을 받을 시간이 눈앞에 다가왔다.

기업이 목적과 사회적 이익에 더 집중한다는 사실은 의심의 여지가 없다. 사회 전반을 위한 것이기 때문이다. 하지만 목적이 기업에 의미 있는 경쟁우위를 창출할 수 있을까? 이 책에서 논의한 트렌드의 방향에 동의하지 않는 사람은 거의 없겠지만, 많은 사람은 그것이 우리가 생각하는 것과 같은 판도를 바꾸는 힘, 즉 혁명으로 이어질 것인지는 의심할 여지가 있다. 목적 경영 리더들은 이미 목적에 집중함으로써 상당한 혜택을 누리고 있지만, 대부분의 경영자들은 여전히 이 목적이 얼마나 중요한지 이해하지 못한다는 연구 결과가 있다.

3M의 사장, CEO 겸 회장인 잉게 툴린Inge Thulin은 "자사 제품과 고객의 지속가능성에 초점을 맞추지 않는 기업은 50년 후에는 존재하지 않을 것"이라고 말했다. 물론 '친환경'이 인재와 소비자 모두의 사회적 관심사에서 1위를 차지하고 있지만, 목적 중심의 기업철학이 단순한 환경보다 더 큰 개념이며, 더 나은 세상을 만들고자 하는 열망에 관한 것으로 더 큰 의의를 갖는다. 기업에서 목적이 직원,

고객, 투자자 동기부여의 핵심이 되는 사회적 선의 시대가 왔음을 이해한다면 더 이상 이를 무시할 수 없을 것이다.

전통적 경영이론, 주인-대리인 모형

작열하는 한낮의 태양 아래, 주인이 아닌 부지런한 일꾼 한 사람이 메마른 밭을 갈고 있다. 땀에 흠뻑 젖은 셔츠가 등에 달라붙어 있다. 넓은 나무가 근처에 우뚝 서 있고 그 잎사귀는 시원하고 그늘진 피난처로 초대를 유혹한다. 그러나 그는 햇볕에 그을린 땅에 뿌리를 내리고 물러날 수 없는 자신을 발견한다. 그의 수입은 풍성한 수확과 연결되어 있으며, 수확량이 증가할 때마다 하루 수입에 추가된다. 집에서 기다리는 가족의 모습이 그의 마음을 스쳐 지나간다. 그들의 생계는 그의 수고에 크게 달려있다. 그가 거두는 더 많은 수확은 농부의 겸손한 식탁에 더 많은 음식으로 여겨진다. 그는 정신적으로 자신의 잠재적 수입을 계산하고, 그 수치는 그가 휴식을 노동과 맞바꾸도록 유인한다. 힘든 일을 그만두고 저녁이 되면 집에서 편안하게 위안을 찾을 수 있다고 확신하면서도 한숨을 내뱉는다. 마음을 다잡고 그는 작업의 리듬에 자신을 내맡긴다. 이제 그의 유일한 목표는 지는 해를 바라보며 지친 손이 감당할 수 있는 만큼 많은 수확량 더 거두어들이는 것이다.

물론 이 내러티브는 더 열심히 일하면 일당을 더 받고, 게으름을 피우면 덜 받는다는 정확히 지주가 소작농에게 원하는 추론 방식이다. 이 이야기는 전통적인 경영에서 고용주인 경영자와 구성원 간의 관계 또는 주주와 경영자와의 관계를 설명하는 대표적인 짐수레말 모형의 사고방식을 말한다. 이 모형은 1992년 경제학 발전에 기여한 공로로 마이클 젠슨Michael Jensen과 윌리엄 매클링William Meckling이 노벨경제학상을 받기도 했다. 이 모델은 경영자는 수레의 운전수와 같고 구성원은 수레를 끄는 말과 같다고 가정한다. 경영자의 역할은 구성원에게 명령을 내리고 지시하는 것이고 구성원의 역할은 그 명령에 따라 경영자가 설정한 목표를 달성하기 위해 열심히 노력하는 것이다. 이 모델에서 의사결정 권한이 조직의 최상위에 집중되고 정보가 하향식으로 흐르는 하향식 관리 방식이다.

경영자는 조직을 위한 최고의 아이디어와 전략을 가진 전지전능한 전문가이고 구성원은 언제든 교환 및 교체할 수 있는 기계 부품으로 간주한다. 따라서 구성원은 개인의 요구와 동기보다는 효율성과 생산성에 초점을 맞춘다. 관습적이고 전통적인 경영의 사고방식은 구조적인 계층 질서를 갖는다. 위험 회피적이며 이기적이다. 개인적 희생보다는 금전적 보상을 우선한다. 보상을 위하여 자원을 놓고 경쟁한다. 변화보다는 현재의 상태를 유지한다. 능력만큼 일하지 않는다. 이 모델은 너무 엄격하고 계층적이며 스스로 생각하고 행동할 권한이 있는 구성원에게서 나올 수 있는 창의성과 혁신을 고려하지 않는다는 비판을 받아왔다. 반면에 목적 중심 경영은 구성원을 단순히 목적을 위한 수단으로 취급하는 것이 아니라 구성원에게 권한을 부여하고 업무를 조직의 목적과 가치에 맞추는 것의 중요성을 강조한다.

전통적인 관점에서 개인은 자신의 이익을 추구하는 경향이 있다. 생산성 기반 보상으로 인센티브를 받지 못하거나 감독을 통해 모니터링되지 않는 구성원의 경우 게으름뱅이가 될 수 있다. 예를 들어, 지주가 소작인에게 실수로 고정된 임금을 지급하고 그들의 행동을 감독하지 않으면 소작인은 게으름을 피울 수 있다. 그러나 농작물 수확량을 극대화하기 위해 지주는 더 많은 수확을 위해 더 높은 임금을 지불하거나 소작인에 대한 더 엄격한 감독을 시행해야 한다. 이러한 조치를 취하지 않으면 소작인은 자연스럽게 유휴 상태가 된다. 소작인은 지주가 이기적이기를 기대하고, 지주는 소작인이 자신의 이익만 챙기는 집주인으로 보기를 기대한다.

각 당사자의 기대가 다른 당사자의 실제 행동과 일치할 때 균형 상태에 도달하게 된다. 이 개념은 존 내쉬의 이름을 따서 내쉬 균형 John Nash Balance이라 한다. 이 용어는 미국의 수학자이자 경제학자인 존 내쉬John Nash가 개발한 게임 이론에서 유래되었다. 각 참가자가 자신의 이익을 최대화하기 위해 선택하는 상태에서, 각 참가자가 서로 영향을 주고받으며 균형을 이루는 상태로 마케팅 분야에서 많이 활용하고 있다.

주인-대리인 모형에서 무엇보다 가장 깊은 통찰은 사람들이 자신과 관련된 계약에서 인센티브에 반응하기 때문에 그 인센티브가 중요하다는 것이다. 두 번째 중요한 깨달음은, 사람들이 대체로 노력과 위험을 피하려고 한다는 점이다. 그래서 사람들은 자신의 노력이 좋은 보상을 가져다줄 것이라는 확신이 있을 때만 열심히 일한다. 또한, 결과가 불확실한 일을 꺼린다. 주인-대리인 모델은 한쪽(주인)이 작업이나 결정권을 다른 쪽(대리인)에게 맡기는 관계를 분석하는 데 사용되는 경제학과 조직 이론의 틀이다. 주인과 대리인은 이해관계, 목표, 정보 접근 방식이 다르기에 비효율이나 갈등이 발생할 수 있다.

이런 맥락에서 보면, 인센티브는 두 당사자의 이익을 맞추는 역할을 한다. 주인-대리인 모델에서는, 주인은 자신의 이익을 극대화하려고 하지만, 대리인도 자신의 이익을 극대화하려고 하는데, 이는 항상 주인의 목표와 일치하지 않을 수 있다. 이런 이해차로 인해 대리인이 자신에게 불리한 이기적인 행동에 빠지는 문제가 생길 수 있다. 이런 문제를 줄이고, 주인과 대리인의 이익을 맞추기 위해 주인은 인센티브 구조를 만들 수 있다. 인센티브는 금전적 보상, 판촉 또는 기타 비금전적 혜택과 같은 다양한 형태를 취할 수 있다. 이러한 인센티브의 주요 목표는 대리인이 본인의 이익과 일치하는 방식으로 행동하도록 장려하는 것이다.

인센티브는 조직 내에서 특정 목표를 설정, 전달 및 달성하는 프로세스를 의미하는 목적 중심 경영을 위한 효과적인 도구가 될 수 있다. 인센티브를 신중하게 설계하고 구현함으로써 경영자는 종업원들이 조직의 목적을 위해 열심히 일하도록 사람들을 독려하고, 그들이 책임감을 느끼고 높은 성과를 내도록 하는 문화를 만드는 것이 가능하다. 인센티브는 이런 목적 중심 경영을 효과적으로 돕는 방법으로 활용할 수 있다. 구성원들의 개인적인 목표와 조직의 목표를 일치시키는데 인센티브가 큰 역할을 한다. 특정한 목표를 달성하거나 목적을 이루었을 때 보상이나 인정을 받게 하여, 구성원들이 조직의 핵심 목표를 달성하는 데 기여하는 일에 더 집중하도록 돕는다.

잘 설계된 인센티브는 구성원의 동기부여와 참여를 증가시켜 생산성과 업무 만족도를 높일 수 있다. 구성원들이 자신의 노력이 조직에 기여하고 보상받고 인정받는다고 느낄 때, 자신의 업무에 계속 전념하고 조직의 성공에 기여할 가능성이 더 커진다.

인센티브에는 종종 조직목적을 향한 진행 상황을 추적하는 데 도움이 되는 핵심 성과 지표^{KPI}의 설정이 필요하다. 이러한 메트릭은 경영자가 구성원 성과를 평가하고 개선 영역을 식별하며 데이터 기반 의사결정을 내릴 수 있는 정량화 가능한 방법을 제공한다. 잘 디자인된 인센티브는 조직의 목적과 일치하는 특정 행동이나 조치를 촉진하는 데 사용할 수 있다.

조직이 성과 결과에 대해 인센티브를 제공함으로써, 신중하게 위험을 감수하는 행동을 장려하고, 과도한 위험 추구를 억제할 수 있다. 이러한 접근 방식은 조직의 목적 추구와 장기적인 안정성 및 지속가능한 성장 사이의 균형을 맞추는 데 도움을 준다. 결국, 잘 설계하고 실행되는 인센티브는 목적 중심 경영에서 큰 역할을 할 수 있다. 이들은 종업원들의 목적과 조직의 목적을 일치시키고 종업원들에게 동기를 부여하며, 조직의 성공에 기여하는 행동을 증가시킨다. 따라서, 인센티브는 목적 중심 경영에 긍정적인 영향을 미칠 수 있다는 것을 알 수 있다.

밀턴 프리드먼의 주주이익 우선 경영

저명한 경제학자이자 노벨상 수상자인 밀턴 프리드먼은 경제 및 기업 경영 분야에 지대한 공헌을 했다. 그의 경영이론은 주로 주주이익을 우선한다는 원칙에 초점을 맞추고 있다. 프리드먼의 이론은 기업의 주요 책임이 주주가치를 극대화하는 것임을 강조한다. 그는 기업의 경영진은 주주를 대표하고, 다른 사람들보다 주주의 이익을 더 중요하게 생각해야 한다고 말한다. 이런 생각을 '주주 이론'이라고 부르며, 이는 회사가 직원이나 고객, 공급업체, 그리고 지역사회 등 많은 사람의 이익을 동시에 고려해야 한다는 '이해관계자 이론'과는 배치된다.

그는 기업의 가장 중요한 목표는 이익을 최대화하는 것이고, 이는 주주에게 투자의 보상을 주고, 회사가 장기적으로 안정적으로 운영될 수 있게 한다고 주장했다. 또한, 그는 기업이 사회적 책임을 다하는 활동이 종종 주주의 이익을 최대화하는 주요 목표에서 벗어나게 한다고 비판했다. 그는 사회나 환경문제를 해결하는 일은 정부나 비영리 단체 같은 다른 곳이 더 잘할 수 있는 곳에 맡겨야 한다고 했다.

프리드먼은 기업 문제에 대한 최소한의 정부 개입을 옹호했다. 그는 기업이 경쟁 시장 내에서 자유롭게 운영되어야 소비자 요구에 효과적으로 대응하고 가능한 최고의 주주가치를 제공할 수 있다고 했다.

이익 극대화를 강조하지만 그는 비즈니스에서 윤리적 행동의 중요성을 인정했다. 그는 기업이 사회의 법적, 도덕적 틀 내에서 운영되어야 하며 회사의 평판을 손상시키거나 주주가치를 감소시킬 수 있는 관행을 피해야 한다고 주장했다.

이러한 프리드먼 경영이론은 기업세계에 상당한 영향을 미쳤다. 지지자들은 주주의 이익을 우선시하면 효율성과 경쟁력이 높아지고 자원을 더 잘 배분할 수 있다고 주장했다. 반면에 비평가들은 이익 극대화에 초점을 맞추면 단기적 사고를 조장하고 직원 및 환경과 같은 다른 이해관계자에게 해를 끼칠 수 있다고 주장했다.

정리하면 간단히 말하면, 밀턴 프리드먼의 경영이론은 주주의 이익을 최우선으로 본다. 이 이론의 핵심 요소로는 이익 최대화, 기업의 사회적 책임에 대한 의심, 정부 개입의 제한, 그리고 윤리적 행동의 중요성이 있다. 이런 접근 방식은 기업의 행동에 영향을 끼쳤지만, 동시에 현대 기업의 책임과 목표에 대해 끊임없는 논쟁을 유발하기도 했다. 하지만 아직도 이 이론의 지지자들은 주주 이익을 우선시하는 것이 효율성, 경쟁력 및 자원 배분을 증가시킨다고 주장한다. 그들은 이익 극대화에 초점을 맞추면 기업이 운영을 혁신하고 간소화하여 궁극적으로 경제 전체에 이익이 된다고 주장한다. 또한 지지자들은 기업이 핵심 기능인 주주를 위한 가치 창출에 집중할 때 가장 성공적이라고 주장한다.

이 이론에 대한 비판자들은, 주주의 이익에만 초점을 맞추면 단기적인 생각이 강화되어 결국 장기적인 성장과 안정성을 위험에 빠뜨릴 수 있다고 주장한다. 또한, 그들은 이런 방식이 직원, 고객, 공급업체, 그리고 환경과 같은 다른 관련 당사자들에게 부정적인 영향을 미칠 수 있다고 말한다. 이런 비평가들은 보통 회사와 연관된 여러 이해당사자들의 이익을 동시에 고려하는, 이해관계자 이론과 같은 더욱 균형 잡힌 방법론을 옹호한다.

최근 몇 년간, 환경[E], 사회[S], 그리고 거버넌스[G] 이슈와 기업의 사회적 책임[CSR]에 대한 관심이 증가하고 있다. 투자자와 고객들은 이제 회사들이 이윤뿐만 아니라 사회와 환경문제에도 주목하도록 요구하고 있다. 이에 따라 회사가 주주의 이익과 다른 이해관계자들의 요구사항 사이에서 균형을 맞춰야 하며, 이런 변화로 인해 밀턴 프리드먼의 이론이 시대에 맞지 않다는 주장이 더욱 힘을 얻고 있다.

환경, 사회, 그리고 거버넌스[ESG] 이슈와 기업의 사회적 책임[CSR]에 대한 중요성이 높아짐에 따라, 법률과 규정도 이를 반영하게 개선되고 있다. 일부 나라에서는 회사가 재무 외 정보를 공개하고, 다른 이해관계자의 이익을 결정 과정에 포함하도록 요구하고 있다. 이런 법률적, 규정적 변화로 인해, 밀턴 프리드먼의 주주 중심 이론이 현재의 비즈니스 환경에서 재검토되고 있는 이유이다.

목적 경영의 순풍, BRT^{Business Round Table}의 성명

1997년 미국의 주요 기업 CEO들로 구성된 비영리조직으로 미국 최고의 리더그룹 BRT^{Business Round Table}은 밀턴이 주장하는 한 가지 원칙에 동의했다. "경영진과 이사회의 최우선 의무는 회사와 주주의 이익을 최우선 한다"였다. 그러던 BRT가 22년이 지난 2019년 8월 19일, 총회에서 매우 중요한 성명서를 발표했다. 신임회장이 된 JP모건의 CEO 제이미 다이먼 회장은 "Sorry Millton!"으로 시작하는 수락 연설에서 "기업은 각자의 목적을 가지고 재화와 서비스 제공을 통하여 성공하고 의미와 존엄의 삶을 이끌 수 있는 경제가 필요하다"고 했다. 밀턴의 신자유주의의 서거를 선포한 것이다.

제이미 다이먼 회장은 이윤추구와 주주이익을 최우선으로 추구해온 과거의 목적과는 이별하고 이제 기업은 저마다의 고유한 목적과 사명을 가지고 재화와 서비스를 통하여 모든 사람이 성공하고 의미 있는 삶을 꿈꿀 수 있는 환경을 제공해야 함을 역설했다. 이날 참석한 181명의 CEO는 목적 중심 경영을 하는 것에 동의했고 서명까지

했다. 역사적인 순간이었다. 그들은 이를 실천할 수 있는 구체적 시행방안을 선언했다. 이해관계자의 충돌이 있을 시 우선 고려 대상을 고객, 종업원, 협력업체, 공동체, 주주 순으로 조정한다는 세부 시행규칙까지 말이다.

이제 세상은 목적 경영의 순풍이 불기 시작했다. 특히 밀레니얼 세대를 중심으로 다르게 정의되는 기업과 소비자, 투자자의 역할이 조용한 혁명이 일어나고 있다. 이제 기업들은 이러한 순풍에 동참하지 않으면 혹독한 역풍을 감내해야 할지도 모른다. 이 선언은 밀턴 프리드먼의 주주중심 이론에서 크게 벗어난 내용이었다. BRT가 프리드먼의 이론을 직접적으로 비판하지는 않았지만, 새로운 성명은 주주에게만 초점을 맞추는 것이 아니라 모든 이해관계자에 대한 더 광범위한 약속을 강조함으로써 그의 경영이론에 암묵적으로 도전한 것이다.

주주 우선주의에만 초점을 맞추는 것에서 고객에게 가치를 제공하고, 직원에게 투자하고, 공급업체와 윤리적으로 거래하겠다는 약속을 포함하는 기업의 목적에 대한 새로운 성명을 발표했다. 수락 연설은 새로운 기업의 사명과 기업 지배 구조에 대한 이해관계자 중심의 접근 방식을 촉진하려는 BRT의 노력에 영향을 미쳤을 가능성이 있다. 결국, BRT성명은 밀턴 프리드먼의 주주 이론에서 이해관계자 중심 접근 방식으로의 기업사고 전환을 요구한다. 이 새로운 관점은 기업의 주된 책임이 주주가치를 극대화하는 것이라는 프리드먼의 생각에 도전하고 대신 기업의 책임과 목적에 대한 보다 전체론적인 관점을 촉진했다.

  이러한 변화의 배경에는 몇 가지 중요한 요소가 있다. 사람들이 기업에 더 많은 사회적·환경적 책임을 요구하는 추세다. 그래서 기업들은 주주 이익만 생각하는 것이 아니라 다른 이해관계자들의 이익도 같이 고려해야 한다는 생각이 강해지고 있다. 2008년 금융위기가 일어난 후에는 주주 이익만을 중요시하는 경영방식이 장기적으로 기업의 안정성을 해치고 사회에 문제를 일으킬 수 있다는 인식이 널리 퍼졌다. 그리고 환경, 사회, 거버넌스^{ESG}에 대한 이슈에 관심이 늘면서 기업들이 사회적 책임을 지도록 하는 법률이나 규제도 많이 생겨났다. 이런 변화들은 단기적인 이익을 추구하기보다는 장기적인 성장과 지속가능성을 중요시하는 기업문화를 강조하게 만들었다.

  이런 변화들이 있었기 때문에, 미국의 BRT는 기업들이 주주뿐만 아니라 고객, 직원, 공급업체, 지역사회 등 모든 이해관계자의 이익을 고려하는 방식으로 바뀌었다. 하지만 아직은 이런 선언이 실제로 어떤 영향을 끼치는지, 그리고 기업들이 주주 이익을 최우선으로 하는 기존의 방식을 완전히 바꾸게 될지에 대한 의견이 여전히 갈리고 있다. 이 선언 이후 여러 기업이 이해관계자 중심의 비즈니스 모델을 적극적으로 수용하고 실천하기 시작했다.

  아마존이 탄소중립을 달성하기 위한 'Climate Pledge'을 선언하고, 마이크로소프트 등 일부 기업들이 적극적인 동참을 하고 있지만 이러한 변화가 모든 기업으로 확산되지 않고 있으며, 이러한 새로운 패러다임의 경영을 실행하는 데는 많은 도전이 예상된다. 이에 대한 정확한 평가는 아직 이루어지지 않았고, 앞으로 지속적인 관찰과 모니터링이 필요하다.

새로운 경영학의 가능성
목적 중심 경영이론

목적 중심 경영은 전통적인 경영방식을 무시하지 않는다. 이는 조직이 계층적이지만 동적이며, 사람들이 이기적일 수 있지만 고귀한 목적에 동기부여를 받을 수 있다는 생각을 수용한다. 또한, 사람들은 돈을 벌기 위해 일하지만, 의미 있는 일에 투자하고 실제 목적을 위해 노력할 수 있다. 경쟁하는 동시에 공동의 이익을 위해 협업하고, 현재 상태를 유지하면서도 도전과 변화를 받아들일 수 있다. 사람들은 문제를 해결하고, 직장에서 성장하고, 자기 능력을 최대한 활용할 수 있다. 그래서 목적 중심 경영은 포용적인 경영방식을 추구한다.

진정성 있고 숭고한 목적을 가진 조직은 목적이 모든 일의 의사결정권자가 되고 구성원들은 일속에서 의미를 찾게 된다. 그들은 자존심을 초월하고 목적과 사명을 공유하고 적극적으로 목적에 협업한다. 그리고 공공의 이익에 희생하려 한다. 목적 경영의 DNA인 진성리더십은 영향력은 소수인 경영자에게 있는 것이 아니라 공유된 목적에 자부심을 갖고 목적의 실현에 열정을 다하는 구성원에게 있다고 한다.

목적 중심 경영은 무엇보다 단기 이익과 주주가치를 우선시하는 전통적인 경영 접근 방식에서 벗어나. 조직의 진정성 있는 목적과 이해관계자 참여, 투명성의 혁신 및 종업원 개발에 초점을 맞춤으로써 모든 이해관계자를 위해 장기적으로 지속가능한 가치를 창출하는 것을 목표로 한다.

또한 목적 중심 경영은 조직의 목적과 가치를 의사결정 및 전략개발의 중심에 두는 경영 접근 방식을 의미한다. 기업의 목적은 이윤 창출을 넘어서는 존재의 이유이며 사회적, 환경적, 윤리적 목표를 포함할 수 있다. 이 접근 방식은 명확하게 정의되고 잘 전달되는 목적이 직원에게 영감을 주고 동기를 부여하며 조직의 헌신과 성과를 높이고 더 큰 사회적 및 환경적 영향을 가져올 수 있다는 믿음에 뿌리를 두고 있다.

목적 중심 경영은 종업원 인게이지먼트, 생산성, 업무 만족도 향상, 조직문화, 재무성과 및 브랜드 평판 향상 등 조직에 긍정적인 결과를 가져올 수 있다는 많은 연구결과를 접할 수 있다. 또한 목적 중심 경영은 종업원들이 개인의 가치와 목적의식에 부합하는 조직에 끌리는 경우가 많기 때문에 최고의 인재를 유치하고 유지할 가능성이 더 크다. 또한 목적 중심 경영은 기업이 오늘날의 초뷰카, 초연결사회와 같이 복잡하고 빠르게 변화하는 비즈니스 환경에 적합한 경영방식이다.

목적 중심 경영을 효과적으로 구현하기 위해 조직은 먼저 조직의 목적을 찾고 목적의 렌즈로 바라본 구체적 중간 기착지와 같은 비전의 설정과 이를 이루기 위한 가치관을 설정해야 한다. 이 목적은 조직 전체에 공유되어야 하며 전략 및 모든 의사결정의 중재자로서 역할을 해야 한다. 명확한 목적 외에도 목적 중심 경영조직은 투명성, 진정성 및 윤리적 행동을 바탕으로 한 조직문화를 만든다. 목적 중심 경영은 이해관계자 참여와 협업에 높은 가치를 부여한다.

이해관계자를 단순히 목적을 위한 수단으로 보는 것이 아니라, 공동의 목적을 달성하기 위한 협업의 대상이며 서로의 성장을 돕기 위한 동반자로 인식한다. 목적 중심 경영은 진정성 있는 목적을 찾고, 구성원 간의 일체감을 조성하고, 주인의식을 갖고 사익보다 공동선을 우선시하도록 동기를 부여함으로써 조직이 더 높은 목적을 위해 일하도록 돕는다. 이는 반드시 개선된 경제적 성과를 가져온다. 그럼에도 불구하고 이러한 일들은 구성원들이 그 목적이 진정성이 있다고 믿는 경우에만 일어난다. 본질적으로 이기적인 개인은 변화에 대한 상당한 동기가 없는 한 자기중심적인 행동을 유지하는 경향이 있다. 그러나 목적 중심의 경영조직에서 경영자는 개인의 이익보다 공동의 이익을 우선시하고 목표를 달성하기 위해 기꺼이 희생한다.

이러한 전통적 관습을 무시하는 행동은 일부 사람들의 반발을 살 수도 있지만 다른 사람들에게는 영감을 준다. 결과적으로 조직 내

대인관계는 변화를 겪고 다양한 배경을 가진 개인은 서로에게서 새로운 동기부여와 영감의 원천을 찾을 수 있게 된다. 우리는 회사와 개인 모두에서 점차 확산되는 목적의 존재가 새로운 발전적 경영이론을 시사하는 징후라고 생각한다. 고전주의 경영이론이 분업을 촉발하고, 신고전주의 이론이 조직 정렬의 발전을 촉발했던 방식과 마찬가지로, 새로운 조직이론은 조직 내의 새로운 목적이론의 발전을 유도하는 방식을 만들 것이다. 이러한 새로운 이론은 조직의 목적으로 정체성을 삼고, 그 임무 완수를 위해 기여하는 과정에서 개인의 성장으로 이어질 것이다. 전통적인 조직의 경계는 재평가될 것이고 새로운 목적이론에 근거한 보다 광범위한 관점을 지향하여 발전할 것이다.

그러나 우리가 이러한 현실과 얼마나 가까이 와 있는가? 당연히 조직은 그 영역 범위에 따라 다양한 위치에 서게 된다. 안정적인 시장에서, 대부분의 성숙한 회사들은 낡은 경영이론에 더 가깝게 서 있다. 그들은 불확실성과 모호함이 실적에 대한 도전과제로 떠오름에 따라, 변신이 필요할 것이다. 구글, 페이스북, 아마존과 같은 새로운 목적이론의 원칙에 부합하는 디지털 플랫폼 사업자들과 3M, 벤 앤 제리스, IBM, 와비 파커, 텔루스, 사우스웨스트 항공, 같은 업체들이 이러한 움직임을 주도하고 있다.

대학, 병원 및 비영리 조직들은 고전 및 신고전주의 이론에 의해 도전을 받고 있으며 목적 중심 경영을 완전히 구현하기 위해 새로운 목적이론을 수용할 것이다. 점점 더 많은 회사와 기관들이 목적 중심 경영의 관행을 받아들이고 있지만, 이 새로운 접근 방식의 진정한 잠재력은 아직 발견되지 않고 있다. 극복해야 할 많은 도전과제와 장애물이 있으며, 아직 답을 찾지 못한 수많은 의문이 있다. 우리가 지배적이고 전통적인 경영논리의 타성을 극복하고, 목적과 단기적인 재무 결과의 압력에 굴복하지 않기를 기대한다면, 이를 중요한 문제로 다루며 답을 찾아야 한다.

목적 중심경영을 구현하려면 조직문화와 리더십 스타일의 변화가 필요하다. 경영자는 조직의 목적과 가치를 실천하고 증진하며 목적 중심의 의사결정과 혁신을 지원하는 환경을 조성하는 데 전념해야 한다. 종업원은 조직의 목적에 기여하고 업무에서 의미와 성취감을 찾을 수 있는 권한을 부여받아야 한다. 정리하면 목적 중심 경영이란 최고경영자가 조직의 고유한 목적과 스토리를 찾고 이를 구성원들과 공유하고 협업을 통하여 목적을 달성함으로써 지속가능한 성과와 변화를 창출하는 형태의 경영을 수용해야 한다.

목적 중심 경영자리더의 특성

『목적 중심 리더십』의 저자 닉 크레이그는 수많은 성공한 경영자들과 만나 교육과 코칭을 하면서 "만약 당신을 이끄는 목적을 몰랐다면 당신에게 일어나지 않았거나 경험하지 못했을 것은 무엇이라고 생각하는가?"라는 질문에 "명확성", "집중력", "자신감"을 들었다고 한다. 목적을 찾고 목적 중심의 삶을 이끌어온 리더나 경영자는 명확성과 집중력 그리고 행동하는 자신감이 상당히 높은 사람들이다. 아마도 지금까지 전통적 경영에서 경영진에게 부족한 자질로 가장 많이 언급되었다는 연구 결과도 있다.

첫째, 명확성Clarity은 경영자가 목적을 찾고 목적의 렌즈로 세상을 보면 그동안 보이지 않던 비전이 명확하게 보인다. 지금까지 직감적으로 보이던 세상을 명확하고 분명하게 말할 수 있다. 그것도 데드라인까지 넣어서 정량적으로 말할 수 있다. 목적이 없는 비전은 가짜이며 신기루와 같다. 왜냐하면 비전은 목적에 다다르기 위한 중간 기착지이며 구체적 중간목표이기 때문이다.

둘째, 집중력Focus이다. 목적을 분명한 리더는 목적을 둘러싼 환경을 깊이 이해하고 타자가 볼 수 없는 것을 선명하게 볼 수 있게 해준다. 이것이 목적 중심 삶이 주는 가장 큰 선물이다. 집중력은 언제나 비전인 중간목표에 도달할 수 있다는 강한 믿음을 주기 때문이다.

셋째, 자신감Confidence이다. 목적으로 무장한 리더는 자신감이 넘친다. 자신감은 확실성과는 다르다. 자신감이 우리에게 모든 걸 알 수 있는 능력과 힘을 주지는 못하지만 결과를 알 수 없는 초뷰카 시대에 사는 우리에게 가장 필요한 덕목이다. 학벌, 돈, 자격, 지위와 같은 조건적 자신감과는 차원이 다른 근원적 자신감은 '왜 이 일을 해야 하는지'를 알게 하며 모든 일을 가능케 한다.

목적 중심 리더는 언제나 진정성 있는 목적을 찾고 그것에 대한 믿음을 갖는다. 모든 의사결정은 어려운 상황에서도 목적을 중재자로 활용한다. 목적 중심 리더는 진정성 있는 조직의 목적과 사업전략을 통합한다. 또한 전략의 실행과 구성원과의 의사결정에도 목적을 중재자로 활용한다.

진성경영자와 유사경영자

리더(경영자)는 두 종류의 경영자가 있다. 조직의 진정성 있는 목적을 굳게 믿고 이를 달성하기 위하여 자신에게 하는 말과 구성원에게 하는 말과 행동이 일치하는 진성경영자와 오로지 정해진 목표를 달성하기 위해서 구성원을 공동의 선에 희생하고 그들의 행동을 바꾸기 위해서 자기 생각과 다른 말로 진정성을 연기하는 유사경영자가 있다. 이들 유사경영자는 자신의 이익을 위해서 세상을 변화시키는 사람들이다. 개인적인 욕망을 숨기고 좋은 리더인 것처럼 행동한다. 내적 자아와 외적 자아가 분열되어 있다. 직위에 기반하여 구성원을 성공의 도구로 이용한다. 지금까지 우리가 경험하던 전형적인 경영자들의 모습일지도 모른다.

경영자 자신만이 자신의 유형을 안다. 다른 사람에게는 그들 모두 똑같아 보인다. 유사리더는 성실성으로 무장한 완벽한 연기로 들통나기 전에는 구분하기 매우 어렵다. 사기꾼도 들통나기 전까지는 누구보다도 성실성으로 무장하고 있다. 진정성 있는 목적을 추구하는 구성원들의 희생 덕분에 경영자가 하는 일과는 관계없이 더 나은 결과를 가져올 수 있지만 이렇게 얻는 성과는 경영자가 진정으로 진정성 있는 목적에 전념하고, 꾸준히 목적과 일치하는 방식으로 행동하며 얻는 결과에 비하면 약하다. 두 유형의 경영자 모두 자신이 진성경영자라고 말할 수 있다. 그러나 구성원들은 누가 진성경영자인지, 유사경영자인지를 말할 수는 없어도 알고 있다. 이는 조직의 경영자가 진정성 있는 목적을 가진 것을 구성원들이 의심의 눈초리로 바라보고 있다. 유사경영자는 진성경영자인 것처럼 빈틈없는 연기로 단기적으로나마 개인과 조직에 막대한 손해를 입힐 수 있다.

그러나 진성경영자는 유사경영자보다 조직의 더 높은 목적을 추구함으로써 항상 더 큰 개인적 만족과 효능감을 이끌어낼 것이다. 따라서 조직의 더 높은 목적을 추구하는 경영자에게 가해지는 순수한 부담은 유사경영자보다 진성경영자의 경우가 더 적다. 그래서 진성리더에게는 바람직한 헌신으로 여길 수 있는 수준도 유사리더에게는 너무 높은 수준의 부담이 된다. 경영자가 조직의 목적에 대한 헌신이 있는 경우 구성원들은 그것을 관찰하고 진정성을 믿게 된다.
  그러기 위해서 경영자는 사업의 맥락을 고려한 조직의 진정성 있는 숭고한 목적을 찾아야 한다. 하워드 슐츠가 창업한 스타벅스의 목적은 '직장과 집 사이에 제3의 장소를 제공하는 것'이었다. 월트 디즈니의 목적은 '사람들이 행복과 지식을 찾을 수 있는 장소를 창조하는 것'이었다. 3M은 '모든 회사를 발전시키는 기술, 모든 가정을 향상시키는 제품, 모든 삶을 개선하는 혁신' 에어 비엔비의 목적은 '사람과 사람사이의 연결에 영감을 주는 세상 만들기', 익스피디아의 목적은 '우리가 면접에서 찾는 인재는 실질적 변화를 만들고자 하는 열정적인 여행자' 등 조직의 목적은 조직의 수만큼 고유하고 다양하다. 경영자는 조직의 목적을 찾는 것이 중요하다. 스티브 잡스가 정의한 '대의명분'이 친사회적인 것이 될 수 있지만 숙고를 통하여 찾는 것이 중요하다.

조직의 목적을 찾았더라도 그 목적에 진정성이 없고 구성원들에게 그 진정성을 인정받지 못하면 그것은 서약이 될 수 없다. 경영자의 지속적이고 처절하리만큼 진정성 있는 행동이 구성원들의 정서적 반향을 일으켜 맥락적 소통이 되도록 메시지를 전달해야 한다. 진성경영자가 목적으로 소통하고자 할 때 구성원들이 한 번에 그 말을 제대로 알아듣는다는 보장이 없다. 메시지를 몇 번이고 반복해야 하고 목적이 가진 의미를 계속 논쟁하고 설명해야 한다. 반복된 메시지 전달 과정에서 구성원들은 학습과 자극을 받아 목적을 받아들이고 자신의 의사결정과 행동에 통합시킬 수 있다. 이처럼 목적의 내재화가 성숙하면 조직의 목적은 비로소 모든 의사결정권자가 된다.

구성원들은 조직의 목적과 공통분모 공간에서 생활하기 시작하면 공동선을 추구하는데 개인적 희생을 하기 시작하고 조직의 목적을 자랑스럽게 생각한다. 조직의 목적을 알리는 홍보대사가 된다. 이런 과정으로 중간관리자들이 목적 중심 리더로 변신한다. 그 결과 조직은 경쟁과 이기적 문화는 사라진다. 따라서 새로운 목적 경영이론은 주인-대리인 모형을 부정하지 않는다. 인센티브가 노력 회피를 극복하는 힘이 있다는 것을 인식하고 있다. 진정성 있는 조직의 목적은 구성원들에게 심리적 안정감을 제공하며 그들의 태만한 행동을 극복하는 데 도움을 준다.

목적 중심 경영은 계약에서 서약으로의 도전

우리는 조직에 몸을 담으면서 고용계약, 연봉계약 등 여러 가지 계약에 직면한다. 계약과 서약은 관련 개념이지만 형식, 범위 및 집행 메커니즘이 다르다. 여기서 계약과 서약의 개념을 설명하려는 것은 아니다. 목적 경영에서 계약과 서약은 너무도 중요한 주제이기 때문이다. 계약은 관련된 각 당사자에 대한 특정 조건 및 의무를 설명하는 둘 이상의 당사자 간의 공식적이고 법적 구속력이 있다. 계약은 명확한 기대치를 설정하고 고용, 판매 또는 서비스와 같은 다양한 유형의 관계에서 각 당사자의 이익을 보호하는 데 사용된다. 계약은 일반적으로 법적 집행이 가능하며, 일방 당사자가 의무를 이행하지 않으면 상대방은 법적 구제 또는 보상을 구할 수 있다. 반면 서약은 한 당사자가 다른 당사자에게 하는 덜 형식적이고 구속력이 없는 약속이다.

서약에는 종종 법적 의무보다는 도덕적 또는 윤리적 의무가 수반

된다. 자선 활동, 개인 목표 또는 조직문화와 같은 다양한 맥락에서 의도, 포부 또는 가치를 표현하는 데 사용할 수 있다. 서약은 일반적으로 법으로 집행할 수 없으며, 이는 그 효과가 서약 당사자의 선의와 무결성에 달려있음을 의미한다. 의도적 경영의 맥락에서 직원과의 계약을 서약으로 전환한다는 것은 고용 관계의 적법성보다 조직의 가치, 목적 및 목표에 대한 공동의 약속을 촉진하는 데 더 중점을 둔다는 것을 의미한다. 이 접근 방식은 신뢰를 조성하고 직원 참여를 촉진하며 조직의 성공에 대한 공유된 책임감을 만드는 것을 목적으로 한다. 계약은 고용의 법적 측면을 정의하는 데 여전히 필수적이지만 서약은 더 목적 중심적인 경영환경에 기여할 수 있는 도덕적 및 윤리적 약속이다.

이스라엘인들은 국가를 세우면서 사회계약을 만들었다. 국민들은 중앙집권화된 권력에서 나오는 이익을 누리는 대가로 특정 권리를 포기했다. 사회계약은 일반적으로 이기적이지만 정기적으로 평가되고 조정된다면 상거래에서 시장 활동을 촉진하고 정치에서 조직목표를 촉진할 수 있다. 그러나 국가가 수립되기 수세기 전에 맺은 서약을 통한 이스라엘인의 서로에 대한 헌신은 그들을 개인에서 집단적 정체성으로 진정으로 변화시켰고, 존경과 신뢰를 기반으로 했으며, 개인주의에서 공동체 의식과 공동목적으로 거듭나게 했다.

시장의 목적은 부를 창출하고 배분하는 것이지만, 국가의 목적은 권력을 창출하고 분배하기 위해 존재한다. 그러나 서약의 개념은 부나 권력을 얻기 위한 것이 아니다. 서약은 소속감과 공동체의 책임을 확립하는 것이다. 사회계약은 국가를 수립할 수 있지만 반드시 통일감을 창출하지는 않는다. 반면에 서약은 응집력 있는 사회를 만들 수 있다. 이스라엘의 강력한 집단적 정체성과 문화는 언약 국가가 수립되기 이전에 존재했던 서약 사회에 기인했다. 이 그룹 정체성 감각은 중대한 도전의 시기에도 유지될 수 있었다. 서약의 개념은 포괄적 사고방식을 반영한다. 미국은 고대 이스라엘과 마찬가지로 서약적 기반과 계약적 기반을 모두 가지고 있다는 점에서 독특하다.

미국에서 서약은 독립선언서로 확립되었고, 그 계약은 헌법으로 성립되었다. 이러한 이중성은 '자유'가 계약에 기초한 국가와 서약에 기초한 사회를 모두 필요로 한다는 사실을 건국의 아버지들이 이해했기 때문에 가능했다. 이스라엘 국가가 세워지기 수세기 전에 이스라엘 사람들은 언약을 맺었다. 서약은 둘 이상의 사람들이 상호 존중과 신뢰를 바탕으로 함께 모여 혼자서는 이룰 수 없는 일을 서로 도와주겠다고 약속할 때 형성된다. 공유된 목적과 행동의 확립을 통해 개인은 '나'라는 개인주의적 사고방식에서 '우리'라는 집단적 사고방식으로 전환된다.

리더십에서 서약의 개념은 성공적인 조직의 발전에 대한 통찰력을 제공한다. 리더십의 서약은 최선의 자아, 역동적인 자아, 성장하는 자아와 맺는 신성한 합의다. 이 서약은 개인이 진정으로 더 높은 목적을 추구할 수 있도록 한다. 또한 사회계약과 사회서약을 지니는 조직을 상상할 수 있으며, 이를 통해 두 가지 모두 업그레이드를 지속하는 것이 중요하다.

경영자들은 자신의 진정성 있는 숭고한 목적을 찾았을 때, 최선의 자아가 되기로 자신과 서약을 한다. 조직을 이끄는 서약을 확립하는 경우, 주인-대리인 모형에서 벗어날 수 있다. 예외 규칙을 만들어지게 된다. 서약은 구성원들이 금전적 교환이라는 기존의 정신상태를 초월해 내재적인 동기부여가 되도록 영감을 준다. 또한 그들이 직장에서 더 높은 목적을 찾게 하고, 행동하는 방식을 바꾸게 한다. 농부들이 농작물 수확을 돈 버는 수단으로만 여긴다면 그들의 동기는 여전히 경제적 교환의 영역에 머문다. 그러나 그들 스스로 농사일이 창출할 뿐만 아니라 지역사회를 유지하는 데에도 기여하는 숭고한 일로 인식한다면 그들은 내재적 동기를 갖게 될 수 있다. 연구에 따르면 자신이 속한 조직의 사명이 진정으로 사회의 더 큰 이익에 기여한다고 믿을 때 구성원은 더 열심히 일하는 경향이 있었다. 개인이 더 큰 대의를 포용하고 자신의 업무를 의미 있는 목적에 연결하면 조직과 사회의 발전을 위해 공유된 목표를 달성하기 위해 더 많은 노력을 기울이려는 동기가 부여될 가능성이 높다. 이 연구는 MZ세대들에게 더 강하게 나타나는 경향이 있다.

왜 기업들이 목적 경영을 추구하지 않을까?

목적 중심 경영이론은 최근에 새로 생겨난 경영이론이 아니다.

1950년 미시간대학교 로스경영대학원 교수 로버트 E. 퀸Robert E. Quinn이 처음으로 발제한 이론이다. 그는 그때에도 기업은 단순히 이윤을 추구하는 것만으로 지속가능하지 않으며, 사회에 긍정적 영향을 미치는 목적을 가지고 경영해야 한다고 주장했다. 그는 이 이론을 의도적 경영이라고 칭하고 재무성과에만 초점을 맞추는 전통적인 경영방식을 넘어설 수 있다고 주장했다. 그는 경영자가 직원들에게 영감을 주고 참여를 유도하며 이해관계자의 가치와 일치하고 사회의 더 큰 이익에 기여하는 의미 있는 목적을 정의하고 명확히 할 것을 지지했다. 그 이후에도 2014년 아론 허스트Aaron Hurst는 '목적경제'로의 전환을 주장했고, 2010년에는 경영코치이자 작가인 리처드 J. 라이더Richard J. Leider는 '목적의 힘'에서 목적의 중요성을 강조했다.

하지만 이러한 장점이 있음에도 아직도 소수의 기업만 이 목적 중심 경영을 채택하여 그들 사업의 의사결정에 활용하고 있다. 대부분의 기업과 경영자들이 목적 경영을 채택하지 못했던 이유는 무엇일까?

새로운 자본주의나 신자유주의의 지배는 기업이 목적 경영의 채택을 더디게 했다. 시장 자본주의가 2차 세계대전 이후 각국의 경제 성장에 크게 기여하게 된 것은 사실이다. 이러한 성장은 전 세계 빈곤을 현저하게 줄였다. 그러나 모든 사람이 균등하게 혜택을 누리지 못했다. 오히려 경제적 불균등이 심해졌다. 부와 소득분배의 실패는 자본주의의 환멸을 불러왔다. 놀라울 만한 조사 결과가 이를 반증한다. 최근 미국인을 대상으로 한 갤럽조사에서 자본주의보다 사회주의를 선호하는 민주당원 비율이 더 높게 나타났다. 2018년 18세에서 29세까지의 미국인 과반수가 자본주의(45%)보다 사회주의(51%)를 더 선호했다. 이 결과는 충격적이다. 자본주의가 이 도전에 어떻게 대처해야 할지 성찰이 필요한 부분이다.

자유경제 체제에 대한 믿음을 회복하는 방법은 정부가 나서거나 사회적 압력을 가하지 않고 기업들이 진정성 있는 친사회적인 목적경영을 채택하는 것이다. 목적 경영이 추구하는 바는 다른 모든 사람의 주장이 충족된 후에 기업소유주의 부가 극대화되는 것이다. 경영자는 장기적으로 주주가치를 극대화할 뿐 아니라 진정성 있는 목적에 기여하는 기회도 찾아야 한다. 이는 쉽지 않은 일이다. 조직의 목적과 사업목적 간의 공통분모를 발견해야 하기 때문이다. 신자유주의는 경제성장의 동인으로 자유시장, 규제 완화 및 개인의 이기심을 강조하는 경제 이데올로기이다. 신자유주의 원칙에 따라 기업의 주된 관심은 주주가치와 단기 재무성과를 극대화하는 것이었다. 신자유주의는 비즈니스 관행과 경영방식에 영향을 미쳐 이윤극대화와 운영효율성에 대한 편협한 강조로 이어졌다. 이러한 근시안적인 관점은 목적 경영이 해결하고자 하는 광범위한 사회와 환경친화적 고려 사항을 무색하게 하였다.

신자유주의적 틀에서 재무적 이익 이상의 목적 추구는 비즈니스 전략의 우선순위에서 밀리게 된 것이다. 게다가 신자유주의가 조장하는 즉각적인 재무성과를 올려야 한다는 단기적 사고방식은 종종 장기적인 관점과 가치 중심 투자를 요구하는 목적 경영을 채택하는 데 장애요인이 되었다. 그러나 목적 경영 방식의 부상과 지속가능성에 대한 관심 증가는 변화하는 패러다임과 신자유주의의 한계를 느낀 구성원, 고객, 투자자 및 지역사회를 포함한 많은 이해관계자는 기업이 사회적 및 환경적 영향을 고려할 것을 점점 더 요구하고 있다. 그 결과, 기업들은 순전히 이익 중심의 동기를 뛰어넘어 목적 경영을 비즈니스에 대한 보다 총체적이고 지속가능한 접근 방식으로 수용해야 할 필요성을 인식하기 시작했다.

사람들은 누구나 삶에서 상처를 받거나 죽을 만큼 고통을 경험할 수 있다. 이 상황을 벗어나는 방법은 자신의 목적을 찾고 명확하게 표현하는 것이다. 목적은 초점을 상실감에서 상실의 가치로 이동시킴으로써 앞으로 어떻게 나아갈지를 가르쳐준다. 목적은 자신을 다시 일으키기 위한 학습 욕구를 불러일으킨다. 삶의 목적을 지니면 그렇지 않을 때와 다르게 생각한다.

《포춘Fortune》지 500대 기업 44명을 대상으로 연구한 결과 기업 임원들이 목적 경영을 채택하는데 직면했던 5가지 도전과제와 해법을 동시에 제시하고 있다.

첫째, 내가 과연 남을 이끌 적임자인가 확신하지 못한 경우이다. 이때는 조직의 다른 구성원들을 목적을 찾는 데 동참시키는 것이다. 둘째, 목적 경영에 대한 자신의 진정성에 확신이 들지 않는다면, 그렇게 하지 말고, 믿을 수 있을 때까지 목적을 계속 찾아야 한다. 셋째, 목적 경영을 도입할 시간이 없다고 생각하면, 목적을 의사결정의 중재자로 수용할 만큼, 나에게 소중한 것을 알면, 바쁘기만 하고 중요하지 않았던 일들이 실행 목록에서 사라진다. 넷째, 다른 동료들이 나를 믿고 따르지 않을 때는, 중간관리자를 목적 중심 리더로 만든 다음 긍정의 에너지를 마음껏 발산하게 한다. 다섯째, 주주와 경영층이 믿어주지 않으면, 목적 중심적 조직문화를 만들어 그들을 정서적으로 다가오게 만드는 것이다.

제4장

조직의 목적선언문이 왜 중요한가?

목적 중심 조직이란?

VUCA시대의 많은 경영자들이 혁신에 대한 많은 어려움을 겪고 있다. 의사결정과정 지연이나 지나친 관료화 등이 혁신을 방해하는 계층적 구조를 탓한다. 지금까지의 신고전주의, 전통적 경영으로는 이들 중 어느 것도 명쾌한 답을 내놓지 못하고 있다. 한때 조직의 민첩성을 얻기 위하여 애자일agile 조직으로 전통적 조직에 도전했지만 역부족이다. 최근에 주목받는 인본주의 경영으로 잘 알려진 파타고니아, 자포스, 고어와 같은 성공적인 조직의 사례에서 발견한 공통분모는 조직의 높은 목적의식이었다. 그들이 성공할 수 있었던 것은 계층적 구조를 제거한 것뿐이니라 대안으로 중요한 목적의식과의 결합이었다. 학자들은 조직의 높은 목적의식이 경쟁력이 높은 조직의 핵심이라고 속속들이 밝히고 있다.

반대로 목적의식의 상실로 인한 실패 사례로 소니와 노키아가 자주 인용된다. 마찬가지로 애자일조직을 만들려는 많은 도전이 실패하는 이유는 목적이 없고 종업원의 인게이지먼트가 없었기 때문이다. 목적과 민첩성은 근본적인 상호관계를 가지고 있다. 지금까지의 전통적 경영은 역량과 목표, 과정이 회사의 기초적인 운영체계로 구성되며, 이들은 '무엇'과 '어떻게'와 관련이 있으며 이는 업무와 성과와 수행과 관련된 내용과 방법만을 나타낸다. 목적달성을 위해서는 전통적 경영 수단을 넘어서는 왜의 새로운 조직 형태가 필요하다.

목적은 새로운 소프트웨어를 요구하는 새로운 하드웨어와 같다. 지금까지의 목표 중심 경영시스템은 외재적 이익에만 초점이 맞추어져 있어 친사회적 목표는 소홀이 하는 경향이 있었다. 사람은 주어진 목표를 달성하지 않고 많은 일을 완수 할 수 있다는 것은 어떤 목적을 달성하지 않고도 다양한 목표를 이룰 수 있다는 것이다.

기업 차원에서, 목적과 사명은 '왜'의 영역에 속하는 호환할 수 있는 용어로 흔히 사용되고 있다. 그러나 목적과 사명은 본질적으로 꽤 다를 수 있다. 목적과 사명은 회사의 이해당사자인 고객, 구성원, 주주에게 공헌하는 회사의 존재 이유로 바람직한 영향력을 발휘할 수 있다.

기업의 목적

조직에서든 개인이든, 목적은 우리가 행동과 노력을 '왜' 하는가를 의미한다. 더 중요한 것은, 기업 목적의 담론은 '고객, 사회, 지구를 비롯한 모든 이해관계자의 현재와 미래의 삶을 개선하기 위한 열망적인 존재 이유'로 정의하며, 목적 중심 조직은 이러한 핵심존재 이유를 중심으로 구축한 조직을 말한다. 우리가 살고 있는 이 세상과 사회에 우리가 기여할 바를 명확하게 제시하며 우리를 의미 있는 일로 인도한다. 목적의 존재는 최근 몇 년 동안 점점 더 보편화되었으며 앞으로도 중요성이 계속 커질 것으로 예상된다. 일관성 없고 불확실성이 강하게 드러나는 경쟁적인 환경에서, 목적은 중요하고 영향력 있는 조직을 만드는 데 중요한 요소가 되고 있다. 조직 차원에서, 목적은 일반적으로 사명, 비전, 가치관과 같은 개념이다. 본질적으로 목적은 이들 개념의 의미를 떠받치고 유지하는 핵심 관념으로 간주된다.

　더 자세히 설명하자면, 목적은 단순히 이익을 창출하는 것 이상으로 사회에 대한 회사의 광범위한 약속을 나타낸다. 예를 들어, "우리가 봉사하는 지역사회에서 삶의 질을 향상시킨다"는 인도기업 타타Tata의 목적은 주주에 대한 선언일 뿐만 아니라 회사 존재 이유의 선언이기도 하다. 목적은 사회에 대한 회사의 헌신을 반영하며 긍정적인 변화 창출, 삶의 질 향상 또는 피해 감소와 같은 목표를 포함한다. 중요한 것은 기업과 사회의 상호의존성을 고려하지 않고 목적을 달성할 수 없다는 것이다. 따라서 목적 중심 경영조직은 둘 사이의 상호 연결성을 인식하고 소중히 여기며 둘 모두에게 긍정적인 결과를 창출하기 위해 노력한다.

　기업의 목적은 일반적으로 회사가 이 세상에 남기고자 하는 긍정적인 영향과 유산을 나타내는 간결한 문장이나 이념으로 정의된다. 목적은 회사가 스스로 설정한 한계를 넘어 도달할 수 없을 것 같은 성취를 향해 노력하도록 고무하고 돕는다.

　디즈니Disney의 목적은 상상력을 통해 "수백만 명의 사람들에게 행복을 주기 위해 우리의 상상력을 활용하는 것"이며, 쓰리엠3M의 목적은 "모든 회사, 모든 가정, 모든 생명이 개선되기를" 희망한다. 이다. 구글Google의 목적은 "세계의 정보를 광범위하고 보편적으로 엑세스하고 유익하게 사용할 수 있도록 하는 것"이다.

목적은 사람들이 사회로부터 소외당하거나, 기여할 수 있는 잠재력이 사회에서 과소 평가되거나 간과했던 부분을 해결함으로써 목적을 찾을 수 있다. 이는 예를 들어 스페인 카탈로니아의 요거트 제조업체인 라 파제다^{La Fageda}는 직원의 상당 부분이 정신 장애를 갖고 있다. 회사의 목적은 "일을 의미 있게 만드는 것"이다.

이렇듯, 진정성 있는 기업의 목적은 평범한 직원의 잠재력을 발휘하여 비범한 결과를 성취할 수 있는 영감을 줄 수 있다.

목적 중심 조직의 목적선언문, 정신모형 II

인간의 뇌는 똑똑하기는 하지만 상상적 체험과 실제 체험을 구별하지 못한다는 것은 익히 알고 있다. 인간이 동물과 달리 성숙한 문화를 만들 수 있었던 것은 뇌가 상상적으로 하는 체험의 세계와 실제로 체험하는 세계를 구별하지 못한다는 것을 알았기 때문이다. 지금 우리가 살고 있는 세상은 오래전 누군가에 의해서 상상으로 구성되어 만들어진 것이다. 스티브 잡스가 그랬던 것처럼 상상적 체험을 통해 뇌의 시냅스 구조가 바뀌어서 지금 우리가 향유하는 현실이 만들어진 것이다.

뇌 과학자들의 연구에 의하면 플라시보 효과도 뇌 과학의 발달로 마음의 힘은 시냅스의 작용이라는 사실이 밝혀졌다. 과학적으로 시냅스의 구조가 바뀐 것은 마음의 근육이 생긴 것이다. 시냅스 구조가 바뀌어 마음의 근육이 생겼다는 것은 싸움 중에서 가장 어려운 싸움인 자기 자신과의 싸움에서 이겼다는 것을 의미한다.

자신의 삶을 더 나은 미래를 향해 가고 있는 여행자라고 생각하자. 도착하고 싶은 간절히 열망하는 미래가 있고, 그 모습은 상상적 체험을 통해 뇌의 시냅스 구조가 변화하면 결국 자신이 열망했던 미래에 도달한 사람이 된다.

자신이 창조할 수 있는 최고의 플라시보는 미래의 어느 순간 죽음과 마주했을 때 당당할 수 있는 자기 모습이다. 이 세상에 태어나 한평생 지구를 여행한 당당한 여행자로서 책무를 완수하고 자기 의지로 세상과 홀가분하고 평화롭게 하직할 수 있는 최선의 모습이다. 이런 자기 모습이란 존재 목적에 대한 약속을 실현으로 가능하다. 이런 모습을 담은 자신의 미래 정체성을 보여주는 정신모형, 목적선언문, 사명 등을 가지고 나서는 여행자들은 현재 뇌의 시냅스 구조를 변화시킨 삶이 가장 성공적인 지속가능한 삶일 것이다.

사람들은 자신의 눈으로 세상을 본다고 생각하지만 눈으로 볼 수 있는 세상은 빙산의 일각에 불과하다. 대부분은 자신이 마련한 정신모형이라는 지도에 구축된 믿음대로 세상을 본다. 정신모형은 과거 경험을 통해 현재가 어떻게 돌아갈 것인지에 대한 자신의 믿음이거나 미래가 어떻게 돌아갈 것인지에 대한 개인적 믿음의 지도이다. 우리의 뇌는 세상을 좀 더 잘 이해하기 위해서 끊임없이 지도를 그려내고 수정한다. 뇌의 지도를 그리는 능력이 없다면 세상을 이해할 수 있는 방법이 없고 세상을 이해하지 못한다면 필요한 행동을 도출하지 못한다. 뇌는 변화하는 세상을 더 잘 이해하기 위해 강박관념을 가질 정도로 지도를 만들어낸다.

이런 뇌의 성향은 인간의 유전자에 각인되어 있어서 사람이라면 아이이든 어른이든 노인이든 다 정신적 지도를 가지고 있다. 뇌의 이런 지도를 그려내는 능력이 없다면 세상에서 들어오는 불확실성을 통제하는 방법이 없기 때문에 사람들은 스트레스를 받아서 결국 사망하게 된다. 이와 같은 정신적 지도를 정신모형이라고 한다. 사람들은 어느 순간 세상의 변화 속도에 밀려서 알맞은 지도를 업데이트하지 못하곤 한다. 자신의 지도를 그려내는 능력이 세상의 변화 속도를 따라잡지 못하여 끈을 놓아버리는 일이 생긴다. 멘붕에 빠져 헤어나기가 어렵다.

자신의 욕망이 시키는 대로 그려낸 지도에 보이는 세상보다 더 큰 목적의 세상을 볼 수 있는 새로운 패러다임의 안경이 필요하다. 이들이 쓴 새로운 목적의 안경인 정신모형Ⅱ는 우리가 이전에는 보지 못했던 세상에 대한 비전을 보여줄 것이다. 정신모형에는 정신모형Ⅰ과 정신모형Ⅱ가 존재한다.

정신모형Ⅰ은 과거에서 지금까지 살았던 체험을 근거로 만들어진 지도이고, 정신모형Ⅱ는 앞으로 살아갈 목적지를 찾아내기 위한 미래의 지도이다. 모든 사람은 정신모형Ⅰ은 가지고 있지만 정신모형Ⅱ를 가진 사람들은 찾기 힘들다. 정신모형Ⅰ은 불확실성이 있는 세상을 살아가려는 생존의 욕구로 만들어지며, 정신모형Ⅱ는 문화적 족적을 남기려는 사람들의 성장과 학습의 열망 때문에 만들어진 지도이다. 또한 정신모형Ⅰ은 과거의 모습이 현재로 투영된 자신의 모습을 보여주며, 정신모형Ⅱ는 미래의 자신이 투영된 자신의 모습을 보여준다. 자신이 지금 어디에 서 있고 어디로 향해 갈 것인지를 미래의 자신의 목적지를 찾아 길을 떠나게 해준다.

정신모형Ⅰ은 과거에 살았던 방식 중 자신에게 유용한 지침이 되었던 것을 중심으로 구성되며 삶에 대한 자신만의 노하우Know-How를 가르쳐주는 내비게이션과 같다. 반면 정신모형Ⅱ는 앞으로 어떻게 사는 것이 의미 있는 삶인지, 어떠한 가치를 가지고 살아야 하는지 등의 삶의 목적Know-Why을 가르쳐 주는 나침반과 같다.

스티브 잡스Steve Jobs처럼 현실이 그렇게 되어 있지 않음에도 믿음 속의 상상의 세계를 현실로 만들어가는 과정을 구성주의 현실이라 말한다. 정신모형Ⅱ가 세상을 변화시켜나가는 플랫폼으로 작동하는 이유가 구성주의 원리이다. 세상은 누군가의 간절한 열망으로 정신모형Ⅱ를 구성해서 그에 대한 믿음을 전진시킨 결과일 것이다. 세상을 변화시키는 리더란 정신모형Ⅱ를 플랫폼 삼아 세상을 변화시키는 데 성공한 사람들이다. 이 원리는 기업에도 바로 적용된다. 기업도 지금까지의 전통적 경영방식이 정신모형Ⅰ이며 지속가능한 기업으로 새롭게 태어나기 위한 미래의 목적지를 향한 지도가 정신모형Ⅱ이다. 이러한 조직의 정신모형Ⅱ는 목적과 사명, 비전, 가치관으로 구성되며 그 기업만의 철학과 고유한 존재 이유를 내러티브 문장으로 선언하는 것이 조직의 목적선언문이다.

목적선언문의 구성 요인: 목적, 사명, 비전, 가치관

조직의 목적선언문, 또는 조직의 정신모형Ⅱ이라고도 부른다. 이 목적선언문을 이루는 구성 변인으로는 목적, 사명, 비전, 가치관이 있다. 정신모형Ⅱ를 구성하는 데 가장 중요한 구성 변수는 목적과 사명이다. 이 변인들의 정확한 이해는 매우 중요하다. 국내의 유수한 대기업들마저도 이에 대한 의미를 제대로 이해하지 못하는 것 같다.

목적 Know-Why

목적은 개인과 조직이 존재하는 이유에 대한 답이고, 목적은 자신이 이 세상에 살아남게 됨으로써 세상이 얼마나 행복해지고 건강해지고 따뜻해질 수 있는지에 대한 '신성한 이유'다. 그 존재 이유에는 스토리가 있다. 소명 Calling은 이 목적으로부터 부름을 받아 자신을 넘어서는 초월적 체험에 가슴 떨림을 느끼는 상태를 말한다. 목적을 깨닫는다는 것은 생존을 넘어 개인이 세상에 태어난 이유, 조직이 존재해야 하는 이유를 알게 되는 또 한 번의 탄생을 의미한다.

목적과 목표는 다르다. 목표는 시간을 따라가며 더 큰 표적을 만드는 것인 반면 목적은 시간을 앞서가서 미리 기다리기 위해 만드는 것이다. 목표는 목적에 도달하기 위한 중간 기착지일 뿐 최종 종착지는 아니다. 삶의 의미를 상실하고 정신적 아노미를 겪는 사람은 이 목적과 목표를 혼동하고 있다. 목적은 기업이 존재해야 하는 이유를 가르쳐준다. 목적이 아니라 목표만을 추구했던 기업들은 일시적인 큰 목표에 도달한 후 추락했다. 소니, 노키아, 엔론, 코닥 등이 그 예이다. 반면 지속가능한 성과를 내고 있는 100년 기업들은 모든 목표들이 목적을 향하고 있고 초지일관 진북을 향해 떨고 있는 나침반을 가지고 있었다. 목적을 먼저 정해 놓고 목표를 기다린 회사들이다.

GE는 스마트제조업의 표준을 만들어 제조기업을 부활시켰고, 코닝Corning은 유리공예의 아름다움으로 삶을 윤택하게 만들고자 했다. IBM은 ICT서비스를 통해 기업들이 디지털기업으로 전환을 성공적으로 도왔고, 3M은 창의성으로, 바스프BASF는 사기업으로 세상 모든 화학의 발상지 역할을 한다는 목적을 가지고 움직였다. 또한 사우스웨스트 항공, 아마존, 구글 같은 회사들도 100년 기업의 행보가 주목된다. 목적은 자신의 존재에 대한 진실을 이해하고 이것을 실현시키는 생성적 삶을 향한 근원적 변화의 원천이다. 이 존재 이유를 통해서 가야 할 길을 찾게 도움을 주는 진북True north의 역할이다. 개인과 조직의 최종 목적지이며 이 목적의 진정성이 리더의 모든 걸 결정한다.

개인과 조직이 목적을 갖게 되면 비로소 명확히 보이는 세상이 비전의 세상이다. 목표 달성에 대한 강한 믿음과 집중력이 생기며, 결과를 알 수 없는 어려운 상황 속에서도 목적에 이를 수 있다는 강한 믿음을 준다. 조직의 경우 진정성 있는 목적을 갖게 되면 이 목적이 모든 의사결정의 결정권자가 될 수 있으며, 구성원들은 일속에서 의미를 찾게 되고, 사명을 공유하고 적극적인 참여로 공동의 이익에 희생하려 한다. 우리가 목적과 사명의 의미를 정확히 이해하지 못하는 경우가 있다.

사명Mission

사명은 목적과는 다르다. 아직 실현되지 못한 목적을 현실에서 실제로 구현하는 과정을 말한다. 소명이 목적으로부터 영혼의 종소리를 듣는 것이라면 사명은 이 영혼의 종소리가 들려주는 바를 실천하여 프로젝트를 성공시키는 것을 말한다. 세속적인 삶을 멈추고 목적을 실현시키기 위한 신성한 도전에 몸을 던지는 것이 사명이다. 자신만의 진북을 찾기 위하여 행동하는 상태를 말한다.

목적에서 사명에 이르는 길은 행동을 불러일으키는 동사화 과정이다. 사명의 핵심은 목적에 이르는 과정에 존재하는 장애들을 극복하는 혁신이다. 물론 이 어려운 상황에서도 장애를 극복할 수 있는 동력은 목적에 대한 믿음으로부터 나온다.

사명의 성공은 목적이라는 객관적 믿음의 씨앗이 발아해서 주관적 믿음으로 뿌리를 내린 것이다. 혹독한 희생과 검증의 결과이다. 사명이란 검증과정을 거쳐 목적에 관한 주관적 믿음이 단단히 뿌리를 내리게 하는 과정이다. 개인의 성공이나 영달을 위해 어려움을 극복해야 하는 문제라면 자신과 타협하거나 쉽게 포기할 수 있지만, 신성한 이유를 가진 도전은 쉽게 포기하지 못한다.

목적에 대한 믿음이 혁신으로 이어지고 이 혁신의 성공 사례가 제도화되면 지속적인 성과가 창출된다. 이는 사명을 달성하는 과정에서 완성된 혁신이 구성원과 조직에 시스템과 문화로 뿌리를 내리는 과정이다. 목적이라는 씨앗이 뿌리를 내리는 과정이 사명이라면 사명에서 성과가 나오는 과정은 이뿌리로부터 줄기가 자라고 꽃이 피고 열매가 맺히는 과정이다. 사명에서 성과의 과정을 통해 목적은 비로소 그 모습을 드러낸다. 이 과정은 목적이 자기다움을 구현하는 과정이다.

이처럼 혁신의 제도화를 통해 도출된 성과는 생존을 위해 만들어진 생계형 성과는 차원이 다른 목적성과라 한다.

비전 Know-What

비전에 대한 오해가 가장 많다. 비전은 목적의 눈으로 자신의 과거, 현재, 미래를 다 볼 수 있는 통찰력이다. 중국 고전 중 공자의 『대학』에 나오는 심부재언시이불견心不在焉視而不見이라는 말은 '마음에 있지 않으면 보아도 보이지 않는다' 뜻이다. 목적이라는 정신모형이 마음에 있지 않으면, 눈이 있어도 목적이 이끄는 세상을 보지 못한다. 마음의 눈으로 볼 수 있는 멋진 세상의 목적의 지도를 그려서 구성원들과 비전을 나누는 것이 목적 경영자들의 임무이다. 목적 경영자들은 상상임신과 같은 체험을 통해 시간을 앞서가 목적이 이끄는 미래를 만들어낸다. 간절한 상상으로 목적이 실현된 세상을 그리면, 목적에 대한 비전이 탄생한다.

목적 경영자들은 목적에 대한 마음의 지도가 만들어 준 비전으로 세상을 보는 사람들이다. 목적에 대한 믿음으로 탄생한 비전이 아니라 경험에 의해 탄생한 비전이라면 이들은 새로운 세상을 찾아서 지금의 오두막을 떠날 이유가 없다. 미래를 제대로 볼 수 있는 비전은 목적에 대한 믿음을 가지고 시간을 앞질러서 기다리는 사람들만이 가질 수 있다. 하지만 사람들은 큰 꿈을 품고 미래의 큰 목표에 멋진 옷을 입혀놓은 것을 비전이라고 믿는다. 비전이란 자신의 존재 이유를 밝혀주는 목적에 대한 믿음의 안경으로 세상을 제대로 본 것을 뜻한다. 비전은 미래의 눈으로 과거와 현재의 명료한 연관관계를 보는 눈이다.

미래의 눈이 현재와 과거를 놓치고 있다면 꿈일 뿐이다. 꿈을 꾸지 않고 진짜 비전이 있는 사람들만 볼 수 있는 것이 자기 자신이다. 먼 미래 목표가 있어도 정작 자신이 누구인지를 보지 못하는 사람은 당연히 아직 꿈속에서 깨어나지 못한 사람이다. 오히려 비전을 상실한 사람이다. 비전은 목적에 이르기 위한 중간 기착지이며, 중간목표이다. 목적지 없는 비전은 사막의 신기루와 같다. 비전은 5년 후, 10년 후와 같은 정량적이며 생생하고 구체적인 목표이다. 개인이나 회사가 한번 정한 비전을 달성한 후에 그곳이 목적지인 것처럼 안주하다 급변하는 변화를 보지 못하고 무너지는 경우가 비일비재하다. 초뷰카시대 생성형 AI나 로봇의 알고리즘보다 세상을 더 잘 볼 수 있는 비전이 있을까? 인간으로서 최고의 비전은 자신의 진북을 자신이 찾아낸 알고리즘의 눈을 획득했을 때일 것이다. 컴퓨터 알고리즘과 달리 인간이 세상을 제대로 보는 비전은 자신의 삶의 나침반인 목적에 대한 믿음의 눈을 통해서 오감에 의해 오염되지 않은 정화된 의식과 마음의 눈과 마음의 귀로 세상을 보는 것이 진정한 비전이다.

가치관 Know-How

인간의 운명은 그 사람이 내리는 선택과 결정의 결과이고 그 결정은 그 사람의 가치에 의해 좌우된다. 한 인간의 정체성은 그 사람이 보유한 가치관으로 알 수 있다. 한 인간의 가치관은 눈에 보이지 않지만 그 사람의 행동으로 드러난다. 개인의 가치관은 성품과 같고 조직의 가치관은 조직문화이자 조직의 성품을 드러낸다. 조직의 목적선언문에서의 가치관은 목적지에 이르는 방법이다. 목적 중심의 조직은 가치를 명확하게 표현하고 이를 일상 업무, 의사결정 프로세스 및 조직 정책에 통합하는 것이 중요하다. 이러한 가치를 구현하고 실행함으로써 원칙중심의 조직문화를 만들고 종업원의 인게이지먼트와 이해관계자와의 신뢰를 구축할 수 있다. 목적 중심 경영조직의 목적선언문에서 가치는 조직이 소중하게 여기는 기본신념과 원칙을 표현한다. 가치는 조직과 구성원의 행동 기대치로 경영의 모든 측면에서 무결성, 공정성 등 윤리적 기준을 포함한다. 가치는 조직의 정체성으로 조직문화를 형성하고 구성원 간의 목적을 공유하는 데 기여하며, 공통된 이해를 촉진하고 조직 내 개인이 상호작용하고 협업하는 방식에 대한 기조를 설정한다.

또한 가치는 조직의 목적과 사명에 일치해야 한다. 가치는 조직의 이해관계자들 사이에 상호작용의 핵심 원칙과 약속이다. 가치는 구성원에게 기대되는 행동 지침 역할을 하며, 윤리적 행동, 존중, 청렴, 다양성, 포괄성 및 조직문화를 구축하는 원칙에 대한 표준을 설정한다. 가치는 의사결정을 위한 프레임워크를 제공하며, 구성원들이 선택이나 딜레마에 직면했을 때 최고의 의사결정권자가 될 수 있다. 또한 가치는 조직 내에서 일관성과 책임성을 촉진하며, 구성원들이 바람직한 행동을 유지할 수 있는 업무 환경을 조성한다. 정리하면 개인적으로는 왜 사는가는 목적과 사명이다. 어떻게 살아갈 것인가가 가치관이다. 비전은 사는 동안에 무엇을 이룰 것인가이다. 조직과 기업에 적용하면 우리 회사는 왜 존재하는가가 목적과 사명이다. 조직의 철학이기도 하다. 어떠한 방식으로 경영할 것인가가 가치관이다.

가치관은 기업의 성품이라고도 말할 수 있으며, 조직문화이기도 하다. 우리 회사는 무엇을 이룰 것인가가 기업의 비전이다. 정신모형Ⅱ는 경영자가 자신과 회사가 미래에 성장한 모습을 통해서 현재의 모습을 성찰해볼 수 있는 거울이다.

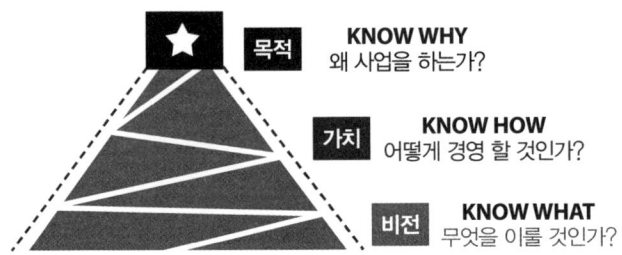

그림 1. 목적선언문의 구성 요인(정신모형Ⅱ)

중심	개인	기업	
Why	왜 사는가?	왜 존재하는가?	목적
How	어떻게 존재할 것인가?	어떤 방식으로 경영할 것인가?	가치관
What	무엇이 될 것인가?	무엇을 이룰 것인가?	비전

그림2. 개인과 조직의 목적, 가치관, 비전

자아 인식을 통해서 현재의 모습과 미래의 바람직한 모습 간의 차이를 파악하고 이를 줄여나가는 자기규율화 과정이 필요하다. 경영자는 자기규율을 통해 정신모형Ⅱ에 담긴 목적과 사명, 비전, 가치관을 실천을 통해 검증하며 믿음으로 만드는 과정이다. 검증을 통해 믿음체계로 전환되었을 때, 정신모형은 비로소 생명을 갖게 되는 것이다. 진성리더십의 구성 변인 중 자기규율은 진성리더들에게 현란한 말이 아닌 믿음에 근거한 실천적 삶의 의미를 가르쳐준다.

구성원 개인의 목적선언문

구성원들이 직장에서 자신의 개인적인 목적이 활성화되도록 돕는 일은 그들로 하여금 직장을 의미를 찾는 장소로 여기고 상호존중과 충성심을 불러일으킨다. 하지만 20세기에 들어서면서 안정적인 제도와 경쟁 환경은 이론과 실천 모두에서 조직 내 개인의 목적을 소홀히 하게 만들었다. 설립자나 주주가 조직의 목적을 설정한다는 것은 구성원들이 자신의 일에서 자신의 의미와 가치를 찾아야 한다는 것을 의미했다. 이 접근법은 개인의 목적이 이미 조직의 목적에 포함되어 있다고 암묵적으로 가정했다. 목적의 개발은 일의 의미를 정의하고 그것을 개인에게 지시하는 강력하고 안정적인 문화를 창출하는 카리스마 리더십의 하향식 과정으로 주로 간주 되었다.

21세기의 현재 비즈니스 환경은 시장 불안정과 진화하는 비즈니스 모델로 특징지어진다. 과거에는 전략의 초석이었던 경쟁우위는 이제 일시적이고 존재우위 창출에 밀리고 있다. 이는 과거라면 이제는 신속하게 활동과 조직의 초점을 재정립할 것을 요구한다. 이러한 변화무쌍하고 불확실한 세상에서, 구성원들은 조직 목적의 하향식 정의에 더 이상 위안을 찾을 수 없다. 오늘날, 사람들이 자신의 목적을 인식하는 것과 고객, 구성원, 주주, 공급업자 등 이해당사자들 사이에서 지속적인 변화와 긴장을 관리하는 것이 그 어느 때보다 어려울 수 있다. 조직의 목적을 활성화하려면 위에서가 아니라 아래에서 시작하여 구성원들을 개인적인 목적에 연결하고 그들에게 가장 중요한 것이 무엇인지를 찾도록 도와야 한다.

조직의 목적이 명확하지 않으면 개인 업무의 의미가 심각하게 축소될 수 있다. 이것은 큰 성과를 거두었지만 여전히 자신의 커리어에서 의미 없음을 느끼는 많은 전문가가 경험하는 개인적인 위기로 이어질 수 있다.

이러한 업무에서 개인적인 의미의 상실, 즉 직장에서의 개인적인 목적이라는 개념에서 새로운 패러다임이 등장했다. 오늘날 개인의 목적은 더 이상 무시되거나 조직의 목적과 함축적으로 연관될 수 없다. 구성원들은 더 이상 회사가 업무의 궁극적인 의미를 알려 주기를 기다리지 않고 그들의 일에서 의미를 원한다. 목적을 원한다. '자기 일이 세상을 변화시킨다'는 영감을 원한다.

목적의식이 있는 삶에 대한 강한 열망을 지닌 밀레니얼 세대의 깊은 관심과 집단주의적 가치로의 변화는 눈에 띄는 현상이다. 이러한 추세는 개인과 조직 모두에 중요한 의미를 갖는다. 조직은 이러한 새로운 현실을 두려워하기보다는 조직과 개인 모두에게 미치는 엄청난 잠재력과 영향을 인식해야 한다. 예를 들어 다국적 소비재회사 유니레버Unilever, 다국적 의료기기회사 메드트로닉Medtronic, 글로벌 시설 서비스회사ISS Services 및 스페인 다국적 통신회사 텔레포니카Telefonica와 같은 회사는 직원이 개인적인 목적을 반영하도록 돕는 프로그램을 개발했다. 그러나 개인적인 참여와 명확성 없이 조직의 목적을 회원들에게 강요하는 것은 역효과를 낳을 수 있다.

조직의 목적에 필요한 활력을 불어넣으려면, 모든 구성원이 목적에 대해 의문을 제기할 수 있어야 한다. 회사는 조직의 무엇보다 중요한 목표가 '왜' 그것이어야 하는지를 결정하기 위해 각 구성원이 자기 일에서 '왜'를 찾을 수 있도록 적극적으로 도와야 한다. 이는 지속적인 과업으로, 정기적으로 성찰하고 수정하며, 업데이트하는 훈련이 필요하다.

회사의 목적에 관해 이야기하는 것에 더하여, 관리자들은 자신의 이야기를 시작으로 회사 내 각 구성원의 특유한 목적에 관해 이야기하는 법을 배워야 한다.

관리자는 개인의 목적과 회사의 목적을 쉽게 일치시키기 위해 선발 과정부터 구성원의 목적을 적극적으로 경청하고 이해하는 법을 배워야 한다. 개인의 목적은 각 구성원 개인의 고유한 특성에서 나오므로 조직이 오늘날 급변하고 불확실한 시장 환경에서 업무의 의미를 재정의하는 데 있어 목적의 중요성을 인식하는 것이 중요하다. 일부는 이를 단순한 브랜딩 전략 또는 직원 참여 전략으로 볼 수 있지만 회사의 모든 수준에서 개인 및 조직 목적을 연결한다는 아이디어는 이 새로운 패러다임을 탐색하는 데 매우 중요하다.

라즈 시소디아는 '의식적 자본주의'에서 벤 앤 제리스 공동창업자 제리 그린필드Jerry Greenfield는 인간 동기의 깊은 원천을 활용하려면 "기업은 이익의 극대화에서 목적의 극대화로 전환해야 한다"고 말했다. 개인의 가치와 의미는 조직의 가치보다 더 큰 동기를 부여한다. 경영자와 리더는 구성원의 가치와 목적을 이해하기 위해 다음과 같은 끊임없는 질문을 던지며 소통해야 한다.

구성원들이 업무 외에 열정을 쏟고 있는 분야는 무엇인가?
구성원들에게 업무의 의미는 무엇인가?
구성원의 업무에 어떤 변화를 원하고 있는가?
구성원은 조직과 세상에 어떠한 변화로 기여하고 싶은가?

조직의 목적과 구성원 목적의 통합

일반적으로 목적의 통합은 조직이 목적을 정의하고 이를 구성원에게 전달하여 업무에 의미 있는 목적의식을 불어 넣는 것을 의미한다. 이 접근 방식은 구성원이 조직의 목적을 자신의 관점으로 채택하는 노력에 더 큰 의미를 부여하도록 요구한다. 결과적으로 개인은 자신의 일을 단순한 직업 이상으로 여기고 더 높은 대의명분에 기여하는 것으로 인식한다. 구성원이 조직의 목적을 내면화하면 업무 자체를 초월하여 업무에 대한 더 깊은 이해로 발전시킬 수 있다. 본질적으로 조직의 궁극적인 목표는 구성원에게 목적의식을 '제공'하는 것이다.

우리는 예를 들어, 자신이 하고 있는 일을 "나는 바닥을 걸레질하고 있는 것이 아니라, 인간을 달에 보내고 있어요"라고 말한 유명한 NASA의 청소부에 관한 일화에서 엿볼 수 있다. 이러한 사례와 같은 다양한 연구는 리더와 그들의 언어가 어떻게 구성원들이 조직의 목적을 내면화할 수 있도록 동기부여를 하는지 연구한다. 이처럼 최근 수십 년 동안 목적과 관련된 수많은 전통적 연구들은 목적이 조직에서 개인에게로 흘러간다는 개념에 기반을 두고 있다. 그러나 경영학 문헌에서 깊게 연구되지는 않았지만 그만큼 영향력이 강하고 중요한 또 다른 목적이 있다. 목적이 "개인으로부터 창출되어 조직으로 옮겨가야 한다"고 주장하는 관점이다. 이러한 관점에서 개인은 자신의 개인적인 목적에서 일의 의미를 찾아야 한다.

그리고 이는 자신의 목적이 큰 동기부여 원천이기 때문에, 의미 개발에 매우 중요한 역할을 한다. 자신의 일을 개인적 목적으로 접근할 경우, 어떤 일이든 보다 깊은 의미를 부여하는 동시에, 개인의 가치 체계를 강화시켜준다.

그들의 업무에 개인적인 목적으로 개별적으로 접근하면 그들의 열망은 고무되고 그들의 현재 역할에서 더욱 활기를 띠게 된다. 개인적 목적은 변화의 와중에서도 개인에게 '시간을 초월한 힘'을 자신에게 부여한다. 단지 과업을 완수하거나 일을 하고 있다는 사실을 넘어서서, 구성원은 '자기 주도적으로 일을 하고 있다'고 느끼며, 자신의 고유한 삶의 목적을 조직에 통합시킨다.

덴마크의 네스트베드지방 학교에서 일하는 ISS사의 청소 전문가의 사례이다. 그녀는 "나는 학생들이 배우고, 자신의 재능을 개발하는 데 집중하도록 돕고 있다. 그리고 그와 같은 나의 일은 언제나 변함이 없다"고 말한다. 또한 대만의 쯔치병원에서 청소와 병상 시트를 교체하는 일반근로자가 자기 일을 "회복 중인 환자를 깨끗한 시트로 돕는 일"이라고 표현한 말을 곰곰이 생각해보자. 이들의 예는 일부 업무가 의료나 교육 같은 직종에서 경험할 수 있는 일보다 개인적 의미가 덜 하다는 인식 때문에 직장에서 의미를 찾고 도전하는 것이 문제가 될 수 없다는 것을 증명한다. 당신이 하는 일이 아니라, 당신이 하고 싶은 일을 하는 것이 중요하다. 이러한 예들은 NASA의 경비가 자신의 일을 "인간을 달에 보내는 일을 돕는다"라고 생각할 만큼 강력하고 의미 있을 수 있다. 개인의 목적을 조직의 목적과 연결하면, 사람들은 그들 노력의 초월성에 대해 더 많이 이해한다. 더 중요한 것은 시간이 갈수록 그러한 노력은 더 중요하게 재해석하게 된다는 것이다.

'조직에서 개인으로'와 '개인에서 조직으로'라는 이들 두 가지 목적 개념의 조합은 완전한 목적의 잠재력에 대하여 더 포괄적인 관점을 제공한다. 이러한 목적의 이중성은 회사가 개인에게 '영감을 주었음'을 의미할 뿐만 아니라, 회사가 구성원 각자의 개인적 목적에 의해 '영감을 받았음'을 의미한다. 실제로, 조직의 목적은 각 개인에게 지침으로 줄 순 있지만, 모든 구성원이 직장에서 개인적 목적을 찾는 경험과는 의미가 다르다. 목적 중심적 조직에서 개인들이 일을 개인의 목적뿐만 아니라, 조직의 목적과도 연결시킨다는 것을 보여준다. 이는 '카리스마 리더십'과 '변혁적 리더십'을 연구한 결과와 일치한다. 이는 복수작업 정체성 일치에 관한 연구 결과에서도 볼 수 있다. 목적을 일치시킬 경우, 개인들은 기업의 목적을 자기 자신의 목적과 연결시키고, 그들의 일상 업무에서 의미와 목적을 찾는다. 두 측면의 목적 개념에서, 개인들은 조직 목적의 의미를 진정성 있게 받아들이고, 조직은 각 구성원 목적의 의미를 진정성으로 받아들인다. 이는 구성원과 조직 간의 심리적 계약위반을 향상시키기 위해 개인과 조직 간의 갈등이나 불일치를 관리 및 해결하고 효과적인 의사소통을 촉진하며 건강하고 생산적인 작업 환경을 촉진하는 데 중요한 과정인 '이념적 협상'이라 부르는 것과 관계가 있다.

구성원 개인의 목적은 자기 정체성과 연계된 은밀한 사적 개념이기 때문에, "외부로부터" 관리될 수 없다. 외부로부터 내부로 목적을 지시하려는 시도는 조작이나 관료주의적인 것으로 여겨질 것이다. 목적이란 회사가 부여하고 지시하고, 정의하거나 요구하는 그런 성질의 것이 아니다. 기능적인 지위로부터 나오는 것도 아니다. 목적은 급여나 매출 목표액 같은 사례처럼, 협상할 수 있는 어떤 것도 분명히 아니다. 개인들의 목적을 정의하는 주체는 회사가 아니라, 어떤 목적을 지니고 회사를 위해 일하는 개인들이다. 목적에는 보스도 상급자도, 명령이나 지휘계통 따위도 없다.

직장에서 일하는 개인들이 자신의 일에 대한 목적을 찾고 정의하며, 그 범위와 의미를 완전히 평가할 수 있는 유일한 사람들이다.

낡은 경영 패러다임으로부터 새로운 목적이론으로 차별화하는 것이 목적에 대한 정확한 평가이다. 이런 평가는 사람들로 하여금 그들이 왜 존재하며, 자신이 하는 일의 핵심은 무엇이고, 그로 인해 이 세상이 얼마나 더 나아질 수 있는지에 대한 성찰을 하게 한다. 이 새로운 이론에 의하면, 이들 질문에 대한 개별적인 답변은 목적 중심 조직의 초석이 된다. 완전히 자유롭고 자발적인 방식으로 '내부로부터' 나오지 않은 답변이 아니라면, 의미가 없다. 새로운 목적이론은 사람들이 직장에서 자신의 목적에 대한 발전적 성장과정을 주도할 것을 요구한다. 그래야만 구성원이 자유로운 실행을 통해 회사에서 자신의 목적에 따른 리더십을 발휘하여 자발적으로 조직의 목적과 연결할 때 진정성 있는 목적을 가지게 된다.

이러한 사유로, 목적의 존재와 함께 자기관리와 직무설계 이론에 대한 관심이 높아진다. 자기관리가 조직의 통제나 계층구조를 무시하는 것을 뜻하지는 않는다. 그것은 구성원들이 조직을 대신하여 독자적으로 생각하고 행동할 수 있도록, 신뢰를 의미하는 자유의 개념을 수용하는 것이다. 이러한 의미에서 '자기관리'는 사람들을 관리한다는 생각을 버릴 수 있는 효과적인 방법이다. 목적 중심적인 사람들은 누군가에게 관리당하는 것을 원치 않는 근본적인 이유이다.

실제로, 그들은 관리당하는 것이 더 낮은 자기표현과 실현이 낮아진다는 것을 알기 때문에, 본능적으로 저항한다. 외부로부터 통제되고 관리되는 것은 책임감을 가진 사람들에게는 부자연스럽고 의미 있고 목적 있는 일의 경험을 방해한다. 목적 중심 경영조직에서,

최고의 가치는 자기관리를 하는 사람들로부터 창출된다.

이는 과거에는 상상하기 어려운 일이었지만, 지금은 첨단기술과 커뮤니케이션의 발달로 많은 조직에서 현실이 되고 있다. '목적 경영' 시대에, 관리자들은 자기 팀에서 자기관리를 촉진하고, 필요한 조정과 제휴의 경계 내에서 가능한 한 많은 자율권을 허용할 수 있어야 한다.

구성원 개인의 목적과 조직의 목적이 통합되는 일은 바람직한 소통 현상이다. 집단이나 조직의 사람들이 공통의 목적을 공유할 때, 그들 사이에 통합이 일어난다. 공통의 목적을 공유하고, 그것으로 정체성을 갖게 되면 조직의 통합이 일어난다.

통합의 특성을 정의하면, '개인 대 개인' 단위로 이루어진다는 것이다. 한 사람 한 사람이 다 중요하다. 구성원 한 사람 한 사람이 자신의 목적을 회사의 목적과 연결할 때마다, 통합의 수준이 높아진다. 마찬가지로, 누군가가 회사 목적에서 멀어질 때마다, 통합 수준은 낮아진다. 따라서 개인들 속에서 목적 찾기와 연결을 함양하는 것이 조직을 통합시키는 역량에 큰 영향을 미친다.

통합은 분명히 팀워크, 헌신, 협업의 의미와 관련이 있다. 그렇다. 그 말들은 부분적으로는 통합을 암시하지만, 통합은 그러한 암시를 넘어선다. 통합은 목적 차원에서 연결을 공유함으로써 달성된다. 통합이 외부로부터 통제되거나 조작될 수 있는 어떤 것이 아니라고 생각하는 것은 바람직하다. 통합은 조직 내에서 단결되어야 하는 개인들 속에서 함양되어야 한다. 이러한 생각은 멕시코에 본사를 둔 다국적 베이커리 회사, 한국에도 진출해 있는 그루포 빔보Grupo Bimbo같은 회사들이 명확하게 이해하고 있다. 이 회사 구성원들은 입사 후 바로 회사의 목적과 관련된 자신의 개인적 목적 및 가치관에 대한 성찰에 도움이 되는 과정을 이수한다. 이 회사의 전 세계 모든 구성원 130,000명이 참여한 이 과정의 배후에는 "우리 회사는 구성원 각각의 영혼들이 만든 영혼을 지니고 있다"라는 설립자의 뿌리 깊은 믿음이 있다.

통합을 전략적 정렬과 혼동하지 않는 것이 중요하다. 전략적 정렬은 역할과 인센티브로 구축된 개인과 조직의 구조를 통해, 개인과 조직이 '무엇What을 그리고 어떻게How'라는 것과 연결된다. 반면에 통합은 '조직의 왜'와 '개인의 왜'가 연결된다. 전략적 정렬의 본질은 꼭대기로부터 바닥까지의 선형적이고 기계적인 반면, 목적의 통합은 조직 못지않게 개인들로부터도 부상하기 때문에 비선형적이다. 다국적 기업과 글로벌 전략에 대한 연구로 저명한 경영 학자 바틀렛Bartlett과 고샬Ghoshal이 주장한 바와 같이, 목적은 관리자들이 전략을 규정하고, '구성원들이 시키는 대로 하도록' 확실하게 시스템을 정착시키는 모델과는 다른 차원의 것이다. 통합을 꼭대기부터 바닥까지 정렬한다는 측면으로 생각해서는 안 된다.

오히려 통합은 동심원으로 표현될 수 있는 곳에서 조직과 개인들 간의 공동 창출로 나타나야 한다. 실제로, 일부 목적 지향적 조직인 월트디즈니는 전통적으로 수직적 계층 조직도가 아닌, 동심원 조직도를 표방한 것이 놀랄 일은 아니다.

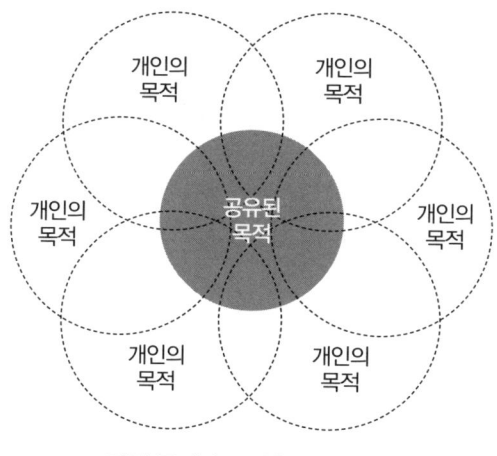

조직의 목적과 구성원 목적의 통합

목적을 공유하는 현상은 개인과 조직 모두에게 영감을 준다. 구성원은 일의 목적이 급여를 받거나 좋은 근무조건을 갖는 것 이상이라는 더 깊은 이해를 바탕으로 직장에서 자신에게 영감을 줄 수 있는 것이 무엇인지를 계속 찾아야 한다. 한편, 회사는 구성원을 단지 인적자본이나 수익을 올리는 수단이 아니라, 무한한 창의력을 제공할 수 있는 다양한 아이디어와 개성을 가진 소중한 잠재력을 보유한 사람들로 보아야 한다. 목적을 연결하는 책임은 둘 다에게 있는데, 조직은 구성원이 세상에 기여하려는 바에 진정으로 관심을 기울여야 하는 반면, 동시에 구성원들은 자기 일을 집단적인 열망과 꿈을 성취하는 방법으로 보아야 한다.

목적 중심 경영의 성공은
목적의 내재화에 있다

성공한 목적 중심 경영 기업들의 공통적인 특징은 목적 내재화의 탁월함에 있다. 목적의 내재화는 목적에 대한 지식과 동기부여에 달려있다. 이는 조직구성원들이 회사의 목적을 '완전히 믿고', 그것을 자신의 믿음과 동기부여에 통합시키는 과정이다. 의심할 바 없이, 내재화로 가장 먼저 혜택을 보는 것은 회사인데, 통합이 구축되는 바탕이 회사이기 때문이다. 목적 내재화는 '사회의 복지 증진'과 같은 추상적인 것으로부터 조직구성원이 진정으로 추구하는 어떤 것으로 전환하는 것이다. 이것 없이는, 목적이 존재한다고 말할 수 없다. 달리 말하면, 조직의 '왜'를 이해하려면, 조직구성원의 근원적인 동기부여 뿐만 아니라, 조직 내 각 구성원 개인의 '왜'를 숙고해야 한다. 목적의 내재화는 목적 달성과 관련된 각자의 동기부여를 성찰을 통하여 내재화할 수 있다. 이는 외재적 동기인 경제적 인센티브와 내재적 동기부여인 자기만족을 초월하는 것이다. 목적의 내재화는 조직구성원들이 자신의 개인적 믿음과 동기부여를 조직의 목적과 통합할 경우에만 일어난다. 또한 우리는 목적의 명확성이 성과에 긍정적인 영향을 미친다는 것을 알고 있다. 이는 일단 목적을 찾으면, 목적이 회사의 철학과 스토리의 중심에 확실히 위치하고 있어야만 한다.

이러한 성과를 얻기 위해, 회사는 통상 동영상, 유튜브, 스크린세이버, 포스터, 게시물 같은 여러 수단을 통해 구성원의 목적의 내재화를 촉진하는 활동에 착수한다. 그러나 조직의 목적을 정의하고 소통하는 것과 그 목적의 의미와 범위를 내재화하도록 만드는 것은 완전히 다른 일이다. 많은 사례에서 본 바와 같이, 목적을 소통하려는 노력이 항상 구성원이 진정한 '주도권'을 갖는 것만은 아니다. 이는 유럽의 다국적 IT솔루션 공급업체의 경우 이 회사는 시장에서 대단한 평판을 얻고 있어, '일하고 싶은 최고의 직장'으로 설문조사에서 상위권을 차지했다. 그러나 그것은 목적이 구성원들에게 내재화한 정도에 대한 평가는 달랐다. 그 결과, 이 회사는 회사의 목적을 알리기 위한 집중적인 캠페인에 착수했다. 그들은 전체 사무실에서 스크린 세이버, 동영상 및 포스터를 활용했다. 경영진은 자주 목적을 언급하고 회사 내부 잡지에 관련 기사를 게재하고 정서적으로 영감을 줄 수 있는 강연도 했다. 그러나 2년이 지나, 목적의 내면화 정도를 다시 측정했지만, 여전히 좋은 결과를 얻지 못했다. 목적 내재화를 고양할 수 있는 환경을 만드는 일은 실제로 예술에 가깝다.

그렇다면 어떠한 의사소통 방법이 구성원이 목적을 받아들이는 데 가장 효과적일까? 첫째, 구성원이 목적을 알고, 자신의 입으로 그것을 설명할 수 있는 정도의 목적에 대한 지식이 필요하다. 둘째, 구성원이 목적이 자신과 사회와 관련이 있다는 목적의 중요성에 대한 이해가 필요하다. 셋째, 회사 경영자들이 목적에 헌신하고, 그에 따른 의사결정을 함에 따라, 자신의 행동을 통해 목적에 참여하고 있는지 리더십 검증이 필요하다. 넷째, 구성원이 자신의 동료가 목적에 헌신하고 있다고 느낄 수 있어야 한다. 다섯째, 구성원이 회사의 목적이 의사결정의 결정권자로 작동하는 지를 인식할 수 있어야 한다. 여섯째, 구성원이 목적의 개념화에 참여하여 자신의 의견을 피력할 수 있어야 한다. 마지막으로 회사가 공식적/정기적으로 목적을 상기시키기 위한 플래카드나 동영상, 강연 등은 성과가 없었다는 점이 흥미롭다.

① 구성원의 목적에 대한 지식이 있어야 한다

목적의 내재화를 위해, 구성원들은 목적을 알아야 하고, 그것을 자신의 말로 표현할 수 있어야 한다. 따라서 목적이란 '목적선언문'을 말하며, 목적은 사회적 책임이나, 특정 이해당사자의 요구를 충족시키기 위한 막연한 개념에 관한 어떤 상투어가 아닌, 사회적 요구와 문제점을 포용하는 공식적인 서약으로 간주될 수 있다. 이는 비즈니스 그 자체의 존재 이유로 이해된다. 연구에 의하면 목적과 관련된 명확한 지식을 아는 것이 중요하다는 것을 인식하고 있다. 예를 들면, 학자들은 목적과 이익에 연계시킬 경우, '목적 동지애'와 '목적 명확성'을 구별했으며, 여기서 목적 명확성만이 더 나은 결과로 연결되었다. 목적의 명확성은 개인의 판단과 행동에서 일탈을 방지하는 데 도움이 되므로 불확실성과 혼란의 시기에 조직과 개인에게 특히 유익하다. 명확한 목적의 존재는 기업을 변화시킬 수 있지만, 목적을 잃을 경우, 조직이 몰락할 수도 있다는 말이다.

조직의 목적은 스타벅스Starbucks 같이 회사 창업자의 생생한 원칙에 의해 지대한 영향을 받을 수 있다는 것을 인식하는 것이 중요하다. "인간정신에 영감을 불어넣고, 함양하는 것"은 스타벅스 하워드 슐츠의 믿음의 연장선상에 있다. 그러나 많은 사람에게 목적은 시간이 지남에 따라, 상황의 변화를 통해 형성되지만, 일단 목적이 명확해지면 시간이나 상황에 따라 그 목적은 변하지 않는다. 그러기에 조직이 의도적으로 성찰에 임할 때, 목적의 본질과 함께 시간의 시련을 견디며 근본적인 의미를 지향해야 한다. 당신 회사는 무엇을 상징하는가? 원래의 창업 철학은 무엇이었나? 당신의 회사가 없어진다면, 사회가 얼마나 나빠지거나 변할 것인가? 와 같은 질문이 회사의 목적을 찾기 위한 좋은 방법이 될 수 있다. 구성원의 개인적 목적을 갖게 하는 것은 아주 중요하다. 이에 대해서는 다음 장의 '구성원에게 목적을 갖게 하라'에서 자세히 다룬다.

② 목적의 중요성에 대해 이해해야 한다

사회적 선의 시대에 모든 경영자와 리더는 가장 먼저 자신과 조직의 목적을 명확하게 명명하는 것이다. 그리고 그 목적을 중심 무대로 옮기고 실현하는 것이다. 이를 달성하기 위한 경로는 목적을 보다 광범위한 대의에 연결하고 이를 널리 수용되는 일련의 가치와 일치시키는 것이다. 조직의 목적이 구성원뿐 아니라, 사회 전반에도 유익하다는 점을 명확히 설명해야 한다. 구성원이 목적의 중요성과 필요성을 이해하기 위해 조직은 사회적으로 수용된 가치와 관련하여 포괄적인 방식으로 목적을 표현해야 한다. 경영자는 목적에 대한 소통방식이 개방적이고 솔직해지는 것이 중요하다. 목적이 회사의 성과에 긍정적 영향을 미칠 뿐 아니라 세상에 의미 있는 영향을 미치는 목적지향적 행동에 대한 정당성과 자부심인 도덕적 의무를 자유롭게 주장할 수 있어야 한다.

회사의 목적을 설명하기 전에, 구성원들에게 자기 삶의 목적을 소유할 경우 이점에 대해 성찰하도록 권장한다. 마찬가지로, 프랑스 의료기기 회사인 비곤Vygon에서는 회사가 명확한 목적 때문에 큰 업적과 이익을 달성한 사람에 관한 이야기를 정기적으로 인트라넷에 공개하고 있다. 구성원이 목적의 중요성과 필요성을 이해하지 못하는 경우, 자신의 개인적 신념과 가치관에 영향을 미치지 못하기 때문에 이러한 차원을 무시하지 말아야 한다.

③ 경영자의 목적 소통 리더십을 검증해야 한다

구성원과 '목적으로 소통하는 것'은 모든 리더십 행동의 가장 중요한 부분이다. 우리는 목적을 공언하고서, 완전히 다르게 행동하는 조직의 예들을 보았다. 그런 행동은 신뢰를 파괴한다. 목적은 메시지의 호소력이 아니라 회사 경영자가 말하는 목적의 중요성과 관련된 증언의 영향력이 크다. 구성원들은 너무나 자주 회사의 목적을 인식하지만, 그것이 받아들여지기 위해서는 '경영자'가 진정으로 목적에 헌신하는지를 확인하려 한다. 경영자의 진정성과 일관성을 지니고 목적으로 소통할 경우, 구성원은 목적 그 자체를 믿기 시작한

다. '목적은 위에서부터 신호를 받고 아래로 전개된다.'

많은 연구에 의하면, 관리 수준에서의 헌신은 목적이 내재화되고 얼마나 긍정적으로 수용되는 지의 여부에 가장 큰 영향을 미치는 것으로 나타났다. 목적은 매우 인기 있는 주제가 되어, 목적을 전적으로 믿지 않는 경영자라 할지라도 이사회 구성원, 투자자, 종업원, 기타 이해관계자들로부터 더 높은 목적을 소통하라는 압력에 직면한다. 많은 회사가 기술적으로 다양한 방법으로 인상적인 캠페인에 자원과 시간을 투자하고 있다. 그러나 구성원들이 목적의 메시지에 대한 경영자의 진정성 있는 약속이 그들에게 정서적 반향을 일으키지 못한다면 의사소통은 효과를 발휘하지 못한다. 더 큰 문제는 이런 접근 방식이 메시지를 믿으려는 구성원들에게 치명적일 수 있다. 조직 메시지에 대한 신뢰 부족은 경영자들에 대한 전반적인 신뢰 부족으로 이어져 구성원들의 사기를 더욱 악화시켜 그들의 동기부여와 헌신에도 영향을 미친다. 간단히 말하면, 가장 강력한 소통의 매체는 회사 경영자와 관리자의 진정성 있는 헌신적인 행동이다.

④ 조직구성원의 가시적 헌신이 있어야 한다

우리는 주위 사람들이 회사의 목적에 헌신하는 것을 보는 것은 회사의 정체성과 공유된 목적의 시스템이 기반을 형성하기 때문에 중요하다. 구성원이 목적을 내재화하기 위해서는, 조직의 다른 사람들, 특히 정기적으로 상호작용하는 사람들의 헌신에 확신이 있어야 한다. 이는 목적이 회사문화에 어떻게 내재화되는 지를 의식해야 함을 의미한다. 이런 차원은 많은 사람이 각각의 모든 구성원에게 더 가까이 접근하기 위하여 목적이 매우 효과적인 수단으로 간주하고 있다. 페루의 건설회사인 JJC에서는 그들의 목적을 알리기 위해서 통상 종업원들이 회사 목적에 대한 개인적인 헌신을 보여주는 이미지, 사례, 또는 문구를 공개한다.

이는 스페인의 안달루시아에 있는 자동차 부품 중견기업 히메네스 마나Himenes Mana는 종업원이 정기적으로 동영상과 증언이 회사의 목적과 업무에 어떻게 기여하는지를 설명하는 것이 인트라넷에 게시된다. 경영자의 헌신에 대한 진정한 검증이 '동료 구성원들에게 인식된 헌신'이라는 것을 보여준다. 공동의 목적을 위해서는 공유리더십을 필요로 하다는 생각과 일치하며 이는 '카리스마적/변혁적 리더십' 개념의 신비를 푸는 데 도움이 된다. 구성원이 이러한 헌신을 동료들에게서 보지 못한다면, 회사의 목적은 추상적인 것으로 그치고 말 것이다.

⑤ 회사 목적이 최종 의사결정권자로 작동해야 한다

구성원이 경험하는 조직의 일상적인 관행과 행동이 회사 목적이 최종 의사결정권자로 작동하는 지로 알 수 있다. 회사가 목적에 충실한 경우, 조직의 일상적 활동이 자연스럽게 회사의 목적과 부합하는 충분한 증거를 제공한다. 이는 회사가 정리해고와 같은 좋지 못한 일에 직면할 경우처럼 어려운 결정을 할 경우와 특히 관련이 있다. 회사가 이러한 상황에서 행동하는 방식과 마찬가지로 구성원이 이를 어떻게 인식하는가도 목적의 내재화에 매우 중요하다. 회사가 진정으로 목적에 따라 운영될 경우, 구성원의 인게이지먼트를 높이는 힘이 된다. 그러나 구성원이 목적과 실천 간의 일관성을 인식하지 못하면, 목적은 신뢰성을 잃을 것이다. 이러한 상실은 회사의 경영에 관해 제한적인 부분만 알고 있는 구성원 간에 무지 혹은 잘못된 의사소통으로 인해 일어날 수 있다.

따라서 회사는 구성원들의 노력이 다른 사람에게 어떻게 도움이 되는지를 보여줌으로써 그 상관관계를 '연결시키는 것'이 중요하다. 많은 실증적 연구에서, 목적과 실천 사이에서 인지된 일관성이 효과적인 목적의 내재화에 중요하다는 것을 보여준다. 구성원은 경영진의 약속과 회사의 일관성을 잘 구분하여 알고 있다. "사람들의 삶을 개선"하는 것을 목적으로 하는 의료회사와 같이 그런 목적을 실천하는 회사조차도 구성원들이 이 목적에 대한 최고경영자의 헌신하는 모습을 보도록 해야 하며, 그렇게 하지 않을 경우 구성원들은 경영자는 돈에만 관심이 있다고 생각하며 회사는 구성원들에 의해 일관성 없는 것으로 인식이 될 것이다.

⑥ 회사 목적에 대한 성찰이 있어야 한다

최고의 목적을 달성하는 최고의 기업은 결코 목적과 사명에서 벗어나지 않으며, 자신이 누구인지, 무엇을 하는지, 어디로 가고 있는지에 집중한다. 자신의 비즈니스를 파악하고 그 비즈니스가 추구하는 가치에 충실하는 것이 회사의 더 높은 목적을 세우는 출발점이다. 조직 내에서 목적이 실현되기 위해서는 사람들이 그것에 대해 주기적으로 성찰할 수 있는 수단이 필요하다. 즉, 최고경영자가 목적을 숙고하는 것으로만 충분하지 않고, 양방향 소통을 촉진하는 방법으로, 조직의 모든 구성원이 성실하게 수행해야 한다.

우리 회사/팀의 존재 이유는 무엇인가? 종업원, 고객, 지역사회, 지구에 어떤 기여를 하고 있나? 우리 회사는 세상을 더 나은 곳으로 만들고 있나? 처음에 회사를 설립한 이유가 무엇인지 알고 있나? 창업자는 누구이며, 그들의 창업목적과 철학, 미션 등은 알고 있나? 이는 이스라엘의 첨단 신경과학 회사인 알파 오메가Alpha Omega는 이 회사의 전 세계 구성원들은 소그룹으로 모여 회사 목적에 그들만의 구체적인 기여를 성찰한다. 회사의 목적과 관련한 국제적 의사소통 수준은 구성원들이 목적에 관한 자신의 의견을 피력하면서, 동시에 신뢰를 구축할 수 있는 긍정적인 환경을 만든다. 보여주기 위한 성찰 없는 목적은 구성원들이 회사의 목적을 하나의 형식상 절차로 간주하여 그 의미를 내면화하지 않고 단순한 상징적 통합으로만 여기게 된다.

⑦ 눈에 보이는 관리로 목적을 상기시켜야 한다

목적을 자주 상기하게 되면 회사와 구성원의 내부 대화가 언제나 원활할 것이라는 믿음을 토대로 포스터, 스크린세이버, 회사 차원의 단문 이메일 메시지 등과 같은 수단을 통해 회사는 매일 구성원에게 목적을 상기시키려 노력한다. 목적이 구성원들의 행동과 노력에 '의미를 준다는 것'을 상기시켜 주면 그들이 만족할 거라고 예상했지만, 연구 결과에 의하면 목적의 내재화에 효과적이지 않다는 것을 알게 되었다. 의사소통의 초기단계 또는 목적에 대한 중대한 변화가 있을 때 유용할 수 있지만, 목적에 대한 지식을 알기 위한 차원의 강화로만 그칠 뿐이다. 이는 오직 목적 상기를 바탕으로 하는 소통 계획은 목적 내재화에는 전혀 효과가 없을 것이기 때문이다.

효과적인 조직목적의 내재화를 위해서는 조직은 목적 의사소통과 관련하여 단순한 전술적 측면을 넘어서서, 구성원들이 일터에서 목적의 본질을 경험할 수 있도록 해야 한다. 즉, 회사의 의사소통은 목적이 번성하여 궁극적으로는 모든 구성원이 공유할 수 있는 필연적인 환경을 만드는 것에 집중해야 한다. 이런 의미에서, 조직목적의 내재화를 위한 7가지 차원은 효과적인 소통과 조직문화를 만들기 위한 가이드라인을 제공한다. 하지만 현실적으로는 이의 적용은 선형적으로만 이루어지지 않는다. 예를 들면 회사가 하나 혹은 두 개의 차원에만 초점을 맞추는 경우, 효과적인 목적의 의사소통이 이루어지기 어렵다.

제5장

그러한 탁월한 조직이 가능할까?
– 목적 중심 조직 만들기

목적 중심 조직 만들기 첫 단계:
목적선언문은 만드는 것이 아니고 찾는 것이다

과연 우리는 개인적인 이익과 집단적 이익이 하나가 될 수 있는 탁월성을 가진 문화가 있는 조직의 창출이 가능할까? 이 책의 저자인 나는 단언코 '예스'다. 목적 중심 조직은 좋은 조직을 넘어 탁월한 조직을 말한다. 우리는 자만의 벽에 갇힌 수감자이다. 우리 각자는 자기만의 경험으로 축적된 믿음을 가지고 있다. 이 책에서 나는 이 믿음의 가정을 전통적 경영이라 부른다. 전통적 사고방식은 권위적이다. 목적을 지닌 사람들은 전문가의 역할을 포기하고 학습동기를 부여하고 자신만의 생각의 벽에서 해방시킨다. 해방시킬 수 있는 경우는 하나는 위기이고, 다른 하나는 훈련된 방식을 통한 성찰이다. 그들은 좋은 것을 넘어 탁월성을 주도하는 목적을 찾는다.

조직의 목적선언문은 만드는 것이 아니고 찾아내는 것이다. 세계적인 예술가이면서 조각가인 미켈란젤로는 그의 조각작품에 대한 대중의 찬사에 이렇게 답했다. "나는 대리석 속에서 천사를 보았고 계속 쪼아서 아기천사를 자유롭게 했다." 경영자도 미켈란젤로처럼 눈을 크게 뜨고 간절한 마음으로 깊은 사유를 하면 바위 속에 있는, 천사를 보게 된다. 이 순간 어느 누구도 볼 수 없는 그만이 그 바위 속에서 천사를 끄집어 낼 수 있는 능력을 가지게 된다. 목적을 찾는다는 것은 돌로 코끼리를 조각하는 고대 인도 조각가에 관한 우화처럼 조각을 시작하기 전에 아무것도 하지 않고 정신을 집중하여 돌덩

이만 바라보고 그는 어느 누구도 볼 수 없는 바위 속의 코끼리를 보게 된다고 한다. 그는 결국 바위 속에서 코끼리를 끄집어내는 능력을 갖게 된다.

그만큼 산고의 고통만큼이나 어려운 일이다. 그것이 쉽지는 않지만 찾을 수만 있다면 조직의 존재 이유와 구성원들을 연계시킬 수 있다. 대리인을 주인으로 탈바꿈시킬 수 있다. 개인의 목적은 만드는 것이 아니다. 조직의 목적도 마찬가지다. 회사의 존재 이유를 발견하면 이것을 중심으로 필요 없는 것 덜어내고 대체 불가능한 예술품으로서 회사를 재탄생시키는 과정이 필요하다. 이렇게 어렵게 탄생시킨 예술품에 존재 목적이라는 혼을 불어넣고 우리가 약속한 존재의 목적을 실현하기 위한 온전한 조직으로 성숙시키는 과정이 필요하다.

이처럼 차별화된 목적을 명확히 표현하는 것은 진행과정에서 가장 창조적인 부분이다. 그 이유는 그것이 기업의 내러티브를 만들어내고 세상에 대한 조직의 고유한 기여를 표현할 수 있는 문장으로 기업 목적을 찾아내는 것을 의미하기 때문이다.

나는 목적 경영 디자이너로 목적을 찾는 경영자들에게 묻는다.

① 우리 회사의 설립한 이유, 존재 이유는 무엇인가?
② 존재 이유를 실현하기 위한 가치관, 비전은 무엇인가?
③ 우리 회사만의 세상에 기여할 수 있는 고유한 능력이 무엇인가?

④ 존재 이유와 목적에 대한 진정성은 어떻게 검증할 것인가?
⑤ 시대를 초월해서 과거에 뿌리를 두고, 현재와 미래를 지향하는 것은 무엇인가?

예를 들면 스위스에 본사를 둔 네슬레Nestlé의 목적은 "오늘날과 다음 세대를 위해 모든 사람의 삶의 질을 향상시키기 위해 음식의 힘을 여는 것"이다. 이 목적은 제품, 서비스 및 사회에 대한 공헌을 통해 사람들의 삶을 개선하려는 회사의 서약이다. 그 외에, 목적은 구성원뿐 아니라, 회사의 다른 이해당사자에게도 와 닿아야 한다. 목적은 투자자, 구성원, 파트너, 및 고객이 그것을 명확히 표현할 수 있는 정도로 명확해야 한다. 목적은 오케스트라처럼 수많은 연주자와 악기가 달라도 동일한 악보에 의해 동일한 멜로디를 따라야 한다. 따라서 목적은 다양한 이해당사자들이 목적의 본질을 잃지 않고 재현할 수 있는 방법으로 표현되어야 한다. 스타벅스의 "한 번에 한 사람, 한 잔, 한 이웃의 인간 정신을 고무하고 함양하기 위해" 또는 페이스북의 "보다 열리고 연결된 세상을 공유하고 만들기 위해"가 있다.

목적은 그 목적에 공감할 것으로 기대되는 주요 이해당사자들이 목적의 정의 및 의미를 형성하는 데 참여함으로써 명확한 표현에 끌어들이는 것이 필요하다.

따라서 목적이 명확해지는 방법은 고객, 구성원, 공급업체 등이 목적의 수혜자일 뿐만 아니라, 공동 창조자라는 생각이 들게 해야 한다. 앞에서 언급한, 목적은 이해관계자들을 위해 만드는 것이 아니라, 그들과 함께라는 생각을 반영해야 한다.

　일단 목적이 정의되면, 기업의 내러티브뿐만 아니라, 회사의 콘텐츠, 브랜드 경험, 메시지 제작에도 스며들게 해야 한다. 그러나 많은 조직들이 이러한 관점에서 실패하고 있다. 실제로, 목적을 가진 모든 회사가 다 그들의 목적을 인식하고 있지는 않다. 목적에 진정성이 있어야 하는 것은 필수 조건이지만, 목적을 인식시키기 위해서는 내적, 외적 소통 방법을 동시에 개발할 필요가 있다.

　파타고니아의 "이 재킷을 사지 마세요"라는 광고 캠페인 문구는 책임지는 소비를 홍보하면서 그들 목적에 대한 명확한 표현을 한층 강화한다. 자포스는 "행복을 배달한다"라는 목적에서 표현된 가치관과 기업문화를 통해 자사를 홍보한다.

　이러한 접근 방식은 목적을 표현하기 위한 플랫폼으로 기업 브랜드를 통합해야 한다. 따라서 목적은 기업의 내러티브 전략의 중심축이면서 이해당사자들과의 관계를 위한 플랫폼이라는 매우 중요한 도구로 바뀌었다. 목적 중심 경영을 꿈꾸는 리더는 구성원들이 목적 중심적이고 공동의 선을 위해 희생하며 기대를 넘어서는 협업을 하는 훌륭함을 넘어 상상할 수 없는 탁월성을 지닌 조직을 상상해야 한다.

　목적은 이미 조직 속에 존재하고 있을 수도 있다. 그 조직의 간절한 요구를 느끼고 공감을 확장해가는 산고를 겪음으로써 찾을 수 있다. 사람들은 자신들의 목적을 명확히 표현하면 자신들의 가장 진정한 자아를 찾게 된다고 믿는다. 목적을 찾으면 깨어있게 되고 의식적이고 자각적이게 되면서 새로운 관점과 의미를 깨닫게 된다. 무엇인가를 창조하고 기여하고 싶은 욕구가 생긴다. 불확실성을 향해 나아갈 수 있는 자신감이 생긴다. 목적을 찾게 되면 지금까지의 우리의 역할이 더 이상 우리의 정체성을 규정하지 못하게 된다. 목적에 중심을 두면 내면으로부터 힘이 나오게 되어 힘든 일도 기꺼이 하게 된다.

내가 역자인 『목적 중심 리더십』의 저자 닉 크레이그의 목적은 '내 삶의 사명은 당신을 일깨워 마침내 안식처에 머물게 하는 것이다'이다. 그는 사람들이 이미 자신의 마음속에 있는 탁월함을 명확히 표현할 수 있는 말을 찾도록 도와준다. 누군가가 자신의 목적을 찾는 순간 그들은 가슴 뜀을 주체하지 못할 만큼 흥분으로 맥박이 요동친다. 나 역시도 목적 경영학교 수료식에서 매번 경험한다. 나는 "어떠한 조의 목적이 좋은 건가요?"라는 질문을 자주 듣는다. 그럴 때마다 나는 하느님 이야기를 해준다. 하느님께서 당신의 회사와 같은 동종업체 사장을 3명을 불렀다. 그리고 나는 당신들 3개 회사가 너무 경쟁도 심하고 사회에 공헌하는 바도 없어서, 소비자들이 고통을 받고 있다고 생각한다. 그래서 한 개 회사만 남겨두고 없애려 한다. 당신의 회사가 꼭 남아야 하는 이유를 듣고 '나를 납득할 수 있는 한 개 회사만을 선택하겠다'고 마음먹었을 때 당신은 어떠한 대답을 하겠는가? 여기서 어떠한 목적을 소개한다면 하나님으로부터 살아남을 수 있을까? 덧붙여서 하는 질문이다. 만약 우리 회사가 내일 사라진다면 세상에 어떠한 일이 벌어지겠는가? 그 업계의 경쟁사 하나만 없어지고 아무 일도 일어나지 않는다면 어찌하겠는가? 우리 회사는 어느 회사도 대신 할 수 없는 우리만이 기여하고 있는 일은 무엇이 있는가?

목적 중심 조직 만들기 두 번째 단계: 목적선언문의 진정성을 검증받아라

이렇게 어려운 산고 끝에 찾아진 조직의 목적은 진정성과 마주하여 검증되어야 한다. 그렇다면 진정성이란 무엇인가? 진정성 Authenticity의 어원은 authentikos로 원본이 가지는 독창성을 의미한다. 독창성이 있는 원본을 만들어내는 사람들을 작가Author라고 부른 것도 이러한 어원에서 출발한 것이다. 진정성의 개념은 소크라테스의 언명인 "너 자신을 알라"라는 자기인식에 대한 언명에서 기원한다. 이와 같은 소크라테스의 철학은 "자신에게 진실인 상태"가 진정성의 일반적 정의다.

진정성은 자신에 대한 자신의 내적 내러티브 또는 인식과 타인에 대한 자신의 외적 표현 사이의 커플링의 여부이다. 자기 삶에 대해 스스로에게 말하는 개인적인 이야기가 다른 사람들과 공유하는 이야기와 일치하거나 내적 상태와 외적 상태 사이의 간극을 메우려는 의식적인 노력이 있는 상태를 말한다. 본질적으로 진정성은 자신의 존재 기반이 되는 내적 삶의 핵심 본질이 삶의 외적 측면과 조화를 이루고 동기화될 때 진성성이 있다고 한다.

   진정성의 개념과 성실성은 다르다. 진정성의 판단기준은 자기 내면의 본질에 관한 스토리다. 반면 성실성은 내면적 스토리와는 상관없이 자기가 주변 사람들에게 들려주는 자신의 외면적 스토리들이 서로 일관성이 있고 예측 가능한지가 판단기준이다. 사기꾼들은 성실성이 무기다. 사기꾼들이 사기를 치기 위해서는 상대에게 자신은 믿음직스럽고 성실한 사람이라는 것을 각인시켜야 한다. 사기꾼들이 무슨 생각을 하는지는 문제가 되지 않는다. 연기를 통해 상대에게 일관된 행동을 보여주면 사람들은 그 사람을 성실한 사람으로 판단하고 믿는다. 따라서 사기꾼들은 사기가 들통나기 직전까지 최고로 성실한 사람이다. 성실성은 사람들이 가지고 있는 내면의 스토리와는 상관없이 얼마든지 연기가 가능한 영역이다. 하지만 진정성 있는 사람은 연기를 통해서 성실성을 증명할 필요가 없다. 그래서 사기꾼들이 가장 두려워하는 사람이 진정성 있는 사람이다.

   또한 착한 사람과 진정성이 있는 사람과는 다르다. 착함만을 가지고는 진정성 있는 사람이라고 할 수 없다. 자기 삶에 대한 목적적 스토리의 유무가 착한 사람과 진정성이 있는 사람을 구별해 줄 수 있다. 진정성을 인정받는 것은 자신의 주체적 삶의 스토리가 다른 사람들에게도 더 높은 목적적 가치로 다가가서 도덕적 울림을 창출했을 때이다.

진정성은 두 가지 차원이 있다. 한가지 차원은 관습적으로 사실적인 정직에 대한 기존의 개념이다. 두 번째 차원은 정서적, 감정적 정직이다. 진정성을 가진 사람은 둘 다 가지고 있어 머리와 가슴 모두를 통해 말한다. 그래서 그들의 감정과 말은 일치한다. 그들은 깊이 내재된 자신의 관점을 반영하는 자신만의 고유한 메시지를 만들어 전달한다. 성공적인 삶을 이끄는 것과 의미 있는 삶을 이끄는 것은 차이가 있다. 성공은 개인적 성취에 관한 것이기 쉽지만 의미 있는 일은 다른 사람의 이익에 기여하는 경향이 있다.

회사가 목적을 지향하려면 경영자가 목적을 설명할 때 개인의 목적과 가치관에 의해 주도되고 있음을 반드시 예증해야 한다. 경영자는 의미 있는 개인적 경험을 통하여 개인의 목적과 조직의 목적 간의 연계성을 이야기해야 한다. 전통적인 경영의 계약 메커니즘에서는 진정성은 사실적 판단을 보장하기 위해 효율적으로 사용된다. 정서적 진정성의 역할이 없다. 목적 중심 경영자는 영혼에서부터 우러나오는 진정성 있는 목적적 스토리인 정신모형 II를 가지고 치열하고 일관된 삶에서 드러나는 모습과 노력이 구성원들의 마음에 측은함으로 받아들여져서 정서적 반향이 발현되어야 진정성의 검증이 되는 것이다.

또한 목적 중심 경영자는 목적의 추구를 다른 사업상의 의사결정과 분리하지 말아야 하며 일관성을 가져야 한다. 조직이 더 높은 이익을 얻는 것과 조직의 존재 이유를 가지고 지속하는 것 중 한 가지를 선택하여야 할 경우, 목적이 최종 의사결정권자가 되어야 한다는 의미이다. 목적 중심 경영에서 조직의 목적은 조직의 모든 의사결정을 통합하며 모든 문제를 해결하기 위한 지침이 되어야 한다.

전통적 경영 주인-대리인 모형에서는 사람들은 사적이익을 추구할 것이라 가정했다. 이 메커니즘은 오로지 사실적 정확성을 인식하는 차원의 신뢰성을 보상받기 위해 사용된다. 진정성의 정서적 정직성에 대한 역할은 없다. 목적 중심 경영자는 이 두 가지 차원을 모두 소통할 수 있는 내면 주도적인 리더가 되어야 한다. 구성원들로 하여금 조직의 목적을 위해 희생하며, 조직의 목적을 진정으로 신뢰할 수 있도록 이끌어야 한다. 목적 경영의 필요조건이 조직의 목적을 찾는 것이라면 목적 경영의 충분조건은 어렵게 찾아진 목적의 진정성을 검증받는 것이다.

목적 중심 조직 만들기 세 번째 단계: 목적을 최종 의사결정권자로 맞이하라

조직에서 일하는 대부분의 사람은 자기 이익의 결과에 대해서는 나약해진다. 회사의 CEO가 아닌 자신의 에너지와 노력을 보존하기 위해 몸을 사리는 중간관리자와 말단 구성원에게서 흔히 볼 수 있는 일이다. 그들이 몸을 사리게 되면, 조직이 그 결과를 떠안게 된다. 다른 사람들도 자기 이익만 챙기고, 자신의 업무에 자발적인 에너지를 쏟아붓지 않는다. 부패한 사회시스템을 변화시키는 비결은 어떤 위치의 누군가가 명분 있는 확실한 목적과 사명을 찾아서, 진정성 있고 명확하게 표현하고 일관성 있게 지속하여 실행할 수 있는 정서와 문화를 형성하는 것이다.

목적의 일관성은 진정성의 개념을 보완한다. 그 이유는 관습적인 카리스마 경영자들은 목적이 아닌 주어진 과업 완수에 초점을 맞추고 있기 때문이다. 그들은 체크리스트적 사고방식과 연계된 성취 욕구를 가지고 있다. 그들은 해야 할 업무 리스트에 매달리게 되고, 퇴근 무렵에 얼마나 많은 항목을 리스트에서 지웠는지를 따져서 그날의 업무의 질을 판단한다. 그들은 언제나 마감을 갈망한다. 관습적 관점을 지닌 경영자는 목적과 수단을 별개로 여긴다. 그들은 목표를 강조한 나머지, 그 성과를 어떻게 달성했는지에는 관심이 적다.

조직에서는 경영자가 성과를 올릴 것을 기대하므로, 야심 찬 경영자의 이기심은 어떤 수단으로 성과를 달성했는지보다는 오직 성과를 얻는 데만 초점을 맞추게 된다. 특히 반복적인 작업을 하는 대기업 조직에서는 혹독한 경영자와 소심한 관리자들은 사람들을 채근하여 명시된 결과를 달성할 수도 있다. 하지만 이제는 세상이 누구도 예측할 수 없이 다가오는 도전과제를 처리해야 하는 변화의 세계에 우리가 살고 있다는 것이다. 그래서 모든 조직은 학습하는 조직이 되어야 하며, 학습하는 조직은 그들의 경영자를 신뢰하며, 심지어 경영자가 지켜보고 있지 않다는 사실을 알아도 적절한 시기에 올바른 일을 할 수 있는 목적 중심적인 인재들을 끌어들인다.

  목적 중심적 사람들은 개인적으로도 성장하며, 다른 사람의 성장도 촉진시키려는 성향을 가진다. 이러한 조직은 동기가 내재화된 사람들을 필요로 하며, 모든 구성원들 마음속에 내재화된 경영자의 목적과 스토리가 진정성 있는 의사소통으로 이어져 모든 구성원들을 포용할 수 있다. 그렇게 되면, 사람들은 기꺼이 자발적인 에너지를 일하는데 쏟아붓게 된다. 경영자와 조직의 목적이 진정성을 띠며 지속적일 경우, 마침내 그 목적은 모든 의사결정의 견인차인 동시에 중재자가 된다. 그렇게 되면, 모든 행동이 올바르게 정렬되고, 조직은 변신한다. 이는 상상하기 어려운 조직의 아름다운 사건이 일어난다.

  목적은 진정 그 조직의 최종 의사결정권자로 작동하고 있는가? 많은 조직에서, 목적을 명시하는 것은 단순하게 기대치를 충족시키기 위한 운동에 불과하다. 그것은 위선을 부풀리는 하나의 게임으로, 직원들의 냉소만을 더욱 불러일으킬 뿐이다. 진정성이 없는 목적을 언명함으로써, 경영자는 조직에 적극적으로 해를 끼치고, 조직의 가치를 떨어뜨리게 된다. 진정성에 대한 검증은 지속성이다.

  일정 규모의 조직들이 외부의 사회적 압력으로 인해 목적을 선언한다. 오늘날 대부분의 조직들은 목적선언을 할 것이라는 기대를 받는다. 목적을 믿지 않는 경영자조차도 이사회 구성원, 투자자, 직원, 기타 이해당사자들로부터 더 높은 목적을 명확하게 표명하라는 압력에 직면한다. 회사가 그 목적과 비전, 가치관을 발표하고 내세워도, 그 말들이 고위층과 경영층의 행동을 지배하지 않는다면, 그러한 선언은 공허한 메아리에 불과하다. 모든 사람이 그 위선을 알아채고, 구성원들은 더욱더 냉소적으로 변한다. 그 과정은 좋은 점보다는 더 많은 나쁜 영향을 준다. 진정성 있는 목적은 눈부신 PR성 선언문을 만들어내는 기교의 산물이 아니라, 존재를 위한 진정성 있는 이유여야 한다. 목적은 진정성으로 지속되고 전달되어야 한다.

목적 중심 조직을 만들려면 경영자는 경영의 목적 추구를 또 다른 사업상의 의사결정과 분리하지 말아야 한다. 오히려 경영자는 의사결정을 통합하여, 목적이 지속적인 동기가 되도록 만들어야 한다. 목적의 일관성이 의미하는 것은, 조직이 더 높은 이익을 얻는 것과 조직의 "존재 이유"를 가지고 지속적으로 행동하는 것 중 한 가지를 선택해야 할 경우, 목적이 '최종결정권자'라는 것을 의미한다. 기업의 목적은 바보 같은 구성원들을 현혹하기 위해서 벽에 게시되는 메시지가 아니다. 그것은 모든 의사결정을 지속적으로 통합하며, 모든 문제의 해결을 위한 지침이다.

경영자가 목적과 지속적으로 소통하는 경우, 그 목적은 모든 의사결정의 결정권자가 된다. 그리고 구성원들은 헌신을 내면화하게 된다. 그들은 그 목적을 믿기 시작한다. 따라서 변화는 상층부에서부터 체감하고 하부조직으로 옮겨가게 된다.

목적 경영이 아닌 전통적인 경영에서는 성과에 중점을 두기 때문에 의사결정의 촉매제로서 조직의 목적에 의존하지 않는다. 조직이 목적을 모든 의사결정의 결정권자로 만들려면 경영자는 목적을 지속적이고 분명하게 전달해야 한다.

  이러한 일관되고 지속적인 메시지는 지금까지의 전통적 경영의 문제점인 많은 비용과 명백한 계약적 인센티브에 대한 의존을 줄여줄 수 있다. 경영자는 목적을 지속적인 메시지로 전환시켜 모든 구성원이 회사의 목적이 자신이 배우고 성장하며 의미 있는 공동선에 기꺼이 기여할 수 있는 의사결정권자라는 사실로 인식하게 할 수 있는 반 직관적인 단계가 절실하게 필요하다.

목적 중심 조직 만들기 네 번째 단계: 중간관리자를 목적 중심 리더로 참여시켜라

  목적 중심의 삶을 사는 사람들은 머리와 가슴으로 참여하는 목적 중심사람들의 네트워크에 스스로 참여한다. 그들은 소위 끌어당김 법칙에 의해서 서로 만난다. 목적 중심 조직은 조직이 봉사하는 공동체라고 느끼는 사람들로 구성된다. 그들에게는 조직이 제2의 집이고 가족인 것이다. 그들은 선도적 행동을 기꺼이 한다. 이들 중간관리자 계층은 리더가 되어 공동체의 에너지원이 된다.

  모든 경영자의 첫걸음은 목적 중심구성원을 상상하고 진정성 있는 조직의 목적을 찾는 것이다. 피터트러커도 조직의 목적은 수익창출이라는 대는 수긍하지 않고 이익이란 숭고한 목적을 추구한 결과라고 했다. 이이야기는 일단 조직이 목적을 찾았다고 해도 경영자는 그 목적에 구성원들이 진정성을 인정하지 않는다면 그것을 서약이 될 수 없다는 것을 알아야 한다. 목적 중심의 일을 할 수 있는 기회는 모든 중간관리자들에게 주어지지만 이를 수용하는 사람은 거의 없다.

목적 중심 조직을 창출하려는 경영자의 도전과제는 전문직 중간관리자를 목적 중심 리더로 참여시키는 것이다. 이러한 일이 일어나기 전까지는 그 조직은 목적 중심 공동체가 될 수 없다. 하지만 조직의 고위직 임원들은 이를 개념으로는 이해하는 경향을 보이지만 수용하지는 않으려 한다. 대부분의 기업들은 구성원들을 전체조직에 연계시키기 위해 그들에게 영감을 불어넣고 단결시켜 목적을 찾으려한다. 전통적인 경영기법을 통해서는 불가능하다. 구성원들이 조직의 목적이 진정성이 있음을 믿어야 하며 조직의 목적과 구성원들이 하는 일과의 연계성을 받아들여야 한다. 목적 중심 경영자들은 구성원과 정서적으로 소통하고, 진정한 자아를 공유하고, 왜 구성원들이 회사를 사랑해야 되는지, 그들이 아침 잠자리에서 일어나는 이유를 끊임없이 말하고 소통해야 한다.

전통적 경영인 주인-대리인 모형에서 CEO는 주인역할이고, 중간관리자들은 대리인이다. 대부분의 기업들은 목적 중심 리더십이 CEO의 과업으로 추정한다. 따라서 목적 중심 리더십의 과업을 중간관리자와 공유할 수 있다는 생각을 하지 못한다. 회사의 스톡옵션과 주식을 보유하지 않은 중간관리자들이 주인인 경영자처럼 행동하는 것은 직관에 반한다고 생각한다. 그러나 이를 수용하면 놀라운 상황이 일어난다. 중간관리자들이 주인의 역할을 떠 맡는 목적 중심 기업문화로 변신한다.

목적 중심 조직 만들기 다섯 번째 단계: 조직구성원을 회사 목적에 연계시켜라

목적 중심에 성공한 플랫폼기업들은 목적 내재화에 성공한 회사들이다. 이러한 조직은 구성원의 정서적 헌신을 성공적으로 이끌어내는 효과적인 목적을 찾은 것이다. 목적을 찾는 과정에서 형식적인 벽에 걸린 선언문을 만드는 것이 아니라 구성원의 머리가 아닌 가슴에 각인될 목적선언문을 함께 찾는 것이다. 이러한 효과적인 목적을 정의하고 소통하는 것이 쉬운 일이 아니며 너무나 중요한 일이다. 성공적인 플랫폼 기업이 되려면 그들의 핵심가치관과 비전을 명확하게 설명하고 있는 정교하고 잘 다듬어진 기업의 목적을 찾기 위해 많은 시간과 노력을 투자해야 한다. 가장 중요한 도전과제는 구성원의 가슴과 마음에 실제로 와 닿을 수 있고, 회사의 일원인 것을 자랑스럽게 느끼며, 회사와 야망을 공유하도록 유도하는 목적을 찾은 것이다.

이러한 기업은 조직구성원들이 자신의 개인적 믿음과 동기부여를 조직의 목적과 통합할 경우에 일어난다. 조직의 목적과 구성원 개인의 목적이 하나가 되는 순간 기적이 일어날 것이다.

목적의 명확성이 성과에 적극적인 영향을 미친다는 연구 결과가 말해주듯이 목적을 찾으면, 목적이 회사 스토리의 중심에 확실히 위치하고 있어야만 한다. 많은 기업들이 여러 가지 방법을 통해 구성원의 목적 내재화를 촉진하는 활동을 하지만 효과를 거둘 수 없는 것은 조직의 목적을 정의하고 소통하는 것과 그 목적의 의미와 범위를 내재화하도록 만드는 것은 완전히 다른 일이다.

직선적인 좌뇌에서 시각적인 우뇌로 소통 방식을 옮기면, 사람들은 단순한 시각을 갖고 목적과 쉽게 연계되어 아이들 같은 열정과 열린 마음으로 기꺼이 배우려고 한다. 구성원들이 직접 목적에 대한 명확한 지식을 가지고, 목적을 설명할 수 있는 정도까지 이해하고 있어야 한다. 목적과 소통을 위하여, 메시지가 주는 감정과 정서뿐만 아니라, 그 메시지가 어떻게 해석되고 목적이 명확하게 전달되는지를 알아야 한다. 또한 목적에 대한 명확한 의사소통이 부족하게 되면 조직은 오히려 혼란스러운 메시지의 생성으로 모호성을 야기하기 쉽다.

목적을 더 큰 가치와 명분에 연관시키고 회사의 목적이 구성원뿐 아니라, 사회 전반에도 유익하다는 점을 명확히 설명해야 한다. 구성원이 목적의 중요성과 필요성을 이해하지 못하는 경우, 자신의 개인적 신념과 가치관에 영향을 미치지 못하게 된다. 목적은 메시지의 호소력이 아니라 회사 경영자가 말하는 목적적 스토리의 중요성과 관련된 증언의 영향력이 크다. 구성원들은 경영자가 진정으로 목적에 헌신하는지를 확인하려 한다. 그러나 구성원들이 목적의 메시지에 대한 경영자의 진정성 있는 약속을 여전히 보지 못한다면 의사소통은 효과를 발휘하지 못한다. 리더가 진정성과 일관성을 지니고 목적으로 소통할 경우, 구성원은 목적 그 자체를 믿기 시작한다. '목적은 위에서부터 신호를 받고 아래로 전개된다.' 조직 메시지에 대한 진정성 부족은 관리자들에 대한 전반적인 신뢰 부족으로 이어져 구성원들의 사기를 더욱 악화시켜 그들의 동기부여와 헌신에도 영향을 미친다.

목적의 강력한 소통의 매체는 회사 경영자와 관리자의 진정성 있는 행동이다. 목적에 대한 진정성은 기업이나 개인들 모두에게 적용되는 21세기의 시대정신이다. 앞으로의 세상에서는 진정성이 없는 개인이나 기업이 초일류가 된다는 것은 낙타가 바늘구멍을 통과하기보다 더 힘들 것이다. 목적 중심 경영자는 바닥 계층의 사람들에게도 자신이 속한 조직의 목적을 찾는데 영감을 주는 진정성 있는 비전으로 소통한다. 진정성에는 두 가지 차원이 있다. 첫 번째 차원은 사실적인 정직에 대한 전통적인 개념이다. 두 번째 차원은 감정적인 정직이다. 진정성을 가진 사람은 둘 다 가지고 있어, 머리와 가슴 둘 다로 말한다. 그래서 그들의 감정과 말은 일치한다.

그들은 역할 기대치를 충족시키거나 정략적인 상황의 변화에 맞추려 하지 않는다. 자신만의 깊이 내재된 고유한 메시지와 스토리가 다른 사람들에게 얼마나 감동을 줄 수 있고 믿음으로 작용하고 있는지를 중요하게 생각한다. 진정성은 경영자 자신이 작가가 되고 주인공이 되어 구성원과 협업을 통하여 목적을 실현시켜 변화와 성과를 만들었는지가 진정성을 검증할 수 있는 유일한 방법이다. 조직 내에서 목적이 실현되기 위해서는 사람들이 그것에 대해 성찰할 수 있는 수단이 필요하다. 즉, 최고경영자만이 목적을 숙고하는 것으로만 충분하지 않고, 양방향 소통을 촉진하는 방법으로, 회사의 모든 구성원이 성실하게 수행해야 한다. 조직은 목적 의사소통과 관련하여 단순한 전술적 측면을 넘어서서, 구성원들이 일터에서 목적의 본질을 경험할 수 있도록 해야 한다.

정리하면, 조직의 효과적인 목적 소통을 위해서는 첫째, 구성원이 조직의 목적을 알고 자신이 그것을 설명할 수 있을 정도로 목적에 대한 깊은 지식이 필요하다. 둘째, 목적은 자신은 물론 사회의 공공의 선과도 관련이 있다는 것을 느끼고 있어야 한다. 셋째, 경영자가 목적에 헌신하고 목적에 따라 의사결정을 함으로써 구성원이 자신의 행동을 통해 목적에 참여하고 있음을 느끼게 해야 한다. 넷째, 구성원들에게 자신의 동료들이 목적에 헌신하고 있다는 것을 가시적으로 보여주어야 한다. 다섯째, 형식이 내용을 지배할 수 있다. 눈에 보이지 않으면 마음에서도 멀어진다는 속담이 있다. 연구 결과 내재화의 가장 낮은 단계의 방법이지만 초기에는 회사 곳곳에 목적 경영에 관한 플래카드, 배너, 동영상, 게시물, 심지어는 회의체와 이벤트를 통하여 구성원들이 수시로 목적의 방에 드나들 수 있는 효과적인 조직문화와 환경을 만드는 것이 무엇보다도 중요하다.

목적 중심 조직 만들기 여섯 번째 단계: 조직의 긍정 에너자이저를 활용하라

천성적으로 적극적이고 공공의 선에 헌신적이고 유능한 사람들과 같이 일을 한다면 어떠한 일이 일어날까? 어느 기업이든, 조직이든 목적 중심적인 구성원들을 보유하고 있다. 하지만 그 사람들을 여러 가지 이유로 알아채지 못하고 지나치는 경우가 다반사이다. 우리는 이러한 이용 가능한 보이지 않는 '긍정에너지 전파자'들이 여기저기 있다. 그들의 특성은 낙관적이고, 성숙하며, 개방적이고, 천성적으로 다른 사람들에게 에너지를 불어넣는다. 그들은 새로운 아이디어를 기꺼이 시도한다. 일단 이들을 끄어들이기만 하면 조직문화를 다르게 바꿀 수 있다. 지금도 긍정에너지의 향기를 뿜고 있으며, 동료들로부터 신뢰받고 있다. 그들은 다른 사람들이 하기 두려워하는 일을 한다. 그럼으로써, 경영자나 동료에게 긍정적인 영향을 미친다.

긍정에너지 소유자의 개념은 전통적인 경영인 주인-대리인 모형에서는 고려되지 않는다. 이 모형에서는 정서가 아무런 역할을 하지 못하기 때문이다. 실제로 정서적 기질로 인해 타고난 변화의 리더가 되는 긍정에너지 전파자들은 모든 조직에서 볼 수 있다. 이를 확인하고 연계시키고 임파워먼트를 시키면 감히 경영자들이 요청할 생각도 못 한 일들을 경험하게 된다.

그들에게는 다음과 같은 아낌없는 지원이 필요하다. 사람은 누구나 인정받기를 원한다. 그들의 선천적으로 긍정의 성품을 가지고 있더라도 조직에 대한 기여와 영향에 대해 인정하고 고마워해야 한다. 최우선은 그들에게 조직의 목적을 이해하게 하고 그들 스스로 개인의 목적을 갖게 하는 것이다. 또한 긍정의 에너자이저에게는 리더십 개발프로그램, 의사소통, 대인관계, 기술훈련 등 자기계발 기회를 제공하여야 한다. 또한 그들에게는 전문 분야에서 자율성과 의사결정 권한을 부여하여 긍정적인 활력을 부여하여, 그들이 자기 일에 대한 주인의식을 갖고, 의미 있는 기여를 할 수 있도록 해주어야 한다.

긍정적인 에너자이저에게 정기적으로 평가와 피드백을 제공하여 조직을 개선하고 지속적으로 긍정적인 영향을 미치도록 도와야 한다. 그들은 가장 창의적이고 혁신적인 아이디어를 가지고 있으며, 새로운 시도를 두려워하지 않는다. 그들에게 실패하더라도 안정감을 가지고 실험할 수 있는 기회를 제공해야 한다. 또한 책임감을 부여하고 조직의 중요 프로젝트를 처리할 수 있는 기회를 주는 방법도 있다.

제6장

경영자에게 어떠한 리더십이 필요한가?

목적 중심 경영의 DNA는
진성리더십 목적 중심 리더십

2023년 국제통화기금IMF은 대한민국의 GDP를 1조 9,770달러로 세계 10위로 평가했다. 국민소득으로는 전 세계가 인정하는 선진국이다. 하지만 리더십과 국격은 어떠한가? 인문적으로 후진국은 세상을 자신이 보고 싶은 대로 보는 사람이 많은 나라이고, 선진국은 세상을 보이는 대로 보는 사람이 많은 나라로 이야기한다. 어느 인문학자는 후진국은 법학, 정치학, 의학을 전공한 사람들이 그 나라의 리더그룹이면 후진국이고 경제, 경영학, 신문방송학 등을 전공한 사람이 그 나라의 주류를 이루면 중진국이고, 인문학, 철학, 역사학, 심리학 등이 그 나라의 주류를 이루면 선진국이며, 고고학, 인류학 등이 주류를 이루면 일류선진국, 제국이라고 했다. 과연 대한민국은 선진국인가?

이 논리로만 보면 우리나라는 후진국이다. 적어도 삶의 의식으로는 그렇다. 사람들은 자기 눈에 보이는 대로 보는 것이 아니라 과거 자신의 경험으로 만들어진 각본대로 세상을 본다. 세상을 있는 그대로 똑바로 보는 리더는 현재를 기점으로 과거의 경험과 미래의 목적을 객관적으로 인지해서 성찰할 수 있는 자기 이해가 뛰어난 사람이다. 자신이 어디에서 왔으며, 어디에 서 있으며, 어떤 미래를 향해 가고 있는지에 대한 깊은 고민과 성찰을 하며 사는 사람이다. 자신의 정체성을 분명히 아는 사람이다.

이들은 과거를 내비게이션이라 생각하고 미래는 나침반으로 생각한다. 내비게이션의 문제는 현재에 맞게 항상 업데이트되어야 하고, 나침반의 문제는 극성을 잃지 않고 세상의 변화에 맞추어 항상 진북을 가르치며 떨고 있는가의 문제이다. 자기이해력이 있는 정체성이 분명한 리더는 과거를 성찰해가며 내비게이션을 현재에 맞게 지속적으로 업데이트한다. 또한 자신의 존재 목적에 대한 성찰을 통해 언제나 진북을 향하는 삶을 살아내려 노력한다. 이처럼 지금까지 세상에 선한 영향력으로 변화를 이끌었던 리더들은 자신들의 전문적 역량과 지식, 과거의 성공 경험이 아니라 아무리 바빠도 자신이 누구인지에 대한 성찰에 시간을 아끼지 않는 정체성의 근육을 가진 사람들이었다.

지금처럼 미래가 불확실하고 복잡하고 모호해져서 예측할 수 없는 초뷰카 시대, 새로운 것이 더 이상 새롭지 않은 뉴노멀시대, 변화가 변수가 아니고 상수화된 코빅 사태와 같은 예측불허의 허리케인급의 변화가 몰려오는 세상에서 리더십의 정체성 상실은 사막여행에서 밤새 불어온 태풍으로 길을 잃은 것과 같다. 이제는 학벌과 지식과 경륜이 뛰어나다는 필요조건만으로 그들에게 조직과 회사의 운명을 맡기지 않을 것이다.

이제는 목적이 없는 조직에 몸을 담고 싶은 구성원은 없을 것이다. 목적이 없는 리더를 따르고 싶은 팔로워는 없다. 목적 중심 리더는 자신이 도달하고자 하는 목적지를 분명히 정하고 왜 그 목적지에 가야 하는지 자신만의 철학과 스토리를 가지고 구성원들과 협업을 통하여 변화와 성과를 지속적으로 창출해내는 사람이다. 검증되지 않은 리더십 스타일을 벤치마킹하면서 답을 찾을 수 있다고 연기하던 기존의 리더십과는 근본적으로 다르다. 지금까지 육성된 리더들은 리더의 내면적 본질보다는 변화하는 상황에 맞는 리더십의 역량과 스킬로만 무장시켜왔다. 생존을 유지하기 위하여 정작 자신의 본질에 해당하는 정체성을 잃어버린 리더들이 태반이다.

진성리더십/목적 중심 리더십은 자신이 저자가 되어 자신만의 고유하고 주체적인 스토리와 목적을 통해 자신만의 리더십 스타일을 만들어가는 리더십의 민주화과정이다. 리더십 스타일을 만들 수 있는 권한을 리더들에게 돌려주고 그들이 주도해야 한다는 주체성 선언이다. 리더십은 그 자체가 목적이 되어서는 안 된다. 리더는 좋은 리더십 스타일 보다는 리더십의 충분조건인 성과와 변화로 그 존재 이유를 드러내야만 한다. 하지만 아직도 우리 주위의 현실은 학연, 혈연, 지연, 전관예우 등 후진적 낙하산 인사로 내려온 유사리더들로 점철되어 있다. 이들은 자신의 이익을 위해 세상을 변화시키려고 한다. 개인적 욕망을 숨기고 좋은 리더인 것처럼 연기하며 지시, 감독, 군림한다. 그러나 이제는 초연결사회로 이들의 민낯이 드러날 수밖에 없고 그들이 설자리가 점점 없어지게 되었다.

진성리더십과 목적 중심 리더십은 리더로서 자신만의 철학과 스토리가 있는 고유한 스타일의 리더십을 창출하기 위해서는 현재의 어려운 상황을 자신만의 진정성 있는 선한 목적과 의도를 상황에 성공적으로 개입시켜 주관적 상황으로 바꾸어나가는 맥락을 형성하는 것이 매우 중요하다. 그러기 위해서 진성리더/목적 중심 리더는 그들만의 고유한 목적인 정신모형 Ⅱ을 가져야 한다. 그들은 이 정신모형을 바탕으로 목적에 대한 믿음을 가지고 자신과 구성원을 일으켜 세워야 한다. 정신모형 Ⅱ는 자신만의 나침반인 목적과 비전, 가치관으로 구성된다.

진성리더십/목적 중심 리더십에서 목적은 죽음에 직면해 자신의 존재를 이해하는 존재 목적이 되고, 삶의 나침반이 되어 사람들을 아침에 침대에서 벌떡 일어나게 하는 힘이기도 하다. 또한 가치는 목적지를 향한 여정에서 어떠한 유혹에도 벗어나서는 안 될 자신만의 행동 원칙이 되고 목적지에 다다르기 위한 자신만의 방법이다. 비전이란 목적에 대한 믿음의 눈으로 세상을 다시 보는 것이다. 목적지에 다다르기 위한 구체적인 중간 기착지 또는 목표일 수도 있다. 하지만 목적에 정렬되지 못한 목표는 신기루일 뿐이다. 가장 바람직한 비전은 미래, 현재, 과거가 서사로 연결되어 있을 때이다. 비전이 있는 사람은 자신이 어디에서 왔고, 지금 어디에 서 있고, 어디로 향해 가는지를 아는 정체성이 있는 사람이다.

진성리더십/목적 중심 리더십의 여정이 성공하기 위해서는 첫째, 어떠한 어려운 상황과 직면해도 자신만의 존재 이유인 목적 있는 철학과 스토리로 자신과 구성원을 일으켜 세워야 한다. 목적에 대한 진정성을 선언하고 이에 대한 검증을 받아야 한다. 목적을 혼자 실현하는 것은 어렵다. 목적에 대한 진정성이 구성원들의 마음에 정서적 반향을 일으켜 검증되어야 한다. 둘째, 구성원과 협업을 통해서 목적에서 약속한 것을 현실로 가시화시켜야 한다. 목적이라는 씨줄이 구성원의 날줄과 연결되는 맥락이 형성되는 과정이 필요하다. 이렇게 되면 진정성 있는 목적적 스토리가 현실로 다가와 변화를 가져오게 된다.

21세기 구성주의 세상은 과거로부터 미래의 답을 찾는 방식이 작동하지 않는다. 새롭게 드러나는 미래의 생생한 스토리를 가져와 이것의 의미를 사람들에게 스토리텔링 할 수 있어야 한다. 자연과학에서는 입증된 사실로 스토리를 만들지만, 사회과학에서는 목적 있는 스토리로 사실을 구현해 낼 수 있다. 결국, 리더십의 민주화란 모든 사람이 자신들이 찾거나 설정한 목적에 대해 자신만의 고유한 역량으로 구성원들과의 협업을 통하여 지속적인 변화와 성과를 창출하는 상태이다. 구성원 모두가 3인칭이 아닌 1인칭으로 주체성을 회복한 리더가 될 수 있다는 선언이기도 하다.

리더십의 민주화
진성리더십/목적 중심 리더십

리더십이라는 단어는 익숙하지만 막상 자신에게 관련이 되면 만만치 않은 용어이다. 학계와 세상에는 수많은 리더십이 존재하고 있고, 지금도 새로운 리더십이 봇물을 이루고 있다. 서로들 이 리더십이 좋다고 한다. 하지만 대부분 밴치마킹 리더십에 불과하다. 새로운 리더십이 등장할 때마다 따라 배워야 하기에 시지포스 돌 굴리기를 한다. 평생을 리더십을 배워도 영향력 있는 주도권을 행사하지 못한다.

지금까지의 밴치마킹 리더십으로 한, 두 번의 성공은 할 수 있지만 지속적인 성공이 어렵다. 자신의 고유한 리더십 스타일 없이 역사에 족적을 남긴 리더는 찾아보기 힘들다. 나는 여기에서 리더십의 민주화를 거론하면서 자신 있게 시대가 아무리 변해도 지속가능한 변화와 성과를 창출할 수 있는 '진성리더십Authentic Leadership'을 소개하고자 한다.

철학자들은 그들이 새롭게 창조한 '언어의 반란'으로 세상을 바꾸어 왔다. 진성리더십은 리더십의 반란이다. 지금까지 HRD 및 리더십 업계는 밴치마킹으로 생계를 유지해 왔다. 진성리더십은 지금까지 스타일을 강조하는 리더십과는 목적 자체가 다르다. 진성리더십의 Authenticity는 Authorship과 어원이 같다. 진성리더는 리더 스스로가 주인공이며 작가라는 의미이다. 리더가 속한 조직과 리더와 구성원들의 의도와 정서가 반영된 리더십 스타일로 자신에게 맞는 옷을 만드는 것이다. 진성리더십은 리더십의 스타일을 만들 수 있는 권한을 리더십 실무를 담당하는 리더 개인에게 넘겨주는 리더십의 민주화 선언이다. 지금까지는 대부분 자신이 디자인하지 않은 기성복을 입고 유사리더 역할을 해온 것이다.

리더십의 민주화란 리더에게 남들의 리더십 스타일을 배우는 것을 넘어서 스스로 리더십의 대본을 쓸 수 있는 권한과 주체성을 넘겨주는 임파워먼트를 의미한다.

진성리더는 리더십 스타일 자체가 목적이 아니다. 리더십 충분조건인 성과와 변화로 자신의 존재 이유를 드러낸다. 리더의 존재 이유는 아무리 리더의 성품과 정서가 뛰어나도 변화와 성과를 성취하지 못한다면 리더로서는 실패한 것으로 간주한다.

진성리더십으로 무장한 코치들은 리더가 자신의 맥락을 제대로 이해하고 이에 맞춰 리더 자신이 리더로서의 정체성을 발견하도록 도움을 준다. 자신만의 정체성이 없는 리더는 리더로서의 DNA가 없는 카피에 불과하고 정체성 부재에 대한 불안을 남들의 리더십을 베끼는 데 주력한다.

진성리더십에서 강조하는 진성코치는 개인의 심리를 넘어서 정체성의 토양인 구조적 맥락을 이해하고 이것을 제대로 된 토양으로 설계하는 거시적 방식을 배운다. 진성리더십에서 훈련하는 코치들은 거시와 미시에 대한 통합적 시각을 훈련된 사람으로 코치들에게 목적을 찾게 해주는 사람들이다. 진성리더십으로 무장한 진성코치들은 자신의 변화를 넘어서 조직의 변화를 성공시키는 힘이 된다. 정리하면, 일반적 리더십의 정의는 '구성원에게 자발적 영향력을 행사하여 구성원과 함께 조직을 위해 변화와 성과를 만드는 것'이다. 진성리더십과의 차이는 영향력의 원천이다. 진성리더십의 영향력의 원천은 리더 자신이 원본 제작자임을 증명할 수 있는 자신만의 철학과 스토리가 담긴 '목적선언문' 또는 '정신모형Ⅱ'의 존재 유무이기 때문이다.

이 스토리의 진성眞性 검증을 통과하면 진성이라는 과일나무에 지속적으로 성과의 열매를 수확할 수 있다. 이제 자신이 주인인 리더십을 갖게 된 것이다. 자신의 이름이 한영수라면 '한영수 리더십'이

탄생한 것이다. 그래서 진성리더십은 리더십의 민주화인 것이다. 리더십의 필요조건은 학벌과 경력, 자격, 기술, 역량 등이 있지만 이러한 필요조건만 가지고는 원하는 바를 이루기 어렵다. 리더십의 충분조건은 변화와 성과이기 때문이다. 한 나라의 대통령을 비롯하여 공직자, 정치가, 기업의 대표들도 취임 시에는 수많은 공약을 하지만 공약으로 끝나는 경우가 허다하다. 왜일까? 리더십의 충분조건인 변화와 성과에 깊은 관심을 가질 필요가 있다. 취임한 지 1년 또는 2년, 대통령 임기 5년이 지난 후에도 변화와 성과가 없었다면 그는 결코 리더가 아니고 리더인 체 연기했던 유사리더이다.

유사리더는 유사 휘발유와 같이 진짜 휘발유와 구분하기가 정말 어렵다. 그들은 리더십의 필요조건인 학벌과 지연, 경력, 기술, 언변, 카리스마도 뛰어나다. 하지만 시간이 지나고 상황이 나빠지면 그들의 연기가 들통이 나고 만다. 이러한 유사리더를 구분할 수 있는 단어가 진정성이다. 자기 자신에게 진실인 상태가 일반적 정의이다. 19세기 음악의 거장은 단연코 베토벤이다. 20세기 음악의 거장은 비틀즈이다. 최근 세계 젊은이들은 한결같이 21세기 음악의 거장으로 대한민국의 자랑스러운 보컬그룹 BTS를 꼽는다. 그들에게 BTS하면 떠오르는 단어가 70% 이상이 신기하게도 한결같이 '진정성'이라 한다. 그들의 '음악과 아티스트를 통해 세상 사람들에게 위로 감동을 준다'는 진정성 있는 목적과 스토리가 있었고, 그리고 그 목적을 이루려는 처절한 몸짓과 노래가 전 세계 젊은이들에게 진정성으로 다가가 정서적 반향을 일으켰던 것이다.

리더가 조직의 목적을 달성하기 위하여 자신에게 말하는 스토리와 구성원들에게 해 주는 스토리가 같거나 그렇게 살려고 부단히 노력한다면 진정성을 인정받을 수 있다. 진성리더십은 자신만의 진정성 있는 목적, 사명 또는 정신모형Ⅱ를 구성원과 공유하고 인게이지먼트Engagement시켜, 그들과 협업을 통하여 영향력을 행사하는 공유리더십이다. 여기서 정신모형Ⅱ는 진성리더와 진성리더십의 핵심이며, 자신과 조직의 존재 이유이며, 진북True North이자, 영혼의 종소리이다. 진성리더는 자신이 사명의 주인공이 되어 사명과 일관된 삶을 사는 과정을 통하여 사명을 자신의 품성으로 내재화한 사람이다. 또한 진성리더는 이 목적과 사명을 구성원과 공유하고 검증받고, 협업을 통해서 새로운 변화와 차이를 만들어내는 사람들이다.

진성리더십에 대하여 더 깊게 공부하고 싶으면 이화여대 윤정구 교수의 진성리더십도서와 무료 10주 과정으로 한국조직개발경영학회의 진성리더십아카데미가 있다.

진성리더십/목적 중심 리더십의 끌게 정신모형

마음의 상태가 지금의 인류를 만들었다는 사실을 과학적으로 규명하기 시작한 사람은 근대철학의 시조인 데카르트와 완성자인 칸트다. 데카르트는 마음속에 무의식적으로 그려져 있는 지도를 정신모형이라고 칭하고 이 정신모형에 새겨진 상태로 자기 삶의 무늬를 판단하고 세상을 보는 눈을 획득한다는 사실을 규명해냈다. 칸트는 한발 더 나아가 자신이 과거에 경험한 있는 그대로 세상을 반영한 지도로 살아가는 사람들과 미래를 염두에 두고 미래의 개념을 반영한 지도를 구성해낸 사람들을 구별했다. 인류가 지금처럼 발전할 수 있었던 것은 누군가가 현실과 자신의 경험을 넘어서서 미래의 개념을 구성해 새로운 지도를 만들고 이 지도의 설계대로 세상을 만들어 간 선구자들의 피와 땀 때문이라고 보았다.

우리는 상징적으로 두 개의 산을 넘어가는 삶을 살고 있다. 정신모형Ⅰ을 지칭하는 산과, 정신모형Ⅱ를 지칭하는 산이 그것이다. 정신모형Ⅰ의 산을 이 세상을 살아가는 사람이라면 누구나 넘는 산으로 목표를 달성해서 남들에게 의존하지 않고 독립적인 자아실현이라는 자기통제의 상태에 도달하기 위해서다. 정신모형Ⅰ의 정상에 있는 목표에 가까워질 때마다 기쁨이나 즐거움을 경험하고 이 긍정적 정서가 목표를 지속적으로 추구하게 만드는 강화제이다. 이런 것을 느낄 때 사람들은 주관적으로 행복하다고 생각한다. 하지만 이들이 구가하는 행복은 자기도취의 주관적 감정이다.

반면, 정신모형Ⅱ의 산은 자신이 세상을 다녀감에 의해 세상을 어떻게 더 나은 곳으로 만들겠다는 약속인 목적에 헌신하는 삶을 사는 사람들이 넘는 산이다. 이러한 사람들은 목표보다는 문화적 족적을 남기는 것에 관심이 깊은 사람들이다. 이 산의 정상에서 남의 성공을 돕는 일에 성공하는 타아실현의 운동장을 구현하려 노력한다. 목적이 이루어지면 사람들은 긍휼, 고마움, 고양 등의 윤리적 감정을 소명으로 경험한다. 이런 윤리적 감정이 이들이 정신모형Ⅱ의 산을 넘게 하는 강화제이다. 이런 윤리적 감정 때문에 지속적으로 가슴이 뛰는 상태에 이르면 아리스토텔레스가 천명한 유데모니아라는 진정한 행복의 상태를 체험한다.

정신모형 I 은 우리가 살아오면서 과거의 행적을 기억하여 만든 지도이다. 정신모형 I 이 지금까지 산대로 사는 삶을 복기한 것이라면 정신모형 II 는 자신이 삶의 주체가 되어 상상한 대로 실존적 삶을 구성해내는 역할을 한다. 정신모형 I 이 과거의 행적에 대한 지도라면 정신모형 II 는 미래의 목적지를 상상하여 만든 미래로 향하는 지도이다. 정신모형 I 은 누구나 가지고 있지만 정신모형 II 의 지도는 자기 삶을 주체적으로 선택한 사람들만 가지는 지도이다. 정신모형 II 의 삶은 지금까지 살았던 방식을 지양하고 새로운 아포리아 삶의 방식을 모색해 자기 삶에 또 한번의 기회를 부여하는 진성리더의 충분조건인 미래지도이다.

지금까지 생존을 위해 남이 시키는 방식, 알려진 방식, 노예의 방식, 연기자의 방식으로 사는 삶을 지양하고 자신이 스스로 인생의 대본을 만드는 작가가 되고 자신이 주인공이 되어보는 삶이다. 자신이 작가가 되어 미리 써놓은 대본대로 살아 이 삶의 형상을 만들고 이 형상을 현실에서 만들 내는 삶이 정신모형 II 의 삶이다. 정신모형 II 의 삶은 정신모형 I 에 갇혀서 남의 종으로 살았던 자신을 부인하고 욕하는 것이 아니라 이렇게 살 수밖에 없었던 자신을 위로하고 용서하고 포옹해 주는 것에서 시작된다. 삶을 어떻게 시작해서 어떤 삶을 살고 있고 어떤 미래를 향해서 나가고 있는지의 정체성의 역사이다.

정체성의 결말은 미래에 어떤 삶으로 종결을 보는지에 의해서 결정된다. 오늘도 삶의 해피엔딩을 위해 삶의 작가가 되고 주인공이 되어 자기 정체성의 역사를 완성하고 있는 것이다. 온전한 과거 없이는 온전한 미래를 써나갈 수 없다. 정신모형Ⅱ는 생각한 대로 사는 주체적이고 진실된 삶을 복원하는 작업이다. 사람들은 대부분 자신이 경험하고 만든 정신모형Ⅰ이라는 지도에 구축된 믿음대로 세상을 본다. 이는 내비게이션과 같다. 이제는 정신모형Ⅰ만으로는 볼 수 없는, 더 큰 목적의 세상을 볼 수 있는 새로운 지도 정신모형Ⅱ가 필요하다.

이 지도는 생존의 욕구가 아닌 문화적 족적을 남기려는 사람들의 성장과 학습의 열망 때문에 만들어진 지도이다. 하이데거가 밝혀낸 존재적인 삶이 아닌 존재론적 삶을 사는 사람들의 정신모형이다. 미래 자신의 모습이 투영된 모습을 보여준다. 자신이 어디에서 왔고, 지금 어디에 서 있고, 어디로 향해 갈 것인가, 어떻게 사는 것이 의미 있는 삶을 살아야 하는지를 깨닫게 해준다.

이러한 정신모형Ⅱ는 진성리더십과 목적 경영의 끌게이며 필수 구성변인으로, 목적^{사명}과 비전과 가치관이 있다. 목적Know-Why은 개인과 조직이 존재하는 이유로 이를 찾는 순간 제2의 탄생을 경험한다. 조직이 목적을 갖게 되면 구성원들이 일속에서 의미를 찾게 되고, 공동의 이익에 희생하려 한다. 비전Know-What은 목적의 눈으로만 생생하게 보이는 세상이며, 목적이 없는 비전은 신기루일 뿐이다. 목적에 이르기 위한 구체적인 중간 기착지이며 중간목표이다. 가치관Know-How은 세상의 모든 유혹을 뿌리치며 목적에 이르는 방법이다. 목적에 이르기 위한 의사결정의 가이드라인이며, 도덕, 윤리를 포함한다. 개인에게는 성품에 해당하며, 조직에게는 문화에 해당된다. 조직문화는 조직의 성품이다.

개인적 삶에서, 조직 속의 삶에서, 자신에 몸에 맞지 않는 삼인칭의 삶에서, 자신만의 진정성과 철학이 담긴 일인칭 스토리를 살아가야 한다. 이를 매개로 자신과 삶의 동반자들과 목적을 공유하고 협업을 통하여 맑고 밝은 사회를 만드는 선한 영향력을 줄 수 있는 삶에 도전하길 간절히 바란다.

진성리더십/목적 중심 리더십의 오해

진성리더십은 제목부터가 주는 이미지나 선입견 때문에 진성리더십을 처음 공부하는 사람들조차도 오해의 여지가 많고 충분한 토론의 주제가 되기도 한다. 진성리더십에 대한 오해에 대한 내용은 윤정구 교수님의 『진성리더십』 발췌 정리한 내용이다.

첫째, 비전을 기반으로 조직과 구성원을 이끌 것이다.

이점은 매우 중요한 이슈다. 우리는 비전이라는 단어는 수없이 들어왔지만 비전의 의미를 제대로 이해하는 사람은 적다. 진성리더가 비전을 중요시하지 않는 것은 아니다. 진성리더는 비전의 최종 종착지인 목적과 사명을 더 중시한다. 비전은 목적의 안경을 써야만 생생하게 보이는 세상이다. 비전은 목적지에 다다르기 위한 중간 기착지이며, 구체적인 정량적 중간목표이다. 자신의 존재 이유를 설명해 주는 목적과 사명이 없는 비전은 신기루일 뿐이다.

한때, 비전경영이라는 단어가 유행했고 교육과 컨설팅까지 받으며 도전했던 기업들이 절대 성공할 수 없었던 이유다. 노키아와 소니, 월마트처럼 비전을 달성하고 무너진 회사의 대부분은 비전을 최종목적지로 착각한 회사들이다. 비전에 대한 정확한 인식의 부족일 수도 있다. 물론 이들의 회사도 남에게 보여주기 위한 목적지와 사명에 대한 멋진 이야기가 홈페이지에 차고 넘쳤다. 진성리더들이 탈선하지 않고 지속적인 비전을 달성할 수 있는 것은 비전을 목적과 사명을 달성하기 위한 수단이며 중간 기착지라는 것을 잘 이해하기 때문이다. 진성리더십은 비전이 아니라 목적과 사명이 리더십의 중심이다.

둘째, 진성리더십은 다른 리더십을 인정하지 않는다.

그렇지 않다. 진성리더십 역시 일반의 리더십와 같이 리더십의 필요조건인 스킬과 스타일을 강조하지만 이 스타일과 스킬은 리더의 품성인 진성眞性에 뿌리내리고 통합되어 있어야 하는 점을 강조한다. 리더십은 원천은 영향력이다. 진성리더십의 영향력의 원천은 리더의 품성이다. 진성리더십은 지금까지 알려진 7habits, 변혁적리더십, 카리스마리더십, 감성리더십, 슈퍼리더십 등 다양한 리더십 등에서 강조된 리더십 스타일이나 스킬도 리더의 품성에 뿌리를 두고 행사될 수 있다면 선한 영향력을 행사할 수 있다고 믿는다.

이처럼 리더의 품성을 뿌리로 강조한다는 점에서 진성리더십은 '근원적 리더십Root Leadership'이다. 아무리 멋진 스타일과 스킬로 무장하고 있어도 이들이 품성에 뿌리가 내려지지 않는다면 잠깐의 유행에 불과한 유사리더십으로 전락하고 만다. 진성리더십에서는 진성이 리더십의 충분조건이며, 스킬과 스타일을 리더십의 필요조건으로 규정, 리더십의 필요충분조건을 제시한 통합적리더십이다.

셋째, 진성리더의 기반인 품성은 유전적으로 바꿀 수 없다.

이 오해는 품성과 인성을 구별하지 못하는 데서 오는 오해이다. 모든 이들이 다 가지고 있는 인성은 타고난 측면이 강하지만 품성은 인성을 넘어서서 자신의 목적적 스토리를 오랜 기간의 자기인식과 자기규제를 통해 내재화하여 스스로 창출한 것이다.

우리나라 교육계에서 유행하던 인성교육이라는 단어는 품성교육의 잘못된 표기가 아닐까? 진성리더는 타고난 인성을 넘어서서 자신의 목적과 사명을 기반으로 개발된 품성을 중시한다. 진성리더는 치열한 훈련과 성찰을 통해 이와 같은 사명을 품성으로 만든 사람들이다. 인성은 그 크기가 정해져 있지만 진성리더의 품성의 크기는 리더가 사명의 실천을 통해 얻은 진성眞性의 크기에 의해서 결정된다.

탈무드에 "생각을 바꾸면, 행동이 바뀌고, 행동이 바꾸면, 습관이 바뀌고, 습관을 바꾸면, 성품이 바뀌고, 성품을 바꾸면 운명이 바뀐다"는 말이 있다. 결국 진성리더십은 생각을 믿음으로 바꾸어 가는 되어감의 여정이다.

넷째, 진성리더는 착한리더로 결단력이 없을 것이다.

이는 잘못된 주장이다. 리더의 존재 이유는 부하에 대한 선한 영향력을 통해 변화와 성과를 창출한다. 변화와 성과를 내지 못하면 리더가 아니다. 진성리더십과 다른 리더십과의 차이점은 단기적 성과나 비윤리적 성과를 넘어서 지속가능한 목적있는 성과를 지향하는 리더십이라는 점이다. 지금까지 사람들은 반짝하는 단기적 성과를 내고 사라지는 유사리더를 진성리더라고 착각하며 살아왔다. 진성리더가 성과에서 단기적성과 뿐 아니라 목적 있는 성과를 통해 차이를 만들어낼 수 있는 이유는 리더의 필요조건인 역량과 스킬뿐 아니라 리더의 충분조건인 목적과 사명의 스토리를 믿음으로 내재화한 품성의 향기를 구성원들이 마음속으로 받아들이기 때문이다.

다섯째, 진성리더는 성인군자가 되어야 한다.

성인군자가 모든 것이 완성된 사람이라면, 진성리더는 자신의 존재의 이유인 진북을 찾아 여행 중인 사람이라 할 수 있다. 진성리더들은 자신의 존재의 이유를 찾아 학습하고, 성장해가는 과정에 몰입해 있는 되어감^{Becoming}의 존재이지, 성인군자가 아니다. 설사 어제 감옥에서 출소했다 할지라도, 자신만의 존재 이유를 설명해 주는 목적지를 확립하고 이 목적지의 스토리에 따라 자신을 끊임없이 단련시켜 사람들에게 나침반이 되고 있다면 이 사람도 진성리더로의 성장과정을 경험하는 것이다. 진성리더는 자신의 죄를 자복하고 끊임없이 성찰하고 학습하는 사람이다. 진성리더는 학습하는 죄인이다. 그런 점에서 카네기와 록펠러도 진성리더이다. 스마트폰으로 우리의 삶의 패러다임을 송두리째로 바꿔버린 스티브 잡스도 지금까지 살아 있었다면 진성리더의 길을 걸었으리라 추측해본다. 이러한 점에서 만델라는 진성리더를 가르켜 '학습하는 죄인'이라고 불렀다. 자신의 죄와 실수에 대한 학습과 성찰이 멈추는 순간 진성리더의 기반도 무너지기 시작한다.

진성리더십과 긍정심리자본

진성리더들은 인간이 불확실성으로부터 자신을 보호하기 위하여 세상에 대하여 개념 있게 행동하고, 말할 수 있는 태도를 불러일으킬 수 있게 해주는 정신모형 II를 가지고 있다. 진성리더십은 자아인식, 자기규제, 균형된 정보처리, 관계적 투명성 4가지 변인으로 구성되어 있다. 또한 긍정심리자본은 낙관주의, 회복탄력성, 효능감, 희망의 4가지 구성변인을 가지고 있다. 진성리더십과 긍정심리자본은 깊은 관계가 있다.

진성리더들은 자신만의 목적적 스토리상자인 정신모형 II를 진성리더십의 4가지 구성변인의 실천을 통한 검증으로 주관적 믿음으로 전환시키는 과정이다. 정신모형에 대하여는 이장 서두에서 자세히 설명한 바와 같이 진성리더의 무기인 정신모형은 업데이트가 잘 된 내비게이션과 같은 정신모형 I 과 극성을 잃지 않은 진북을 향해 떨고 있는 나침반 정신모형Ⅱ를 가지고, 믿음 속의 상상의 세계를 만들어 구성주의적 현실을 탄생시킬 수 있는 지도를 플랫폼삼아 세상을 변화시키는 데 성공한 사람이다.

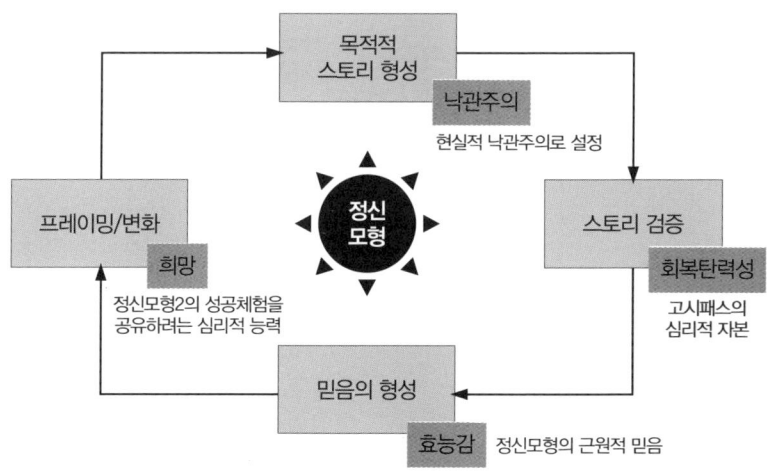

정신모형의 형성과정(출처: 진성리더십, 윤정구)

정신모형Ⅱ의 작동원리는 첫째, 목적과 사명, 비전, 가치관이므로 구성된 목적적 스토리가 장착이 된다. 둘째, 이러한 가정의 스토리가 장착되면 삶에서의 검증과정이 필요하다. 셋째, 이 검증과정이 통과하면 정신모형Ⅱ가 주관적 믿음의 상태로 된다. 넷째, 이 믿음의 상태는 진성리더에게 새롭게 세상을 보는 눈을 제공하고 주변 상황을 이 눈에 보이는 대로 프레이밍하고 재구성해서 변화시킨다.

정신모형Ⅱ가 진화하는 첫 번째 단계인 목적적 스토리에는 긍정심리자본의 낙관주의가 필요하다. 자신과 자신이 속한 조직의 존재 이유인 목적과 사명은 현실적 낙관주의를 가지고 있어야 한다. 현재 서 있는 장소가 아무리 암울한 현실이어도 도달해야 할 목적지를 현재 서 있는 장소에 대한 정확한 인식을 근거로 현실을 그대로 직시해야 한다.

두 번째 단계에는 목적과 사명을 장착한 정신모형Ⅱ를 생활 속에서 검증하는 단계이다. 이 단계에서 필요한 것은 긍정심리자본의 회복탄력성이다. 리더 자신이 장착한 정신모형Ⅱ인 사명을 감당하기 위하여 고난과 시련을 극복하고 오뚜기처럼 다시 설 수 있는 심리적 능력을 자신에게 확인할 수 있는 긍정심리자본이 회복탄력성이다.

세 번째 단계에는 정신모형Ⅱ의 검증을 통과해서 사명, 비전, 가치관, 정체성 등이 믿음의 상태로 전환되는 국면이다. 이 사건은 리더에게 근원적 자신감을 제공한다. 이처럼 정신모형Ⅱ를 기반으로 한 삶에 대한 근원적 믿음이 긍정심리자본의 효능감이다.

마지막 단계는 새롭게 획득한 정신모형Ⅱ의 믿음의 눈으로 세상을 변화시켜 나가는 과정으로 목표지향적 행동이 긍정심리자본 중 희망이다. 성공체험을 공유하려는 능력이 바로 희망이다. 진성리더는 낙관의 메시지이든, 회복탄력성의 메시지이든, 효능감의 메시지이든, 국면마다 필요한 메시지를 통해, 구성원들이 정신모형Ⅱ를 받아들여, 이를 통해서 세상과 조직의 변화시키는데 성공하는 체험을 전달하는 긍정심리의 전도사이다.

진성리더십의 4가지 구성변인

진성리더십의 구성변인은 자아 인식, 자기규제, 균형적 정보처리, 관계적 투명성 4가지이다.

자아 인식 Self Awareness

정신모형 II의 거울을 이용해서 자신의 정체성을 성찰하는 과정이다. 성찰의 요소는 사명, 가치관, 비전 등 내재적인 것이다. '목적과 사명보다는 세속적 성공에만 귀를 기울이고 있지는 않은가?, 역량을 기반으로 성공만을 추구하고 있지는 않은가?, 스펙이라는 조건적 자신감에 의존하는 삶을 살아가고 있지는 않은가?' 등을 일상에서 성찰하며 사는 것이 진성리더들의 모습이다.

자기규율 Self Regulation

정신모형 II를 통해서 현재의 자신의 모습을 성찰해 내는 과정이 자아 인식이라면, 자아 인식을 통해서 파악한 현재의 모습과 미래의 바람직한 모습 간의 차이를 파악하고 이 차이를 줄여나가는 실천적 프로젝트를 수행하는 과정이 자기규율이다. 즉 정신모형 I과 정신모형 II의 차이를 학습과 성찰로 좁혀나가는 과정이다. 자기규율은 자신의 정신모형이 주장하는 바를 실천을 통해 검증하여 믿음으로 만드는 과정이다. 진성리더들은 정신모형이 없었다면 역경과 고통은 무조건 견뎌내야 하는 삶 자체가 무의미할 수도 있었을 것이다.

균형잡힌 정보처리 Relational Transparency

끊임없이 업데이트된 나침반과 극성을 잃지 않고 북쪽을 가리키며 떨고 있는 진성리더들은 언제나 객관적이고 합리적인 올바른 결정을 내릴 수 있다. 객관적이고 합리적 결정과 성장을 위한 피드백을 위한 정보처리이다. 유사리더는 불완전한 정신모형 I 에만 의존해 정보처리를 하기 때문에 편파적이다. 반면 진성리더는 학습과 성장의 동력인 정신모형 II를 통해서 미래지향적 학습의 자세로 정보를 처리하기 때문에 그 과정이 투명하다. 그동안의 정신모형 I 에 의한 정보처리는 불확실성에서 벗어나기 위해서 과도한 예측으로 모든 걸 예단하는 경우나, 편파적 사건의 결과를 놓고 그에 맞는 원인을 사후적으로 찾아서 그럴 수밖에 없었다는 사후확신성향과 실패에 대해서는 본능적으로 원인을 분석해서 찾아내지만 성공에 대해서는 당연히 여기고 분석하지 않는 경향을 가지고 있다.

또한 마지막으로 면밀하고 균형 있게 정보를 처리하기보다는 나름대로 지름길을 찾아서 주먹구구식으로 처리하여 다양한 인지적 오류를 일으키는 휴리스틱 오류이다. 균형을 이루는 정보처리를 방해하는 정신모형 I 의 속성 중 대표적인 것이 방어기제 Defence Routine 이다. 이는 정신모형과 어긋나는 정보가 이입될 때, 정신모형을 수정하는 것이 아니라 정신모형을 합리화하는 현상이다. 정신모형을 지키기 위한 그릇된 행동이 방어기제이다. 이는 남들의 피드백이 단절된 상태에 심하게 나타난다.

관계적 투명성 Balanced Information Processing

목적과 사명을 혼자 힘으로 달성할 수 없다는 것을 누구보다 잘 알고 있다. 진성리더들은 사명을 구현하는 과정에서 구성원들을 동원할 수 있는 탁월한 능력을 보여준다. 이는 사람들에 대한 존재론적 태도를 통해 관계적 투성명을 담보하기 때문이다. 이들은 구성원들을 소유론적이 아니라 존재론적으로 대우해 나를 넘어 우리라는 공동체의 사회적자본을 만들어간다. 상대를 소유론적으로 본다는 것은 상대를 나의 열망을 충족시키기 위한 수단이나 도구로 보는 것을 말한다.

에리히 프롬Erich Fromm은 소유론적으로 사람을 보는 사람들은 상대를 과거에 만들어 놓은 사회적 지위나, 학벌, 권력, 부의 측면에서 평가하고 그 정도에 따라 존경을 표한다고 했다. 모든 인간관계를 소유로 판단하는 경향의 문제점을 지적한 것이다. 소유론적 관계를 조망하는 사람들은 자기 입장만 지나치게 강조하게 되어 '우리'라는 관계를 형성하지 못한다. 반면 존재론적 관계를 조망하는 사람들은 주어진 것에 만족하고 살기 때문에 가진 것에 대한 지나친 욕심을 보이지 않는다. 이들은 가진 것에 집착하기보다는 의미 있는 관계를 통해서 자신의 재능과 타인의 재능을 생산적으로 사용하면서 새로운 것을 창출하는 일에 보람을 느낀다. 또한 이들은 우리가 앞으로 어떤 의미 있는 일을 해낼 수 있을지 가능성 중심으로 사람을 판단한다.

존재론적으로 상대를 대우한다는 것은 나와 상대 모두 정신모형의 감옥에 갇혀 있고 서로의 정신모형 간에는 엄연한 차이가 있다는 점을 인정하는 것이다. 진성리더는 상대와의 차이를 인정하고 이 차이를 통합해서 더 큰 목적을 성취하는 사람이다. 진성리더들이 사명을 구현하기 위해서 사회적자본을 성공적으로 동원하는 비결은 차이와 다양성에 대한 존중에서 시작된다. 이 차이와 다양성을 '우리'라는 관계 속으로 끌어들이고, 공동의 사명을 기반으로 새로운 세계를 만들어 나간다. 이 모든 것이 결국 관계를 존재론적으로 접근할 때 생기는 관계적 투명성 때문이다.

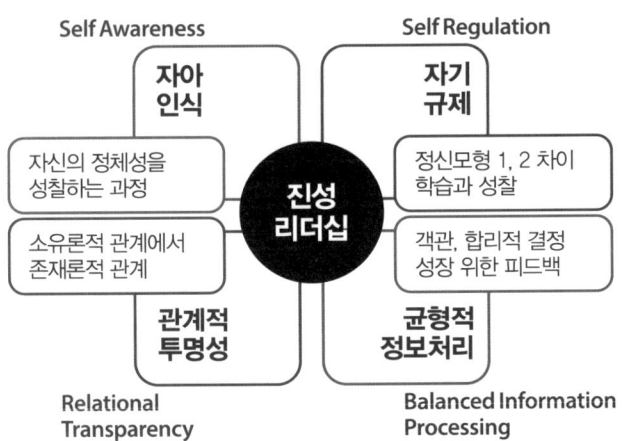

진성리더십의 구성변인(한영수, 2016)

진성리더십의 태반, 긍휼감 Compassion

고통 속에 진리가 숨어 있었다. 긍휼감은 자칫 종교적인 용어로 치부되어 익숙하지 않거나 반감을 가질 수 있는 영어이다. 나 자신도 처음에는 그랬다. 그래서 나의 가치관 중 하나인 긍휼감을 영어로 컴패션 Compassion 으로 표기한 적이 있다. 긍휼감은 다른 사람의 고통을 공감하고 자신의 고통으로 받아들이고, 해결책을 찾기 위해 함께 노력하는 정서적 성향이다. 하지만 개인이 자신의 고통을 해결하지 못하면 문제로 나타날 수 있다. 그러나 고통이 문제로 나타날 때쯤이면 문제를 효과적으로 해결하기에는 너무 늦을 수 있다.

이런 시간상의 압박 때문에 사람들은 종종 문제의 원인인 고통의 수준에서 문제를 해결하기보다는 문제와 동일 수준에서 미봉적으로 해결한다. 근본원인이 해결되지 않은 문제는 시간이 지나면 다시 나타날 가능성이 높다. 문제의 원인인 고통을 이해할 수 있는 안목은 긍휼감을 가진 사람들만 제대로 찾아낼 수 있다.

원인을 제대로 이해하는 사람들만이 문제에 대한 제대로 된 해답을 낼 수 있다. 긍휼감만이 우리를 문제의 근원으로 인도한다. 인간으로서 가장 큰 순수한 고통은 자신의 보호막이 없는 취약하고 가난하고 힘없는 약한 사람들 속에서 볼 수 있다.

특히 소외되고 취약한 공동체의 사람들은 일상에서 고통을 품고 사는 힘없는 소수자들이다. 긍휼감이 없는 사람들이나 기업들은 문제조차도 스스로 정의하지 못하고 따라서 이를 해결할 수 있는 제품이나 서비스를 만들어내지 못할 것이다.

긍휼감은 모든 인간 문제의 근원에 있는 고통을 푸는 열쇠를 쥐고 있다. 문제를 진정으로 이해하고 올바른 솔루션을 제공하는 데 필요한 통찰력을 제공한다. 미래에는 근본적인 원인을 파악하고 정확한 해결책을 제시하는 사람이 진실에 가장 가까운 현명한 사람이 된다.

리더는 협업을 통해 혼자 만들어낼 수 있는 변화보다 더 큰 변화를 일으키는 사람이다. 협업만 동원할 수 있다면 리더의 생각을 토대로 아무 자원이 없어도 변화를 만들어낼 수 있다. 리더가 무에서 유의 기적을 만드는 비밀은 타인의 재능과 능력을 공동의 목적을 위해 동원할 수 있는 협업 능력이다. 협업력은 긍정적 관계를 형성하는 능력이므로 긍휼감과 공감능력에 결정적인 영향을 받는다.

관계와 협업을 동원하는데 결정적인 리더의 긍휼감^{Compassion}과 공감^{Empathy}는 타고난 것일까? 아니면 길러지는 것일까? 이 질문에 답하기 위해 먼저 긍휼감과 공감의 차이를 이해해야 한다. 긍휼감은 'Com'과 'Passion'이 합쳐진 단어다. Com이란 '같이 혹은 함께한다'는 뜻이고 Passion은 '고통'이라는 뜻이다. Compassion이란 '고통을 함께한다'라는 뜻이다. 긍휼감의 학문적 정의에서는 행동 측면이 부각된다. 고통을 이해하고 위로하는 수준을 넘어서 실질적으로 해결하는 혁신적이고 창의적 행동이 일으켜 질 때 긍휼이라는 말을 사용한다.

진성리더십에서 굳이 어느 한쪽의 편을 지지할 수밖에 없는 상황이 오면 긍휼감이 이끄는 방향대로 가장 아픈 사람의 편에 서라고 조언한다. 컴패션Compassion 속에는 나침판Compas이 들어 있어서 한 치 앞도 보이지 않을 때는 긍휼이 이끄는 방향이 진실을 담고 있기 때문이다. 긍휼감은 인간의 7가지 감정인 희로애락애오욕喜怒哀樂愛惡慾과는 구별되는 고차원의 윤리적 정서다.

긍휼감은 공감이나 연민Sympathy과도 구별된다. 공감은 상대의 정서를 이해하는 인지적 수준의 감정이다. 슬픈 영화를 보면 슬픔을 이해하고 슬퍼하지만, 곧바로 웃기는 장면으로 장면이 전환되면 방금 슬퍼했다는 사실을 잊고 웃을 수 있는 능력이다. 공감능력이 있다는 것은 자신에게 주어진 상황이 웃어야 할 상황인지 울어야 할 상황인지를 분별하는 능력이 있음을 의미한다. 공감능력이 없는 사람보다 공감능력이 있는 사람이 고통을 해결하기 위해 동참할 개연성이 높지만, 공감은 일관된 행동에 대한 전제가 없는 단순한 인지적 역량이다. 연민은 공감보다는 더 행동적이다. 상대가 고통스러워하는 모습을 보면 이것을 이해하고 같이 울어주는 공감을 넘어서 상대의 손을 잡아준다. 행동을 함축하고 있지만 연민은 고통의 문제를 근원적으로 해결해주지는 못한다. 문제를 근원적으로 해결하기보다는 결과의 수준에서 아픈 사람에게 진통제를 나눠주거나 상처의 곪은 부분에 반창고를 붙여주는 수준이다. 집이 없어서 비를 맞고 있는 상대에게 비를 피할 수 있는 우산을 나눠주는 수준이다.

긍휼감을 가지고 있다면 우산을 씌워주기 전에 상대가 왜 비를 맞는 고통을 당하고 있는지를 근원적으로 파악하기 위해 같이 비를 맞는다. 원인이 파악되면 공동으로 비를 피하는 방법을 찾아서 행동으로 나서는 것이 긍휼감의 본질이다. 긍휼은 진실의 씨앗을 발아시켜 키워내는 태반이다. 긍휼의 태반에서 품어진 것들은 돌이라도 보석으로 거듭나고, 단순한 지식도 지혜로 거듭나고, 이기적 재능도 현능함으로 거듭난다. 긍휼감은 리더가 세상의 씨앗을 받아들여 진리로 길러내는 태반이어서 세상의 모든 근원적 변화나 혁신적 변화를 추적해보면 대부분 긍휼의 자궁 속에서 태어나고 여기서 키워지고 여기서 자라났다. 지금까지 세상을 바꾼 모든 변화는 누군가의 긍휼의 자궁 속에 변화의 씨앗으로 발아되어 과일나무로 길러진 결과물이다. 한 마디로 긍휼은 진리가 잉태되는 자궁이다.

긍휼감은 가지고 태어난 것일까 아니면 길러질 수 있는 것일까? 긍휼감은 기본적으로 타고난 측면이 상당히 강하게 작용하는 특성이다. 상대의 고통과 감정을 인지적으로 이해하는 공감이나 도움의 손길을 내미는 연민은 타고 나지 않고 훈련을 통해도 충분히 실현해낼 수 있는 정서적 역량이지만 긍휼감은 타고난 측면이 받쳐주지 않는데 배우고 훈련받은 것만 가지고 쉽게 발현되거나 채워질 수 없는 능력이다. 타고난 측면이 강한 특성^{Trait}으로 분류된다. 진성리더$^{Authentic\ Leader}$는 긍휼과 목적의 상호작용을 통해 약속한 변화를 실현한다. 진성리더에게 몸은 긍휼의 태반이고 존재 목적은 이 태반에서 키워지는 정신의 씨앗이다.

진성리더는 존재 목적이라는 씨앗을 자신의 긍휼의 태반에 수태시켜 성숙한 개체로 길러내 목적에 대한 약속을 실현하는 사람이다. 진성리더는 긍휼의 태반에서 자란 것만 목적을 실현시킨 진리로 성장한다는 원리를 안다. 긍휼감의 태반이 없는 리더가 공감이나 위로

등으로 마치 긍휼감이 있는 것처럼 연기할 수는 있으나 자신에게 배태된 씨앗을 진실이 담긴 근원적 변화로 키워내지는 못한다. 긍휼감은 고사하고 공감과 위로 능력조차도 없는 리더가 재능만 가지고 있을 때는 반사회적 인격장애인 소시오패스sociopath의 성향을 소유한 독성 리더가 된다. 긍휼감조차 느낄 수 없는 이런 리더를 추앙하고 있는 사회는 사회적 재앙이 끊이지 않는다.

솔로몬이 현능賢能한 대왕이 될 수 있었던 것도 솔로몬 대왕의 공정성에 대한 판단이 솔로몬을 긍휼의 태반에서 법적 판단을 넘어 공의로움으로 키워졌기 때문이다. 예수가 기독교의 씨앗을 뿌릴 수 있었던 것은 새로운 세상에 대한 통찰력이 예수의 타고난 긍휼의 태반에서 자라났기 때문이다. 총명한 세종이 한글까지 창재 할 수 있었던 것은 세종의 타고난 총명이 긍휼감 속에서 수태되었기 때문이다. 설사 세상의 변화를 이끄는 리더가 아니라도, 긍휼의 태반이 없는 사람에게 진실의 씨앗이 수태되어 이것이 크게 발아되기를 기대하는 것은 낙타가 바늘구멍을 통과하는 것보다 힘들다.

공감이나 위로 수준에 머무는 사람들보다 긍휼의 태반을 가진 사람들이 비교적 사기꾼의 사기행각에 쉽게 현혹되지 않는 이유이다. 긍휼의 태반이 없는 리더가 내뱉는 질책은 구성원에게 칼춤으로 작용하고 리더에게도 부메랑이 되어 돌아온다. 긍휼의 태반이 없는 사람에게 높은 직책을 주면 이들은 공정과 정의라는 이름으로 칼춤을 춰 사회적 참극을 일으킨다. 사회적 참극은 부메랑이 되어 반드시 장본인을 무너뜨린다.

내 몸 안의 성인아이를 일으켜 세우는
자기긍휼감 Self Compassion

　내 몸 안의 성인아이를 일으켜 세우는 자기긍휼감이 있다. 삶에 궁극적 목적이 없는 사람들에게 고난은 그냥 죽느냐 사느냐를 결정하는 단기적 생존의 문제이다. 하지만 삶의 선한 목적을 가진 사람들에게 고난은 목적의 진위에 대한 믿음을 검증받는 축복의 과정이다. 하지만 고난을 생존의 문제로 접근하는 사람들에게는 고난은 가혹하고 처절한 시련이자 저주이다. 목적을 가지고도 고난을 다 이길 수 있는 것은 아니지만 목적에 대한 선한 의도를 분출하는 자신만의 간절한 스토리도 없이 고난으로 가득 찬 삶을 이겨보겠다고 덤비는 일만큼 무모한 도전도 없다. 자신의 생존을 넘어 최소한 사랑하는 혈연적 가족이라도 배불리 먹여 살려야겠다는 세속적 목적이라도 있어야 고난을 잠시라도 멈출 수 있다.

　목적을 창으로 삼아 고난을 극복하는 여정을 시작하면 사람들은 어느 순간 자신 몸 안에도 또 다른 아픈 아이가 있다는 것을 각성한다. 정신분석에는 인간이라면 가지고 있는 내 몸 안의 또 다른 상처가 있는 아픈 아이를 은유적으로 성인아이라고 부른다. 자신 몸 안의 성인아이를 발견하고 체험하는 것을 고통이라고 부른다. 죽는 것은 더 이상 고통을 느끼지 못하는 상태다. 자신의 고통을 제대로 치유한 사람만 생명의 씨앗을 발아시켜서 생명의 나무를 키울 수 있다.

몸 안의 성인아이의 존재를 모르고 사는 사람들은 자신의 성인아이가 종종 다른 사람에게 고통을 준다. 성인아이란 자신이 손수 해결하지 못한 문제들이 축적되어 몸 안의 상처로 자라고 있는 것을 은유한다. 고통의 원천인 성인아이의 존재를 인정하지 못하면 인격을 가진 정상적인 어른으로 성장하지 못한다. 더 큰 문제는 이 성인아이의 고통을 극복하지 못한다면 자신에게 닥친 고난의 문제를 근본적으로 해결하지 못한다. 자신 몸 안에 있는 성인아이에 대한 통찰이 필요하다. 자신 몸 안의 성인아이가 주는 고통을 현실로 인정하는 것이 자기취약성Vulnerability이다. 자기취약성을 인정하고 고통받는 성인아이도 자신으로 인정하고 이 고통을 해결하기 위해 자신을 일으켜 세우는 것이 자기긍휼감이다.

자기긍휼이란 잘나고 재능이 있는 자신만을 편애하는 것을 극복하고 아픈 자신도 자신으로 온전하게 받아들이고 사랑하는 행동이다. 자신에게 숨겨진 가시인 성인아이의 존재를 인정하고 이 성인아이의 고통조차도 자기긍휼로 사랑할 수 있어야 한다. 고난이 존재하지 않았다면 우리는 내면의 성인아이를 발견하지 못했을 것이다. 내면의 성인아이가 주는 고통을 인지하고 긍휼의 사랑으로 치유되지 못했다면 성숙한 인간으로 성장할 방법이 없었다. 지금도 가장 탁월한 문화를 가진 회사는 출중한 실력을 가진 구성원들이 모였음에도 리더를 중심으로 자기취약성을 인정하며 자신들의 고통과 문제를 연대함으로써 치유하고 해결한다. 이러한 사례는 유대감의 공동체 문화를 창출하며 더 혁신적 제품이나 서비스로 이어진다.

이들은 겸양에 근거한 근원적 자신감으로 자만Hubris를 극복하는 원리를 아는 조직이다. 구성원들이 가진 고통을 숨기고 자신의 재능과 잘난 점을 경연시키는 신자유주의 원리에 따라 인적자원을 운용했던 대부분의 회사이다. 자만으로 가득한 경영자를 가진 조직들은 대부분 이카루스Icarus처럼 날개를 밀랍으로 만들어 태양을 향해 날아가다 추락했다. 목적이 없이 추락하는 것는 날개 없이 처참하게 죽음을 향해 추락하는 것을 뜻한다. 언제나 진북을 향하며 떨고 있는 나침반이 존재 목적이라면, 남극을 향하고 있는 나침반은 자기 궁휼이다. 존재 목적과 자기 궁휼은 고장 나지 않은 나침반의 충분조건이다.

진성 최고경영자 영향력의 비밀 '리더십 임재'

노자의 도덕경 17장에 태상부지유지太上不知有之, '존재하지만 드러나지 않는다'라는 말이 있다. '가장 훌륭한 임금은 백성들이 임금이 있다는 것을 느끼지 못하는 것이다'는 뜻이다. 태평성대를 상징하는 요순시대 임재리더십이 실현되었던 시대가 있었다. 노자가 이야기했던 도는 현대의 리더십 용어로 목적에 해당한다. 임금들은 목적이 앞에서 이끌게 하고 자신은 숨어서 목적이 실현되는 플랫폼 국가를 만들었던 것이다. 임재리더십이 작동되는 회사는 이러한 플랫폼의 운동장을 만들어 주고 이 운동장이 만들어낸 성과에 대한 공로는 주인공인 구성원에게 돌려주는 리더십을 말한다. 임재리더십을 발휘하는 리더는 자신을 드러내지 않는다. 대신 자신이 열망하는 존재목적으로 구성원의 마음을 사로잡아 이들을 리더로 세우는 일에 헌신한다. 구성원의 마음속에 살아있는 목적이 자신이 존재하는 임재의 증거인 것이다.

리더가 영향력을 행사하는 최고봉의 상태로 준거적 파워라고 칭한다. 준거적 파워란 리더가 변화를 위해 설파하는 세상에 대한 스토리가 리더 자신뿐 아니라 구성원들 마음속에 심어져서 구성원의 자발적 영향력의 기반을 형성하고 있는 상태를 의미한다. 준거적 파워란 리더가 구성원의 마음 한 가운데 들어가 있는 리더의 임재 Presence 상태를 의미한다. 임재란 구성원이 리더를 존경하여 리더의 생각과 리더 자신을 마음에 담고 있는 상황을 의미한다. 구성원들의 마음에 담긴 리더는 머리에 담긴 리더와 달리 구성원들에게 최고 수준의 자발적 영향력의 근거가 된다.

리더가 구성원의 마음속에 들어가지 못하고 머릿속에만 머물 경우, 구성원들에게 임무를 맡기기 위해서는 이들의 행동을 평가하고 이 평가에 따라 차별적으로 보상할 수 있는 직책과 권한과 재원이 있어야 한다. 리더가 구성원의 마음에 들어가 있을 때만 구성원들의 행동 변화를 일으킨다. 산업화 시대의 경영학에서는 리더가 생각해낸 전략을 구성원들이 잘 집행할 경우 이를 제대로 평가해서 보상하는 방식을 전략적 인사관리라고 명명했다. 전략적 인사관리는 리더의 전략을 구성원의 마음이 아니라 머리에 옮겨놓는 전략이기 때문이다.

자발적 영향력을 가져다주는 이유는 무의식적 동일시를 불러일으켜서 리더가 시키지 않아도 자발적으로 리더와 같은 마음을 가진 것처럼 행동하기 때문이다. 구성원들이 리더의 사명과 성품에 마음을 빼앗기면 리더가 직책이나 권력 보상 등과 무관하게 구성원에게 자발적 영향력을 미칠 수 있다. 구성원의 마음을 장악한 리더는 구성원들을 공동의 목적과 사명으로 임파워먼트시키고 이를 실현하는 일에 협업으로 동원할 수 있다. 협업을 통해 목적을 실현시킨다면 리더는 구성원들에게 과거에 한 약속을 미래에서 지켜낸 사람이 된다. 리더가 구성원의 마음속에 들어가 있는 상태인 준거적 파워가 형성된다면 리더가 미치는 영향력은 절대적 영향력이다. 또한 리더가 눈앞에 있지 않아도 영향력을 발휘한다. 설사 리더가 세상을 떠나도 리더가 마음속에 임재해서 영향력을 행사한다.

초연결, 초지능 디지털시대인 현재는 산업화시대의 전유물이었던 전문적 지식을 구글의 Bard나 챗GPT, 유튜브 등의 SNS를 통해 쉽게 소싱할 수 있다. 전문적 지식을 구성원의 머리에 집어넣어서 영향력을 발휘할 수 있는 시대는 이미 역사 속으로 사라졌다. 아이러니하게도 전략적 인사관리는 제대로 된 리더십의 본질인 준거적 파워를 회사에서 밀어낸 장본인이다. 연예인들이나 가수들이 팬들에게 영향력을 행사하는 기반도 따지고 보면 준거적 파워이다. 가수나 연예인들의 재능과 매력이 팬들의 마음을 사로잡아 마음속에 머무르고 있기 때문에 가수나 연예인들은 팬들의 마음을 볼모로 잡아 팬들에게 막강한 영향력을 행사한다.

아직 성숙하게 인격을 형성하지 못한 10대들이 가수나 연예인들에게 마음을 빼앗겼을 경우 이 영향력은 더 절대적이다. 하지만 가수나 연예인들이 휘두르는 영향력은 어디까지나 사적 영향력이다. 가수나 연예인의 개인의 타고난 재능이나 끼나 외모 혹은 연기력에 대한 매력에 마음이 빼앗긴 상태 때문에 영향력을 미치는 것이어서 연예인이나 가수 개인을 넘어서 세상의 변화에 영향을 미치는 것은 아니다. 제대로 된 리더는 사명과 비전을 구성원의 마음에 심어서 사회에 광범위하게 좋은 영향력을 미치는 사회적 준거파워를 형성한다.

임재란 나의 되어감Becoming의 완성된 정도인 존재감Being의 상태를 결정한다. 존재감이 지속되지 못하는 이유는 되어감이라는 성숙의 과정을 통해 일관된 모습으로 무르익지 못했기 때문이다. 예를 들어 내가 평소 사람들에게 미치는 임재의 가치를 과일에 비유한다면 이 과일은 하루아침에 만들어지지 않는다. 존재감이란 내 삶에 대한 존재 목적을 세우고 이 존재 목적을 내 삶의 터전에 씨앗으로 심어서 과일나무로 길러내고 여기서 얻은 품성의 과일이다. 오랫동안 내 일을 통해서 사람들에게 전달된 성과에 내 자신의 존재 이유를 담고 있는 철학이 없었다면 존재감이란 순간의 일장춘몽이다.

존재 목적에 대한 철학이 씨앗으로 뿌려져 과일나무로 자라고 이 과일 맛 속에 담겨진 삶이 품성이라는 브랜드다. 삶을 관통하는 일관된 존재 목적에 대한 씨앗이 없는 사람이 존재감 넘치는 품성의 브랜드를 만드는 것은 낙타가 바늘구멍을 통과하는 것과 같다. 브랜드는 나의 운명을 결정하는 스폰서들이 내가 없는 사이에 내가 만든 존재 목적의 철학을 마음의 씨앗으로 받아들여 나의 임재를 느끼는 정도를 의미한다. 나의 브랜드 가치는 나의 운명에 직간접적으로 관여하는 스폰서들 마음속에 내가 어떤 맛을 가진 열매로 기억되는지의 문제다. 존재 목적 없이 살았던 사람이 자신의 임재를 결정하는 마지막 순간에 연기로 스폰서의 마음을 운 좋게 사로잡았어도 스폰서들은 내가 제공한 품성의 과일이 정작 상자를 열어보면 상한 과일이라는 것을 순간에 알아차린다. 다음 라운드에서 내 임재의 크기를 결정해 주는 사람들에게 내가 썩은 과일이라는 사실을 알려진다. 썩은 과일이 다른 과일을 썩게 만들기 때문에 위험을 경고하기 위함이다.

　이런 일은 항상 내가 없는 사이에 스폰서들 사이에 임재의 형태로 발생한다. 결국 한 번의 잘못된 포장이나 연기가 내 삶에서 성공을 영원히 뺏어가는 사건이 되는 것이다. 세상에 대한 개입이 끝나는 죽음의 순간에도 사람들 마음속에 내 존재의 여운인 임재를 느낄 수 있게 할 수 있다면 아마도 우리는 최고 브랜드의 삶을 산 사람으로 영원히 회자될 것이다. 이 리더의 삶은 존재감이라는 보통명사를 넘어 영원히 대체 불가능한 존재 자체의 고유명사로 칭송될 것이다.

제7장

목적 중심 경영과 ESG 경영의 관계는?

왜 갑자기 ESG 경영인가?

요즘 대한민국 사회와 기업에서 ESG를 모르면 안 될 것 같은 분위기다. 이러한 갑작스러운 열풍의 핵심적인 내용은 무엇일까? 우리 기업도 이에 따라가지 않으면 안 될 것 같은 분위기다. 더 중요한 것은 '지금 왜 ESG인가?'이다.

여기서 ESG는 환경Environment, 사회Society, 지배구조Governance를 의미한다. 탄소배출로 인한 지구온난화는 기업들에게 오늘 내일의 문제가 아니다. 이제는 이것이 기업에게 현실적인 리스크로 다가왔기 때문이다. 2006년 UN 산하에 자산 100조 달러한화 11경 6천조 원규모의 PRIA사회책임투자원칙협회가 설립되었고 여기에 블랙록의 레리 핑크 회장을 비롯하여 3천 개의 투자자들이 서명을 했다. 우리나라의 국민연금공단도 여기에 속한다. 세계 굴지의 투자자들이 이를 지키지 않는 기업들을 무임승차로 보고 페널티를 부가하기로 결정했기 때문이다. 그리고 비재무 분야인 ESG 지표가 낮은 기업에게는 투자를 하지 않겠다는 것이다.

기업들은 지구온난화에는 관심이 없다. 단지 자신 기업의 존속을 좌지우지하는 투자자들의 압력이 무서울 따름이다. 벌써 국내에서는 이러한 리스크를 피하려는 회사들에게 언론기관이나 회계회사, 로펌, 등이 CEO교육과정을 개설하고 홍보하며 난리법석이다. ESG의 본질과도 거리가 먼 한국식 대책이다. 진정한 ESG란 그동안 기업에서 중요시하지 않았던 기후변화에 대응하기 위한 자원 절약이나, 재활용, 청정기술, 스마트에너지 등 환경이 착취의 수단이 아니라 공존해야만 하는 관계로 설정한 것이다.

또한 다양한 사회구성원들을 사회적 약자 보호, 노동환경의 개선, 사회적 안전망, 고용 평등에 관한 것으로 고객을 존중하고 경쟁사를 적이 아니라 사회를 건전하게만들 수 있는 스파링 파트너로 생각하는 것을 의미한다. 마지막으로 거버넌스는 회사는 주주나 경영진은 투명한 기업운영과 법적 윤리 준수, 구성원들에게도 민주적 절차에 의하여 의사결정에 참여시키자는 것이다.

ESG 경영이란 회사의 존재 이유인 진성성 있는 목적의 실현을 위하여 자연환경의 문제^E, 다양한 사회적 구성원과 공존하기 위한 사회적 환경^{S}과 회사안의 문화적 환경을 설계하고 실현하는 것^{G}이다. 기업은 이의 실현을 통해 시대에 맞게 공진화시켜나가는 것을 의미한다. 현실적으로 기업에 있어서는 ESG는 비재무 성과지표에 불과하다. 그동안에는 단기적 성과의 압박을 받는 경영자나 기업들이 여기에 관심을 갖기란 어려운 일이었다.

하지만 이제는 지속가능한 경영을 유지하기 위한 도구로 선택이 아닌 필수이며 변수가 아닌 상수가 되었다. ESG 경영은 기업이 사회적 책임을 다하고 지속가능성을 강조하는 중요한 경영원칙이지만, 일부 기업에서는 이를 자발적이거나 사회적 책임으로서보다는 PR 목적으로만 채택하는 경우가 있다. 이러한 행동은 'ESG Washing' 또는 'Green washing'이라 한다. 이는 별도의 소제목으로 좀 더 자세히 다루겠다.

2013~2015년 ESG보고서에 의하면 ESG와 같은 비재무 분야의 성과가 높은 기업이 회사의 가치평가와 수익성이 높은 것으로 나타났다. 또한 Standard and Poors의 보고서에 의하면 2002년에서 2012년까지 10년간의 전통적인 전략적 경영을 한 기업의 이익률은 4.12%에 불과했지만, ESG를 포함한 목적 경영을 한 기업의 이익률은 13.1%로 나타났다.

2차 세계대전 이후 미국의 전경련에 해당하는 BRT$^{Business\ Round\ Table}$는 밀턴 프리드먼이 과거에 주장했던 신자유주의 기업이념인 "기업의 유일한 책임은 자신의 자원을 이용하여 주주가치의 극대화하는 것이다"를 기업의 사명으로 정의하였다. 그러던 BRT가 2019년 8월19일 총회에서 새 회장으로 취임한 JP모건의 제이미 다이먼 회장은 그의 수락 연설에서 기업의 역할과 사명을 밀턴이 주장하던 주주자본주의, 신자유주의의 종말을 고하며 이렇게 말했다. "기업은 사회적 목적의 실현을 통하여 의미와 존엄의 삶을 이끌어야 한다." 기업의 사명을 바꾸어 정의했고 181명의 CEO가 서명했다. 이는 신자유주의의 사망선고와 목적 경영 시대의 도래를 선언한 것이다. 기업다운 기업이란 기업 고유의 진정성 있는 목적을 실현함으로써 이윤을 따라오게 한다는 것으로 기업이념을 바꾼 것이다. 목적 경영이란 회사의 주인이 주주가 아니라 목적이 회사의 모든 경영의 최고 결정권자로 작동하는 경영을 의미하는 것이다.

ESG도 고객과 경쟁자, 경영진, 주주를 넘어서 자연, 사회, 구성원을 포함한 생태계로 확장해서 공진화를 할 수 있는 기업의 존재 이유를 찾는 목적 경영을 달성하기 위한 비전 운동이다. 2차 세계대전 이후 수십 년 동안 목적지향기업은 이상에 불과했다. 하지만 최근에는 목적이 성과를 높일 수 있다는 사고가 점점 설득력을 얻고 있다. 여러 설문조사에서도 경영자들의 80%가 기업의 성장과 성공은 이익과 목적 사이에 균형이 필요하며 직원들의 개인적 목적의식에 권한을 위임하고 그들에게 목적 중심적인 업무를 할 기회를 부여하는 것이 조직의 시너지를 낼 수 있다고 했다.

세상이 목적의 필요성이 점점 명확해지는 방향으로 변하고 있다. 사람들의 기대치도 병행하고 있다. 세계인구의 73%가 기업이 우리 시대의 빅 이슈를 해결해주길 기대한다. 밀레니얼 시대의 MZ세대는 신자유주의보다는 사회주의를 선호한다는 조사 결과도 있다. 의미와 목적의식을 중요시하는 일자리를 적극적으로 찾고 있다.

기업과 일반 대중의 신뢰 격차는 점점 커지고 있다. 30%가 넘는 직원들은 고용주를 신뢰하지 않는다. 일반 대중도 기업을 신뢰하지 않는 경우가 대부분이다. 대부분의 기업은 목적을 사업에 통합하는 데 어려움을 겪고 있다. 많은 기업이 목적이 명확하게 정의되지 않고 전략과도 연결되지도 않고 구성원들도 그것을 이해하지 못하고 있다. 이렇듯 목적이 없거나 불분명한 회사가 EGG경영에 도전할 경우 ESG Washing으로 끝날 것이고, 회사는 더욱 방향을 잃고 착한회사 코스프레에 빠지게 될 것이다. 목적 경영에 대한 역사와 문화가 없는 국내기업들은 엄청난 비용만 낭비하고 무너질 것이고 ESG가 기회가 아니라 위기가 될 것이다. 진정으로 우리 사회에 아름다운 문화적 족적을 남길 수 있는 100년 기업의 경영자로 남고 싶다면 다음을 주목해보자.

우리 회사가 지금 당장 없어진다면 동일업종의 경쟁업체 하나가 없어진 것 외에는 세상에 아무 일도 일어나지 않는다면 우리 회사는 목적 경영과 EGG경영과는 거리가 멀다고 말할 수 있다. 하지만 우리 회사가 당장 없어짐으로써 환경과 사회가 고객까지도 고통을 받게 된다면 우리 회사는 진정성 있는 존재감이 있는 목적 경영 회사가 분명하다. ESG 경영에 앞서 우리 회사가 왜 존재해야만 하는가? 회사의 정체성인 진성성 있는 회사의 목적을 찾는 것이 우선일 것이다. ESG는 시대가 요구하는 목적 경영의 비전을 달성하기 위한 필요조건에 불과하며 회사의 목적이 ESG 경영의 충분조건이라는 것을 알게 될 것이다.

가장 바람직한 방법은 목적 중심 경영과 ESG 경영을 동시에 실현할 수 있는 방법으로 목적 중심 경영에서 환경, 사회, 지배구조[ESG]를 비전으로 설정하는 것이다. 사실 많은 기업들이 목적 중심 경영과 ESG를 통합하여 지속가능한 비즈니스 모델을 구축하려고 노력하고 있다. 이러한 통합은 기업의 목적과 가치를 더욱 강조하면서 비전을 달성함과 동시에 사회적 책임을 다할 수 있는 두 마리 토끼를 다 잡을 수 있다. 이러한 경영 방법은 목적과 이익을 조화시키고 ESG 원칙을 준수할 수 있는 바람직한 방법이다.

목적 중심 경영과 ESG 경영의 관계

강한 기업이 살아남는 것이 아니라 살아남는 기업이 강한 기업이라는 말이 유행한 적이 있다. 이때는 잘나가던 산업사회 시대에서 시대 흐름의 변화나 경영전략의 부재로 망한 노키아나 코닥, 소니 등을 두고 비아냥거리듯이 한 말들이다. 하지만 이제는 지구가 초연결되어 미래를 전혀 예측할 수 없는 초뷰카 시대가 되었다. 지구가 멸망하고 나서는 어떠한 사업도 불가능하다. 경영자라면 누구나 100년 기업처럼 지속가능한 기업을 꿈꾼다.

ESG^{Environment, Society, Governance} 즉 지구와 사회, 거버넌스 운동을 뜻하며 기업의 지속가능성을 위해서는 지금까지 의도적으로 외면했던 지구와 사회공동체, 종업원을 가족의 구성원으로 포함하자는 운동이다. 지구가 멸망했는데 기업이 살아남을 수 없고, 고객이 사는 사회공동체가 없어졌는데 기업이 존재할 수 없으며, 종업원 없이 경영진과 주주만 살아남을 수 없다는 주장이다. 이제는 이들의 아픔을 인정하고 치유해서 이들과 더불어 공존, 공생, 공영의 삶을 살자는 의미의 선한 혁신운동이다.

한때 '우리 아빠가 북극곰을 살리고 지구를 지킨다'는 TV광고에 깊이 공감되고 가슴이 뛰어서 그 회사 홈페이지를 방문해 본 적이 있다. 하지만 그 회사는 그런 회사가 아니고 광고회사의 멋진 문구에 불과하다는 것을 아는 순간 실망한 적이 있다. 만약에 그 회사가 광고와 같은 목적과 철학으로 경영했더라면 하는 아쉬움이 아직도 남아있다. 그런데 광고가 아니라 실제로 지구를 구하겠다는 전사를 자칭해 행동으로 나선 세계적 금융투자회사가 있다. 블랙록이다. 7조 4,300억 달러가 넘는 세계 최고의 자산운용사 블랙록의 대표이사 래리 핑크는 매년 초 투자를 받는 회사로서는 무거운 압력으로 다가올 수 있는 투자 방향을 담은 주주서한을 보낸다.

이 서한 내용에서 가장 많이 등장하는 단어가 거버넌스, 이해관계자, 목적이었다. 2019년 서한에서는 "기업은 목적을 수용하고 다양한 이해관계자의 요구를 고려하지 않고는 장기적 이익을 달성할 수 없다"고 적혀 있었다. 경영에서 목적과 이윤은 불가분의 관계로 규정하고 목적을 통해 이윤을 창출하는 회사만 사회적으로 이바지하는 회사라고 규정한다. 2019년 초에 래리 핑크가 주주서한을 보낸 지 8개월 후, 미국의 전경련[BRT]의 총회에서 회장인 JP모건 제이미 다이먼은 회장 수락 연설에서 그 내용을 기업의 사명으로 그대로 복제해 선언했다. 신자유주의의 사망선고를 선언한 것이다. 목적 중심 경영의 서막을 선언한 것이다. 블랙록의 지분으로 표결에 참여한 한국기업의 수가 27개사나 되며 5% 이상 지분을 보유한 한국기업이 11개사나 된다.

ESG 경영의 방점은 기업의 지속가능성을 평가하는데 기존의 재무적 측면을 넘어 환경, 사회, 지배구조라는 비재무적 지표를 고려하겠다는 것이다. 하지만 이러한 선한 의도와는 달리 이를 수치로 입증해야 하는 경영자 관점에서 ESG를 바라보는 시각은 다를 수 있다. 이 숫자가 또 다른 성과지표 압력으로 다가올 것이다. 특히 신자유주의에 익숙한 대한민국의 기업들은 투자자의 압력으로, 정부의 규제로, 경쟁사와의 경쟁 때문에, 평가기관의 평가 때문에 하는 것이지 ESG 본연의 목적인 지속가능성 때문에 하는 것은 아닐 것이다. ESG를 해야 할 목적과 이유를 찾지 못하고 불이익을 당하지 않기 위해서 하게 된다면 규제를 피하려고 엄청난 재원만 낭비하게 될 것이다.

하지만 목적 중심기업은 회사가 기업생태계에서 존재해야 하는 목적과 사명을 분명히 하고, ESG는 이를 실현하기 위한 도구로 이용한다. ESG 자체가 목적이 될 수 없다. 회사가 사회에 약속한 목적과 사명을 실현하는 수단일 뿐이다. 참으로 안타까운 것은 ESG에 열을 올리고 있는 대한민국 기업들은 진정성 있는 회사의 목적과 사명이 없이 홈페이지만 존재하는 기업들이 대부분이다. 이러한 현실에서 추진하는 ESG는 의도와는 전혀 다른 ESG 포장회사로 될 가능성이 높다. ESG가 주주들의 헌신만을 동원하고 다른 이해관계자들의 사회적 헌신을 동원하는 데 실패한다면, 좋은 의미로 시작했어도 실패할 가능성이 높다.

사회적 헌신을 동원하기 위해서도 결국 회사가 세상에 존재해야 하는 이유인 '목적'으로 자신의 회사를 통해 ESG를 해야만 하는 이유를 정당화시킬 수 있어야 한다. 세계적으로 인정받고 있는 파타고니아, 바디샵, 러쉬, 닥터 브로너스, 벤 앤 제리스와 같은 목적 중심 경영 기업이 주목받고 있는 것은 투자자중심의 투자 리스크에 초점을 맞추는 것이 아니라 목적 중심으로 사회적 헌신을 동원하는 행동주의 성향 때문일 것이다. ESG는 회사의 존재 이유인 목적을 찾고 이를 달성하기 위한 비전이나 도구로 활용할 때만이 성공할 수 있다.

대한민국 ESG 운동, 바르게 가고 있는가?

ESG운동은 "기업은 이익을 창출하기 위하여 상처를 내고 아프게 한 자연과 사회공동체, 구성원을 온전한 주인으로서의 긍휼감을 가지고 치유해 주어야 한다"는 것이 본질이다. 최근 국내에서 기업과 관공서에서 ESG열풍이 거세다. 본래의 의도와는 달리 열풍을 넘어 쓰나미 수준으로 배가 산으로 향하고 있는 것은 아닌가? 2022년 대한민국 대기업 오너들의 신년사 키워드 역시 ESG혁신이다. ESG경영의 선두 주자인 SK그룹은 "경제적 가치와 사회적 가치를 동시에 추구하며 ESG 경영실천을 가속화 해 나가자"를 슬로건으로 내세웠다. 삼성전자는 "ESG를 선도해 기업의 지속성을 강화하자." LG이노텍은 "안전을 최우선의 핵심가치로 행복한 터전을 만들자"를 내걸고 있다. 과연 이들이 ESG를 올바로 이해하고 있는지 의문이 든다.

이러한 키워드와 문장은 ESG에 대한 진정성과 거버넌스의 주체인 기업의 철학이나 왜 ESG 경영을 해야 하는지에 대한 철학과 진정성이 전혀 느껴지지 않는다. 사회적 압력에 밀려서 하지 않으면 안 될 것 같은 영혼 없는 슬로건으로 느껴진다. 게다가 ESG의 전문성이나 철학적 이해가 전무한 것으로 보이는 언론사들, 로펌, 회계회사, 경영컨설팅 회사들은 이 기회를 놓치지 않고 국내에 처음

ISO인증제도가 도입될 때와 같이 ESG전문가, 컨설턴트 양성을 운운하며 여기에 편승해서 돈벌이 수단으로 우후죽순처럼 생기는 것은 심히 우려된다. 이러한 단체들이 겨냥하는 것은 ESG에서 문제가 될 수 있는 회사의 위험관리 차원에서 ESG에서 높은 점수를 올리기 위한 쪽집게 과외를 해주겠다는 것이다. ESG는 평가를 통한 줄 세우기가 목적이 아니다. ESG의 본질과는 상관없는 포장만 그럴듯하게 꾸미는 무늬만 ESG를 조장하고 있다.

아직 글로벌 평가의 기준이 만들어지지 않은 시점에서 K ESG 평가지표는 글로벌 평가기준이 나온다면 물거품이고 K ESG 평가지표는 존재 이유가 사라진다. ESG는 최근에 등장한 개념이 아니다. 2005년 유엔 코피 아난 사무총장이 최초로 주창했지만 관심을 받지 못하다가 2008년 금융위기 이후 주주의 탐욕에 대한 사회적 비난이 거세지자 이를 방어하기 위하여 다시 등장한 것이다. 2006년 UN 산하에 PRIA^{사회투자원칙협회}가 설립되고 자산 8조 이상을 운용하는 최대 투자회사 블랙록$^{Black\ Rock}$의 래리 핑크 회장이 중심이 되어 가세하며 힘을 실어주면서 세계적으로 ESG 광풍이 불고 있다. 그는 구체적으로 "이익의 25% 이상을 석탄으로 소비하는 기업에는 투자하지 않겠다"고 경고했다.

기업이 기존의 재무적 평가를 넘어 환경과 사회, 지배구조라는 비재무적 측면을 높이겠다는 선한 의도가 지속될 개연성은 높지 않다. 경쟁사가 하고 있기 때문에, 사회적 압력 때문에, 불이익을 받지 않기 위하여 진행하고 있지만 이것이 또 다른 KPI^{성과지표}까지 추가되면 결국 ESG의 본래 의도와 달리 사회적 압력과 규제와 강제를 피하기 위한 ESG 홍보활동에만 몰입하게 되어 엄청난 회사의 재원만 낭비하게 될 것이다. 그동안 기업의 이윤추구에만 열을 올렸던 기업들이 과연 얼마나 진정성을 가지고 ESG를 실천할지도 의문이다.

ESG운동은 "기업이 이익을 창출하기 위하여 상처를 내고 아프게 한 자연과 사회공동체, 구성원을 온전한 주인으로 긍휼감을 가지고 치유해 주어야 한다"는 것이 본질이다. 기업은 제품을 만들기 위해서 재료를 자연환경에서 공급을 받는다. 이렇게 산출된 재화와 서비스를 사회구성원에게 제공하여 가치를 창출한다. 이 과정에서 기업 내부 구성원들 간의 민주적 의사결정의 구조가 중요한 이슈이다. 그동안 기업과 자연환경과의 관계는 환경을 정복하고, 착취하는 관계였으며, 사회환경과의 관계는 상대를 재무적 성과를 올리기 위한 도구로 이용했다. 또한 내부 경영진과 종업원의 관계도 계약적으로 주인과 대리인의 관계였다.

그러나 ESG의 본질은 환경과는 착취관계가 아니고 공존하는 관계이며, 사회와는 재무적 이익을 넘어서는 공생하는 관계이고, 종업원과는 공영의 관계로 재정립하여 생태계의 공진화를 도모하는 관계로 정의하자는 운동이다. 공존^{Environment}, 공생^{Society}, 공영^{Governance}의 생태계 공진화 문제를 해결하기 위해서 가장 중요한 문제는 거버넌스다. 기업이 이 생태계에서 어떻게 기여할 수 있을지에 관하여 자신의 존재 이유를 설명할 수 있어야 하며, 존재의 목적과 사명을 각성할 수 있어야 한다. 기업은 이 세 가지 공존, 공생, 공영 간의 갈등과 분쟁이 있을 때 가장 높은 수준에서 중재하고 결정할 수 있는 것이 바로 회사의 존재 이유인 목적에 대한 가치이다.

진정성 있는 ESG 경영은 가능할까? 기업이 설정한 사명, 철학, 목적에 수단으로 최적화되어 제대로 기여할 수 있다면 가능하다. ESG는 각 기업이 자신의 존재 이유를 달성하려는 목적함수에 대한 변수일 뿐이다. 목적이 분명하지 않은 기업들에게 ESG는 그 자체로 목적으로 인식될 것이다. 지금 당장은 ESG를 자신 기업의 목적과 사명과 철학에 맥락화하는 일에 시간을 쏟아야 할 것이다. 목적과 사명이 없는 기업들에게 ESG는 경쟁력이 아닌 사업의 라이센스를 얻기 위한 비싼 경비만 감당하고 경쟁력도 키우지 못하고 무너질 것이다. 이런 기업에게 ESG 투자는 밑 빠진 독에 물 붓기일 뿐이다.

지금까지 기업의 사회적 책임CSR과, ESG가 성공할 수 없었던 것은 회사가 목적에 대한 믿음 없이 있는 것처럼 연기했기 때문이다. 진정성 있는 목적이 없는 회사가 ESG를 도입할 경우 반드시 홍보 활동으로 귀결된다. 진정성 있는 존재 목적이 있는 회사만이 다양한 이해관계자들의 신뢰자본을 동원할 수 있고 존경받고 사랑받는 기업으로 지속가능한 회사로 발전한다. 최근 국내 플랫폼기업들의 갑질로 시끄러웠다. 이 회사들은 환경과 사회, 거버넌스를 공진화할 수 있는 진정성 있는 경영철학과 존재의 목적이 없이 오로지 자신들의 이익성과에만 급급해하는 회사들이다. 초연결, 플랫폼 사회의 본질도 이해하지 못하는 안타까운 탐욕의 공룡기업이기 때문이다.

다행히 최근 재무지표가 아닌 ESG지표가 높은 회사들이 지속적인 성과가 높다는 연구 결과가 속속 밝혀지고 있다. 대한민국이 ESG를 성공적으로 도입하기 위해서는 다음과 같은 기업의 실천이 필요하다.

첫째, 기업은 생태계에 존재해야만 하는 진정성 있는 목적과 사명이 있어야 한다. ESG 그 자체가 목적이 될 수 없다. ESG는 고객과 사회에 약속한 기업생태계에 존재해야 하는 목적과 사명을 실현하는 수단일 뿐이다. 회사의 사명과 목적이 홈페이지에만 존재해서는 안 되고 조직공동체 마음에 내재되어 있어야 한다.

둘째, 주주만이 아니라 다양한 이해관계자(고객, 주주, 종업원, 공동체, 협력사, 자연)들의 사회적 헌신을 성공적으로 동원해야 한다. 사회적 헌신을 동원하기 위해서는 회사가 세상에 존재하는 이유인 목적으로 ESG를 정당화 시켜야 한다.

셋째, ESG의 성공 여부는 거버넌스Governance에 달려있다. 하지만 ESG에 해당하는 환경, 사회, 거버넌스 중 가장 객관적인 척도가 가능한 탄소배출과 관련한 자연환경에만 모든 관심을 집중하는 과정에서 거버넌스와 사회 영역에서의 문제를 E의 점수를 부풀려 그린워싱하는 기업들이 속속들이 등장하기 시작했다. 가장 힘 있는 정치인와 자산운용사가 양공작전에 나서고 있다. 기업 스스로가 존재 이유를 찾고 온전한 주인이 되어 그동안 이윤추구를 위해서 자신들이 상처를 주고 아프게 한 생태계, 공동체, 구성원을 치유하고 공동의 생태계의 주인으로 나서야 한다. 아직도 민주화되지 못한 지배구조, 경영자만 주인인 회사가 자연과 공동체 구성원을 치유한다고 나서다면 그들의 사욕을 위한 연기와 워싱Washing일 뿐이다. 결국 거버넌스를 구현하지 못하는 기업이 실현하고자 하는 ESG는 반드시 실패로 끝날 것이다. 회사의 목적과 사명으로 연계된 ESG만이 회사의 브랜드파워로 설 수 있다.

ESG 워싱WASHING / Green 워싱WASHING

블랙록을 이끄는 래리 핑크 회장을 필두로 'ESG지표가 낮은 기업에는 투자하지 않겠다'는 세계적인 투자자 그룹의 사회적 압력으로 시작한 ESG 경영이 사회적 화두가 된 지 오래다. 대한민국도 예외가 아니다. ESG 경영은 기업의 지속가능성을 높이기 위한 경영활동으로, 기업의 환경적, 사회적, 지배구조적 책임을 다하는 것을 의미한다. 하지만 왜 ESG를 해야 하는지 진정으로 모른다면 별다른 효력이 없다. 기업이 환경Environment, 사회Social, 지배구조Governance 경영을 하는 것처럼 친환경을 내세우지만, 실제로는 친환경 경영에 대한 진정성을 훼손하고 소비자와 투자자의 신뢰를 떨어뜨리는 헛발질을 한다. 이것을 ESG 워싱 또는 그린워싱Green washing이라 한다.

ESG 워싱은 단순한 사회공헌 활동을 ESG 경영으로 홍보하는 경우이며 기업이 환경 보호나 사회공헌 활동을 한다고 홍보하지만, 이러한 활동이 기업의 본업과 직접적인 연관이 없거나, ESG 경영의 세부 기준을 충족하지 못하는 경우이다. 또한 환경이나 사회에 미치는 부정적인 영향을 숨기는 경우로 기업이 환경 오염이나 인권침해 등의 부정적인 영향을 숨기고, ESG 경영을 한다고 홍보하는 경우이다. 더 심한 경우, ESG 경영의 기준을 부풀려 홍보하는 경우로 기업이 ESG 경영의 기준을 충족하지 못함에도 불구하고, 마치 기준을 충족하는 것처럼 허위 보고나 홍보한다.

ESG 워싱은 기업의 ESG 경영에 대한 소비자의 신뢰를 떨어뜨리고, ESG 투자 시장의 질서를 교란할 수 있는 문제이다. 따라서 기업의 ESG 경영에 대한 투명한 정보 공개와 소비자의 ESG에 대한 교육과 이해증진을 위한 활동이 필요하다. ESG 경영은 기업의 지속가능성을 높이기 위한 중요한 경영활동이지만, ESG 워싱으로 인해 기업의 ESG 경영에 대한 소비자의 신뢰가 떨어지면, ESG 투자 시장의 질서가 교란되고, 기업의 ESG 경영 노력이 무색해질 수 있다. ESG 워싱 사례는 너무 많다. 2015년 독일의 자동차 제조업체 폭스바겐Volkswagen이 배기가스 미션을 조작하여 환경 규제를 피했다는 사실이 드러났다. 이 사건은 폭스바겐이 환경친화적인 이미지를 홍보하면서 실제로는 환경 관련 규제를 위반하고 있었던 대표적인 사례이다. 독일의 국격까지도 실추되었다. 미국의 바이오테크 기업 테라노스Theranos는 자사의 혈액 검사 기술을 통해 건강 진단을 더 빠르고 저렴하게 제공한다고 주장하였으나, 이러한 주장이 거짓이었다. 회사는 환자 데이터의 정확성과 신뢰성을 위배하였으며, 이 또한 ESG 워싱이다. 미국의 은행 웰스파고Wells Fargo는 고객들의 동의 없이 은행 계좌를 개설하고 이를 통해 판매 목표를 달성하려는 노력을 기록하였다. 이러한 행위는 기업의 윤리적 원칙과 환경, 사회, 지배구조 측면에서의 책임을 무시한 ESG 워싱 사례이다. 녹색에너지 기업을 위장한 일부 에너지 기업은 녹색에너지와 환경친화적인 이미지를 구축하기 위해 녹색에너지 프로젝트에 투자하고 있음에도 불구하고 여전히 화석 연료와 연관되어 있다. 이러한 기업은 환경적 책임을 내세우지만 실제로는 환경오염을 일으키는 활동을 계속하고 있는 것으로 비판받고 있다.

국내에서도 ESG 워싱 사례는 많다. 한국의 대표적인 전력회사는 2021년 5억 달러 규모의 그린 채권을 발행하였다. 국제에너지기구 IEEFA는 이 채권은 친환경 에너지 사업에 사용될 예정이라고 홍보되었지만, 실제로는 베트남과 인도네시아의 석탄발전소에 투자되었다. 이는 ESG 기준에 부합하지 않는 투자로, ESG 워싱 논란을 불러일으켰다. 또한 한국의 A화장품 회사는 2022년 3월, 종이 용기를 적용한 화장품을 출시했다. 이 제품은 종이 용기를 사용해 친환경적이라는 점을 강조하며 홍보되었지만 실제로는 플라스틱 용기를 종이로 감싼 것으로 밝혀졌다. 이는 소비자를 기만하는 행위이다. 또한 한 제지 회사는 2022년 6월, 재생 종이를 사용한 제지로 환경을 보호하겠다고 홍보했다. 그러나 환경운동연합에 의하면 실제로는 재생 종이 사용 비율이 10% 미만인 것으로 밝혀졌다.

한국의 B그룹은 2022년 3월, "ESG 2030"이라는 비전을 발표하고, 2030년까지 탄소배출량을 2019년 대비 50% 감축하겠다고 약속했다. 그러나 B그룹은 석탄화력발전 사업에 꾸준히 투자해왔으며, 2022년 기준으로 석탄화력발전소 10기의 지분을 보유하고 있다. 이는 B그룹의 ESG 경영이 실질적인 감축 노력과 괴리된다는 비판을 받았다.

C전자는 2022년 10월, "RE100"에 가입하고, 2025년까지 재생에너지로 전환하겠다고 약속했다. 하지만 C전자는 2022년 기준으로 재생에너지 사용 비중이 1.5%에 불과하다. 이는 C전자의 RE100 가입이 단순한 이미지 홍보에 그칠 것이라는 우려를 불러일으켰다. L전자는 2022년 7월, "2040년 탄소중립"을 선언하고, 2030년까지 탄소배출량을 2020년 대비 50% 감축하겠다고 약속했다. 그러나 L전자는 2022년 기준으로 화학 사업 부문에서 탄소 배출량이 전체의 40%를 차지하고 있다. 이는 L전자의 탄소중립 선언이 화학 사업 부문에서 소홀할 수 있다는 우려를 받았다.

W생명은 2021년 ESG 보고서를 통해 "2050년까지 탄소 배출량을 제로로 줄이겠다"고 발표했다. 그러나 환경운동연합은 W생명의 자회사인 W에너지는 석탄화력발전소를 운영하고 있어, W생명의 탄소 배출량은 2022년 기준으로 2050년 목표치의 5배에 달하는 것으로 알려졌다. R그룹은 2022년 7월 ESG 보고서를 통해 "2030년까지 플라스틱 사용량을 30% 줄이겠다"고 발표했다. 그러나 R그룹은 플라스틱 포장재 사용량이 매년 증가하고 있어, 목표 달성에 대한 실효성에 대한 의문이 제기되고 있다.

D라면은 CEO의 리스크 때문에 집행유예를 받은 사람이 ESG 위원회 위원장으로 다시 복귀하는 그린워싱 사례가 있고, 최근 유산균

으로 문제를 일으킨 Y유업도 이 문제가 불거지기 몇 주 전에 ESG 경영을 선언했다. 가습기 문제를 일으킨 S케미칼도 지금 초보적인 ESG 평가에서 높은 점수를 기록하고 있다. 또한 중대재해처벌법에 가장 반대하고 있는 기업들이 환경^{E}평가에 올인하고 있다.

이런 모든 경우가 전형적인 ESG 그린워싱$^{Green Washing}$이다. ESG 워싱은 기업의 ESG 경영에 대한 소비자의 신뢰를 떨어뜨리고, ESG 투자 시장의 질서를 교란할 수 있는 중차대한 문제이다.

따라서 기업의 ESG 경영에 대한 투명한 정보 공개와 소비자의 ESG에 대한 이해 증진이 절실하다. 한국에서는 ESG 워싱을 방지하기 위한 노력으로 금융감독원이 ESG 관련 공시 규제를 강화하고 있고, 금융감독원은 2023년부터 상장기업의 ESG 공시를 의무화하고, ESG 관련 정보의 허위 또는 부실 공시에 대한 제재를 강화하고 있다. ESG 관련 민간 평가기관이 늘어나고 있다. ESG 관련 민간 평가기관은 기업의 ESG 경영활동을 평가하고, 그 결과를 공개하고 있다.

기업은 이러한 평가 결과를 통해 ESG 경영 수준을 개선하고, 소비자의 신뢰를 얻을 수 있다. 이외에도, 다수의 한국의 기업들은 단순한 사회공헌 활동을 ESG 경영으로 홍보하는 경우 환경친화적 제품이나 서비스의 일부만 부각하고, 전반적인 ESG 경영 노력을 축소하는 경우 ESG 관련 기준을 충족하지 못함에도, ESG 평가를 통해 높은 점수를 받는 경우 ESG 워싱은 기업의 신뢰를 떨어뜨리고, ESG 투자 시장의 질서를 교란하고 있다. 선진국으로서 부끄러운 실상이다. MZ세대들로부터 일어나고 있는 조용한 소비혁명은 이러한 기업들을 좌시하지 않을 것이다.

ESG 워싱 방지대책으로 기업 자체적인 ESG 성과와 노력의 투명한 보고와 외부 감사 및 인증기관과 협력하여 독립적인 검증을 받는 것이 필요하다. 또한 경영진의 적극적인 관심과 지원으로 ESG를 조직문화로 만드는 것도 방법 중 하나다. 하지만 이러한 감시와 규제에 의한 방법은 결코 지속적이지 않으며, 바람직하지 못하다. 가장 바람직한 방법은 기업의 목적과 가치관과 함께 ESG를 비전 지표로 설정하여 공개하고 정량적인 성과지표로 관리하여야 한다. 종업원들에게는 기여한 바를 인정하고, 성과에 따른 보상을 해야 한다. 또한 경영차원에서 구성원들에게 회사가 목적과 가치에 맞는 사회적 책임에 충실히 기여하고 있는 사실을 홍보하고 이에 대한 자부심을 갖도록 독려해야 한다.

이화여자대학교 윤정구 교수는 여러 논문을 통해 CSR 운동이 기업의 사명과 목적과 디커플링Decoupling되어질 때 기업에 기회가 아닌 어떤 재앙을 가져올 것인지를 계속해서 경고해왔다. ESG에서 진정성의 문제는 더 심각한 문제이다. CSR은 기업의 명성과 관련되어 기업이 선택할 수 있는 문제이지만, ESG는 투자를 받을지 못 받을지, CEO 리스크와 그 결과에 따라 회사의 운명이 좌지우지되는 생존의 문제이기에 선택의 문제를 넘어선다고 했다. 모든 기업이 호들갑을 떠는 이유도 CEO의 해고 개연성 및 실제 투자를 못 받아 회사가 생존의 갈림길에 서게 되는 문제이기 때문이라 한다. 하지만

ESG가 기업의 설정한 목적과 상관없이 움직인다면 여기서 생기는 디커플링 비용은 상상을 초월할 것이라는 점을 강조했다.

ESG 경영은 단기적인 PR 목적이 아니라 장기적인 지속가능성을 향한 회사의 목적과 비전과 전략의 일부로 고려되어야 한다. 이를 통해 ESG 워싱을 방지하고 실질적인 변화를 이끌어내야 한다. 다시 한번 강조하지만 ESG의 성공 여부는 거버넌스Governance에 달려있다. E를 워싱하든 S를 워싱하든, 이렇게 ESG 워싱하는 기업들의 문제는 G거버넌스의 민주화 문제에서 기인한다. 거버넌스의 의사결정 과정에서 경영진과 대주주의 의사결정만 존재하고 현업의 문제를 누구보다 잘 알고 결정을 실행하는 구성원들의 의견이 전혀 반영되지 않는다. 비현실적 결정이 일어나고 구성원들은 자신이 내린 결정이 아니기 때문에 큰 관심을 두지 않는다. 거버넌스의 민주화가 작동되지 않고 있다. 기업 스스로가 존재 이유를 찾고 온전한 주인이 되어 그동안 이윤추구를 위해서 자신들이 상처를 주고 아프게 한 생태계, 공동체, 구성원을 치유하고 공동의 생태계의 주인으로 나서야 한다. 아직도 민주화되지 못한 지배구조, 경영자만 주인인 회사가 자연과 공동체 구성원을 치유한다고 나선다면 그들의 사욕을 위한 연기와 워싱Washing일 뿐이다. 결국 거버넌스를 구현하지 못하는 기업이 실현하고자 하는 ESG는 반드시 실패로 끝날 것이다. 회사의 목적과 사명으로 연계된 ESG만이 회사의 브랜드파워로 설 수 있다.

제8장

세계적으로 성공한 목적 중심 경영 기업의 사례가 있나?

세계적인 목적 중심 경영 기업

1. 사우스웨스트 항공 Southwest Airline
2. 파타고니아 Patagonia
3. 벤 앤 제리스 Ben & Jerry's
4. 자포스 Zappos
5. 유니레버 Unilever
6. 올버즈 Allbirds
7. 마이크로소프트 Microsoft
8. 구글 Google
9. 와비 파커 Warby Parker
10. 세븐스 제네레이션 Seven Generation
11. 스타벅스 Starbucks
12. 초바니 Chobani
13. 징거맨스 Zingerman's
14. 아짐 프렘지 재단 Azim Premji Foundation
15. 카인드 KIND

세계적인 목적 중심 경영 기업의 사례

최근 수십 년 동안 전통적인 사회시스템의 중심이 되는 도덕이 무너졌다. 밀턴 프리드먼과 같은 경제학자들의 영향을 받은 경영자들은 사소한 이익 추구에 매몰되어 회사를 건조하고 무감각한 장소로 만들었다. 외형적으로 많은 이익을 추구하고자 지구와 사람들에게 큰 상처를 입혔다. 이들은 온전한 주인이 아니기에 치유에 대해서는 이유도 방법도 모른다. 급기야는 자본가들이 ESG라는 무기로 사회적 압력을 행사하고 있다. 하지만 시대는 변하고 있어 유니레버의 폴 폴만과 파타고니아의 이본 쉬나드와 같은 극소수의 목적 중심 경영 개척자들의 노력에 힘입어 이들의 계몽된 목소리는 힘을 얻어서 이해관계자들이 목적 중심 경영의 개념을 받아들이고 그것을 현실로 만들기 위해 공통의 지표를 개발하려고 노력하였다.

지금 우리는 전 세계적으로 자본주의의 운영규범을 재구성할 수 있는 기회를 맞고 있다. 이러한 순풍을 받아들이지 못하면 거꾸로 고사할 수도 있다. 우리가 지금 심각하게 변화를 만들지 못하면, 인류는 스스로 만든 경제적, 환경적, 정치적 위기로 인해 폭력적인 격변과 심지어 멸종을 겪을 위험에 놓여있다.

대부분의 경영자는 목적을 그들이 마음대로 할 수 있는 기능적인 도구로 간주하는 경향이 있다. 하지만 목적 경영에 관심을 가진 경영자들은 그것의 본질을 생각한다. 회사의 존재 이유를 표현하는 실존적 진술로 단순히 목적을 추구한다기보다는 그것을 세상에 충실하게 투사하려 한다. 그들의 손에서 목적은 최종 의사결정권자가 되고 이해관계자를 서로 묶는 조직의 원칙 같은 역할을 한다.

이러한 목적 중심 경영 기업들은 단기적 성과를 요구하는 제도적 압력에도 불구하고 의미와 도덕의 매개체로서 기능을 수행하는 회사들이다. 이 회사들은 업계 최고가 되기 위한 것만을 목표로 삼지 않았다. 그들은 신성한 임무를 수행하고 있었고 말로 표현할 수 없는 더 넓은 세상과의 상호연결 감각과 그들이 실현하고자 하는 더 나은 미래에 대한 비전을 바탕으로 뜨거운 에너지를 가지고 있었다. 목적 중심 경영 회사의 경영자들은 이 에너지를 표현하기 위해 종교적, 영적인 언어까지 동원했고 목적을 영혼과 같은 단어에 연관 지었다.

위기에 섰던 마이크로소프트사의 구원투수인 CEO, 사티아 나델라$^{Satya\ Nadella}$는 그의 저서 『히트 리프레시$^{Hit\ Refresh}$』에서 '지구상의 모든 사람과 모든 조직이 더 많은 것을 성취할 수 있도록 권한을 부여하는 것'이라는 새로운 목적에 대한 회사의 재탄생을 단순한 변신이 아니라 회사의 영혼을 재발견하는 것으로 표현했다. 그는 직원들과 소통할 때 그 목적을 회사의 영혼과 동일시하는 것이라 했다. 그는 회사가 잃어버린 영혼을 재발견해야 한다고 주장했다. 그는 마이크로소프트만이 세상에 유일하게 기여할 수 있는 것과 어떻게 다시 한번 세상을 바꿀 수 있는지에 대하여 깊은 이해가 필요했다.

나침반과 같은 이 영혼은 목적과 동일시되어, 회사의 일에 의미를 부여한다. 때로는 창업자들은 같은 생각으로 영혼과 목적에 대해 이야기한다. 목적 중심 경영 기업들은 경영원칙으로 존재 이유를 찾음으로써 회사의 목적은 시스템과 프로세스에 의미와 도덕적 가치를 끼워 넣는다. 이러한 용기 있는 경영방식은 정서적 참여와 공동체 의식을 지원해 준다. 지금부터 세계적인 목적 중심 경영 기업으로 성공한 15개 플랫폼 기업 사우스웨스트 항공, 파타고니아, 밴 엔 제리스, 자포스, 유니레버, 올버즈, 마이크로소프트, 구글, 와비 파커, 세븐스 제네레이션, 스타벅스, 초바니, 징거맨스, 아짐 플렘지 재단 등의 사례를 소개한다. 이 회사들의 목적과 목적의 눈으로 바라본 비전, 그리고 거버넌스, 평판, 조직문화, 채용방식 등이 그들만의 고유한 목적과 철학으로 어떠한 목적성과를 낳았는지 알아본다.

1. 하늘을 나는 자유, 사우스웨스트 항공 Southwest Airline

"친절하고 신뢰할 수 있으며 저렴한 항공 여행을 통해 사람들을 그들의 삶에서 중요한 것과 연결하는 것"

날개가 없는 사람들은 땅 위를 달렸다. 더 빨리 달리기 위해 달리는 말 위에 올라탔고, 지치지 않고 멀리 달리기 위해 도로를 깔았다.

몇몇 많이 타고 내리는 지점을 중심으로 더 많은 사람이 오갈 수 있도록 철도망이 건설되고 길게 차량을 묶어서 달리는 열차가 등장했다.

그러나 사람들은 더욱 멀리 더욱 빨리 가기를 원했고, 그러기 위해서는 중력을 거슬러 하늘로 떠올라야 했다. 멀리 빨리 가기만을 원하는 사람들의 바람은 하늘을 나는 기차였다.

많은 사람이 십시일반 돈을 내고 기차 정도의 서비스만으로 정시 출발 정시 도착을 원했다. 고급 정장을 입고 오르는 일등석이 아니라 모든 사람이 똑같은 조건으로 여행하는 3등석만 있는 비행기가 더 많이 필요했다.

사우스웨스트 항공의 공동 창립자이자 오랫동안 CEO를 역임한 허브 켈러허는 직원들을 회사의 가장 중요한 자산으로 여겼다. 그는 이러한 철학을 바탕으로 고객 서비스 향상과 회사의 성과 향상을 위해 끊임없이 노력했다. 허브 켈러허는 종업원들과 겸손하게 소통하며 개인적인 관계를 가장 소중하게 생각했으며, 목적 중심 경영의 4가지 원칙을 엄격히 준수했다. 이것이 그의 성공 비결이었다.

"사람들을 연결하는 것" 사우스웨스트 항공은 모든 승객을 가족처럼 생각하며, 사람들을 서로 연결하고, 중요한 순간에서 함께하도록 돕는 것을 목적으로 한다. 승객을 목적지로 안전하게 전달하는 것을 넘어, 승객이 삶의 중요한 부분이자 파트너로서 역할을 수행한다.

사우스웨스트 항공은 항공 업계에서 가장 존경받는 회사로 인정받고 있다. 이 회사만의 고유한 목적 중심 경영이 전 세계 많은 동종업계조직에 영감을 주며 선한 영향을 끼치고 있다. 9·11 테러 직후, 많은 승객이 다른 도시에서 갇혔을 때 사우스웨스트는 이들 승객을 집으로 돌려보내기 위해 무료로 추가 항공편을 운영했다. 또한 승객들에게 사랑과 관심을 전달하기 위한 다양한 마케팅 캠페인을 펼쳤으며, 그중 하나가 잘 알려진 "LUV" 마케팅 캠페인이다. 이를 통해 항공사는 승객들과 따뜻한 관계를 형성하려 노력했다.

사우스웨스트 항공의 목적은 '친절하고 신뢰할 수 있으며 저렴한 항공 여행을 통해 사람들을 그들의 삶에서 중요한 것과 연결하는 것'이다. 이 목적은 전략적 결정, 고객 상호작용 및 직원 행동을 형성하는 회사의 기본 원칙이다. 이 목적을 실현하기 위한 행동과 의사결정을 주도하는 일련의 핵심 가치인 '전사의 정신, 하인의 마음, 재미있는 태도, 안전과 신뢰성에 대한 변함없는 약속'이 포함된다.

사우스웨스트 항공의 거버넌스는 종업원이 가족의 일원이며, 직원 권한 위임, 열린 의사소통 및 가족 감각을 강조한다. 회사는 종업원들이 자신의 진정한 자아를 업무에 활용하도록 장려하고, 팀워크와 협업을 촉진하며, 탁월한 성과를 인정하고 보상한다. 이러한 종업원을 환대하는 거버넌스는 종업원의 인게이지먼트, 헌신 및 충성도를 강화할 수 있는 훌륭한 조직문화를 창출해냈다.

이 회사의 종업원 채용방식은 '전사의 정신, 자신보다 남을 먼저 생각하는 마음, 열정과 즐거움을 구현'하는 후보자를 찾고 있다. 회사의 세 가지 핵심가치는 기술적으로 가르칠 수 있다고 생각하지만, 태도와 문화적 적합성은 회사 고유의 직장 환경을 유지하는 가장 중요시한다. 결국 사우스웨스트 항공의 성공은 목적과 가치에 대한 확고한 집중, 고객 중심 접근 방식, 지원적이고 매력적인 조직문화에 기인할 수 있다.

목적, 사명, 비전, 가치는 사우스웨스트 항공이 번창하고 지속가능한 성공을 달성하는 데 중요한 역할을 했다. 9·11 테러 공격 후 미국의 항공 산업은 심각한 타격을 받았다. 많은 항공사는 급격한 수요 감소와 경제적 어려움에 직면하게 되었고, 일부는 파산하거나 대규모 인원 감축을 단행했다.

하지만 유일하게 사우스웨스트 항공은 이 어려운 시기에도 인원 감축 없이 위기를 극복했다. 회사 경영진은 종업원들에게 모든 상황을 투명하게 공유했고, 회사의 철학과 목적을 중심으로 한 협업으로 위기를 극복했다. 종업원들을 그들의 가장 중요한 자산으로 생각하는 목적 중심 경영의 거버넌스가 만들어낸 산물이다. 항공 업계에서 가장 높은 평가를 받는 회사 중 하나이다. 이 회사의 종업원의 평균 근속년수는 17년으로 종업원 인게이지먼트가 98%에 달하는 경이로운 회사이다.

2. 지구를 되살리기 위해 옷을 만드는
파타고니아 Patagonia

"지구를 되살리기 위해 사업을 한다"

사람은 털을 버리고 대신에 옷을 입기 시작했다. 지구가 제공해 주는 다양한 재료들로 절기에 맞는 옷을 만들어 입었다. 얼음과 눈으로 덮인 극지방에서 두꺼운 모피동물의 가죽을 자신의 옷으로 삼고, 뜨거운 직사광선의 열대지방에서 넓은 야자수 잎 하나로 더위를 식혔다.

그러나 어느 순간 자연이 주는 옷에 만족하지 않고 스스로 옷을 지어 입기 시작했다. 화학섬유인 나일론이 최고인 시절이 있었고, 아직도 여전히 나일론은 합섬이란 이름으로 사람 몸을 감싸고 있다. 소재는 천연이지만 염색 등의 과정에서 지구를 아프게 하는 화공약품이 헤프게 사용되고 있다. 팬티부터 외투까지 층층이 컨셉을 맞춰가며 드레스코드를 찾는 동안 지구는 몸살을 앓기 시작했다.

'힘내, 지구야! 우리가 너희를 지켜줄게.'

우리를 지키겠다는 사람들, 파타고니아가 한 약속의 말이다.

파타고니아의 창업자 이본 쉬나드Yvon Chouinard는 기업이 이익을 추구하는 동시에 사회와 환경에 긍정적인 영향을 끼쳐야 한다는 신념을 가졌다. 이본 쉬나드의 목적 경영 방침은 파타고니아가 단순한 의류 브랜드를 넘어 지속가능한 미래를 위한 모델을 제시하는 기업으로 성장하도록 했다. 그의 신념과 가치는 오늘날에도 파타고니아의 핵심적인 부분으로 남아있으며, 기업이 사회와 환경에 긍정적인 영향을 끼치기 위해 노력하는 모습에서 그의 유산을 엿볼 수 있다.

파타고니아는 엄청난 조직적, 직업적 용기를 가지고 있다. 회사와 회사를 운영하고 일하는 사람들은 회사의 목적을 명확히 알고 있으며, 모든 일에서 그 목적이 살아 숨 쉬고 있으며, 날이 갈수록 더 강해지고 있다. 기업의 목적과 옳은 일을 먼저 하겠다는 종업원의 가치를 명확히 하는 기업에게는 도덕적 의무를 실천하는 것이 삶의 방식이 된다. 자칭, 타칭 활동가 기업인 파타고니아는 환경문제에 관해 열린 리더기업이다. 파타고니아는 진정성이 있다. 이 회사는 목적과 원칙을 고수하고 믿고 행동으로 보여주며, 소중한 대의와 명분을 지원하기 위해 최선을 다한다.

파타고니아의 목적은 "최고의 제품을 만들고, 불필요한 피해를 일으키지 않으며, 환경 위기에 대한 해결책을 고취하고 구현하기 위해 비즈니스를 활용하는 것"이다. 이 목적은 환경관리 및 지속가능성에 대한 그들의 약속을 반영하고 있다. 파타고니아Patagonia는 국제적인 아웃도어 의류 및 장비회사로, 목적 중심 경영의 대표적인 사례로 꼽힌다. 파타고니아의 목적과 경영철학은 그들의 창업 이후부터 지금까지 지속적으로 환경보호와 지속가능한 비즈니스에 중점을 두고 있다.

파타고니아 최고경영자는 "밀레니얼 세대가 요구하고, 인재들이 원하며, 소셜미디어가 이러한 '트렌드'를 증폭시키고 있다. 또한 우리는 도덕적 성전을 만드는 것이 아니라 좋은 사업을 할 뿐이다"라고 말했다. 파타고니아처럼 강력한 목적을 찾는 것부터 핵심가치에 대한 질문에 답하는 것까지 목적을 활성화하는 것은 회사를 하나로 강력하게 묶어줄 수 있다.

파타고니아는 비즈니스를 통해 지구를 살린다는 경영 목적에 따라 2002년에 '1% for the Planet'라는 비영리 단체를 설립하고 참가한다. '1% for the Planet'은 회원사들이 매출의 1%를 환경 보호를 위한 프로젝트에 기부하도록 독려한다. 기부금은 지속가능한 농업, 깨끗한 물, 기후변화, 야생동물 보호 등 다양한 환경 이슈를 해결하기 위해 사용된다. 이 조직은 전 세계 수백 개의 비영리 단체와 파트너십을 맺고 있으며, 회원사들이 기부금을 효과적으로 사용할 수 있도록 지원한다. 파타고니아는 자체적으로도 매출의 1% 이상을 환경 보호 활동에 기부하고 있으며, 지속가능한 소재 사용, 공정무역 인증 제품 생산, 제품 수명 연장을 위한 수리 서비스 제공 등을 통해 환경친화적인 활동을 하고 있다.

파타고니아는 의류 재활용 프로그램 Worn Wear을 통해 고객들이 자신들의 옷을 수리하거나 교환할 수 있게 지원한다. 또한 파타고니아는 공급업체들에게 환경 및 사회적 책임 철학을 강조한다. 그들은 환경적 투명성 프로젝트Footprint Chronicles를 통해 제품의 생산 과정과 공급망 전체를 투명하게 공개하여 책임감을 부각시킨다.

파타고니아는 다양한 환경 이슈에 대한 교육적 캠페인을 진행하여 공동체의 인식을 높이려고 노력하고 있다. 예를 들면, 자연환경 보존 운동The Blue Heart of Europe나 자연 생태계보존 다큐멘터리 Artifishal를 제작하여 강과 연어와 같은 중요한 생태계의 보호를 실천하고 있다.

2023년 현재 파타고니아는 미국인을 대상으로 한 설문조사 미국 100대 브랜드 평판 목록에서 1위 기업이다. 또한 2022년 미국 소비자행동연구소Consumer Reports로부터 아웃도어 의류회사 중 1위를 차지했다. 지구를 되살리기 위래 사업을 한다는 회사의 존재 목적에 충실하고 가치를 실천하며 환경적 책임 문화를 조성함으로써 파타고니아는 충성도 높은 고객기반을 구축하고 지속가능한 비즈니스 관행의 리더로 우뚝 섰다. 그들의 성공은 재정적 성공을 넘어 동시에 사회적 자본이 풍부한 목적 중심 경영 기업의 위상이 말해주고 있다.

3. 아이스크림으로 세상을 바꾸는
벤 앤 제리스 Ben & Jerry's

"우리는 아이스크림을 만드는 사업을 통하여 세상을 더 나은 곳으로 만든다. 비즈니스를 사회 및 환경 변화의 원동력으로 사용한다."

BJ는 오감 중에 유난히 미각이 발달했다. 그래서 모든 걸 맛으로 표현했다.

"이 연애소설은 잘 익은 새콤달콤 살구 맛이야."

"저 친구는 늘 곁에 두고 싶은 페퍼로니 치자 맛이야."

BJ는 세상에서 제일 맛있는 음식을 맛보는 것이 꿈이었다. 자기가 살고 있는 지역에서는 더 이상 자신의 혀를 놀라게 하는 맛이 없었다.

사람들이 말렸지만 BJ는 최고의 맛을 찾아 나섰다. 고향을 떠나 먹게 된 음식들은 고향의 음식보다 맛없는 것이 대부분이었다. 어쩌다 무지 맛있는 음식을 만났지만, 다음에 다시 먹어보면 그저 그런 맛이었다. 허기진 상태에서 먹었기 때문에 혀가 맛을 과장했던 것이다.

긴 여행 중에 드디어 버몬트주 벌링턴에서 가장 맛있는 음식을 만났다. 음식 포장지에 쓰여 있는 글귀.

"Making ice cream to make the world a better place"
가장 맛있는 음식은 세상을 살맛나게 하는 음식이었다.

벤 코헨Ben Cohen과 제리 그린필드Jerry Greenfield는 1978년에 벤 앤 제리스Ben & Jerry's를 설립했다. 그들은 환경보호와 사회적 책임을 경영 방침으로 회사를 경영했으며 경제적 공정성을 중요하게 생각해 모든 이해관계자에게 공정하게 이익을 배분했다. 벤 앤 제리스는 아이스크림 제조 및 판매 회사이다.

벤 앤 제리스의 기업 목적과 경영철학은 사회적 책임, 지속가능성, 공동체에 대한 의무를 중심으로 구성되어 있다. 벤 앤 제리스는 단순히 이익을 추구하는 기업이 아니라, 사업을 통해 사회적 변화를 추진하고 사회적 가치를 창출하는 기업으로 자신을 정의한다.

그들은 아이스크림 판매를 통해 사회적 문제에 대한 인식을 높이고, 그 문제의 해결을 위한 변화를 추진하는 것을 중요한 목적으로 여기며 다양한 캠페인과 활동을 통해 이를 실현하고 있다. 벤 앤 제리스는 다양한 사회 문제에 대한 인식 증진과 변화를 추구하는 캠페인을 진행했다. 예를 들면, 동성애 결혼 지지캠페인 "I Dough, I Dough"와 기후변화 문제에 대한 인식을 높이는 "Save Our Swirled" 캠페인 등이 있다.

그리고 그들의 활동가 양성프로그램 "Activist Academy"을 통해 환경과 사회 문제에 관심 있는 청년들에게 훈련과 지원을 제공한다.

회사는 지속가능한 원재료의 사용과 공정무역 재료의 구매를 통해 환경 및 사회적 책임을 실천한다.

예를 들어, 그들의 아이스크림에 사용되는 대부분의 재료는 공정무역 인증을 받았으며, 유기농 재료의 사용도 확대되고 있다. 벤 앤 제리스는 공정무역 인증을 받은 재료를 사용하며, 이는 생산자들이 공정한 대가를 받게 됨을 의미한다. 예를 들면, 그들의 바닐라, 설탕, 카카오 등의 주요 재료는 모두 공정무역 인증을 받는다. 회사는 유기농 재료 사용을 확대하고 있으며, 환경에 미치는 부정적인 영향을 줄이기 위해 지속적인 노력을 기울이고 있다.

또한 벤 앤 제리스의 파트너숍 프로그램은 지역사회에서 취약하고 소외된 청소년들에게 직업 교육과 일자리를 제공함으로써 그들이 자립할 수 있도록 돕는다. 또한 디디앤씨Dismas, Inc.는 전과자들이 사회로 복귀할 수 있도록 돕는 비영리 단체로 전과자들에게 안정적인 일자리와 직업 교육 기회를 제공하여 그들이 사회에 재통합될 수 있도록 지원하고 있다. 이 단체는 벤 앤 제리의 파트너숍 프로그램을 통해 테네쉬주 내쉬빌에 위치한 매장을 운영하고 있다.

벤 앤 제리는 "공동체 지원 및 활성화"를 중요한 경영 목적의 하나로 갖고 있다. 벤 앤 제리스는 단순히 아이스크림을 판매하는 회사를 넘어서, 사회적 가치를 창출하고 있는 숭고한 목적을 추구하는 목적 중심 경영 기업으로 브랜드 위치를 확실히 점하고 있다.

4. 고객의 마음을 읽는 마법사
자포스Zappos

"고객 서비스가 탁월한 최고의 회사가 되는 것"

사람들은 모르고 있다. 땅에서 손을 해방시키기 위해서 발이 얼마나 힘들게 사는지를…

예전에 손과 함께 땅을 달릴 때는 허리 아픈 일이 없었고, 위장 장애도 없었다. 손을 해방시키기 위해 두 발이 땅을 버티고 선 후에 허리도 무리하고 위장도 축 처져서 아프기 시작한 것이다.

그렇지만 두 발만큼 두 손의 수고를 몽땅 뒤집어쓴 곳은 없다. 두 손에게 장갑을 끼울 때는 보호를 위해서지만, 우리 두 발에게 신발을 신기는 것은 노동을 시키기 위해서다. 멀리 타고 다니기 위해 말에게 편자를 박는 것과 같다.

기쁜 소식을 들었다. 노동화가 아닌 순전히 우리 두 발만을 위한 신발을 만드는 곳이 생겼단다. 그 신발을 신고 물구나무를 서야겠다. 지구는 두 손에게 맡기고 난 두 발을 하늘로 들어 내 신발을 자랑해야겠다.

자포스 신발을 신고 물구나무를 서봐야겠다.

자포스Zappos의 CEO 토니 셰이Tony Hsieh 고객 만족을 최우선으로 생각했다. 그는 고객이 행복하고 만족스러운 경험을 할 때 비즈니스도 성장할 것이라고 믿었다. 이를 위해 자포스는 무료 배송 및 반환 정책, 24/7 고객 서비스, 그리고 친절하고 도움이 되는 고객 서비스 팀을 운영했다. 또한 토니 셰이는 지역사회에 긍정적인 영향을 끼치는 것을 중요하게 생각했다. 그래서 자포스와 직원들이 지역사회에 참여하고, 사회적인 활동을 하도록 지원했다.

자포스의 목적은 "고객 서비스가 탁월한 최고의 회사가 되는 것"이다. 이 사명을 실천하기 위하여, 자포스는 고객이 최우선이라고 믿으며 고객을 행복하게 만들기 위한 강력한 서약을 가지고 있다. 토니 셰이의 이러한 목적으로 자포스를 단순한 온라인 소매업체를 넘어, 고객 서비스와 기업문화 혁신의 선도자로 만들었다.

자포스의 기업 목적과 경영철학의 구체적 실행 사례를 소개한다. 자포스는 처음부터 "완벽한 고객 서비스 제공"에 큰 중점을 두었다. 그들의 목표는 단순히 신발이나 의류를 판매하는 것이 아니라, 고객에게 최상의 쇼핑 경험을 제공하는 것이었다. 이를 위해 회사는 무료 배송, 365일 반품 정책, 그리고 24시간 고객지원 서비스 등을 제공한다.

자포스는 고객의 만족을 최우선으로 생각하며, 제품에 만족하지 않는 고객들에게 365일 이내에 반환할 수 있는 기회를 제공한다. 모든 신입 자포스 직원은 고도의 고객 상담 훈련을 받는다. 이 훈련을 통해 직원들은 고객의 요구와 불만에 어떻게 대응해야 하는지 학습한다. 자포스의 CEO인 토니 셰이는 회사의 성공이 그들의 독특한 기업문화와 긴밀히 연결되어 있다고 믿는다.

자포스는 직원들의 행복과 개인적, 전문적 성장을 지원하며, 이를 통해 고객 서비스 품질을 향상시킨다. 자포스는 직원들이 자신들의 경험과 조직문화에 대한 생각을 공유할 수 있는 '문화 책'을 발행한다. 이 책은 외부에도 공개되며, 자포스의 문화와 가치를 전파하는 데 중요한 도구이다. 자포스는 직원들의 행복을 중요하게 생각하며, 다양한 복지 혜택, 유연한 근무 시간, 그리고 재미있는 사내 행사 등을 제공하여 직원들의 만족도를 높인다. 자포스는 변화와 혁신의 중요성을 인식하며, 지속적인 학습과 성장을 추구한다.

자포스는 2013년에 채택한 '홀라크라시Holacracy' 경영방식으로도 유명하다. 홀라크라시는 최종의사결정 권한이 관리계층에 귀속되지 않고 자체 구성 팀 전체에 분산되는 조직 거버넌스 시스템이다. 이는 개인에게 권한을 부여하고 조직의 어느 곳에서나 좋은 아이디어가 나올 수 있도록 하는 것을 목표로 하는 접근 방식이다.

그 결과 자포스는 일하기 좋은 《포춘Fortune》지 100대 기업 순위 1위, 《글래스도어Glassdoor》의 일하기 좋은 직장 목록에서 1위, 《Synergy Inc.》의 가장 빠르게 성장하는 기업 목록에서 1위, 《포브스Forbes》가 선정한 미국에서 성공할 가능성이 가장 높은 회사목록에서 1위를 차지했다. 자포스는 기업이 사회를 변화시킬 수 있는 힘을 보여주는 성공한 목적 중심 경영모델의 대표적인 사례이다.

5. 더 나은 일상, 더 나은 미래, 유니레버Unilever

"지속가능한 삶을 일상화하고
사람과 지구를 위해 더 나은 미래를 창조하는 것"

나는 비누다.

나는 많은 비누 친구를 가지고 있다. 내 비누 친구들은 모양, 크기, 색깔, 향기, 무게가 서로 다르다. 친구 숫자가 너무 많다 보니 그중에 비슷한 점이 많은 친구가 있다. 그래서 가끔 친구의 이름을 잘못 불러 핀잔받기도 한다. 하지만 내 친구들은 혼동하지 않고 정확하게 내 이름을 불러준다.

내 이름은 도브다. 나의 순백색 굴곡진 몸매는 유니크하고, 세상을 더러운 곳에서 들어 올리는 지렛대 역할을 한다.

그래서인지 내가 태어난 고향 이름은 유니레버다.

유니레버Unilever의 CEO는 폴 폴만Paul Polman은 지속가능성 옹호자이다. 그는 단순히 돈을 버는 것 이상의 "지속가능한 생활을 평범하게 만드는 것"을 목적으로 가지고 있다. 이 목적을 통해 그는 유니레버가 건강과 웰빙을 개선하고 환경에 미치는 영향을 줄임으로써 매일, 더 나은 미래를 만드는 회사가 되도록 만들어가며, "사람과 지구를 위해 더 나은 미래를 창조"하기 위해 기후변화와 빈곤과 같은 문제 해결을 한다는 비전을 가지고 있다. 아프리카의 여성들에게 위생에 대해 교육하고 더 나은 위생 제품을 제공하기 위해 선라이트 프로젝트를 실행했다.

유니레버는 글로벌 소비재 기업으로서 목적 중심 경영을 강력히 추구하고 있다. 회사의 목적과 핵심가치는 지속가능성, 사회적 책임, 그리고 투명성과 윤리적 경영이다. 유니레버는 지속가능한 방식으로 비즈니스를 성장시키려는 야심 찬 목표를 가지고 있다. 이것은 자원 사용 최소화, 온실가스 배출량 감소, 그리고 지속가능한 원료 사용을 포함한다. 유니레버는 회사는 지속가능한 생활계획 Sustainable Living Plan을 통해 환경에 긍정적인 영향을 미치고, 사회적 책임을 다하기 위해 노력하고 있다. 유니레버는 지역사회와 그 구성원들을 지원하고, 더 나은 세상을 만들기 위한 다양한 사회적 프로그램과 공동체와 파트너십을 운영하고 있다.

회사는 여성 권한 신장, 교육 지원, 위생과 건강 향상 등 다양한 사회적 이슈에 관여하며, 이를 통해 긍정적인 사회적 변화를 추구한다. 유니레버는 비즈니스 운영의 투명성과 윤리적인 관행을 중요하게 여긴다. 회사는 공급망 관리, 제품 안전성, 그리고 고객과의 신뢰 구축을 위해 끊임없이 노력한다. 회사는 또한 직원들에게 윤리적인 행동과 책임 있는 의사결정을 강조하며, 이를 통해 전체 기업문화와 가치를 구축하고 있다.

유니레버는 종업원들이 자신의 업무와 개인적인 삶에서 목적과 의미를 찾도록 돕기 위해 '나의 목적선언문My Purpose Statement'라는 프로그램을 운영한다. 나의 목적선언문 프로그램은 종업원들이 자신의 개인적인 목적을 찾고, 이를 업무와 연결시키도록 한다. 이를 통해 종업원들은 생계를 넘어 자신의 업무에서 의미를 찾게 되고 회사의 목적과도 더 긴밀하게 연결된다. 종업원들은 개인적인 삶에서도 긍정적인 워크-라이프 밸런스를 촉진하는 데 도움이 되었다.

결국 목적 중심 경영의 내재화 차원에서 시행되고 있는 유니레버의 'My Purpose Statement' 프로그램은 직원들의 높은 인게이지먼트의 동인이 되었다. 그 결과 《맥킨지 앤드 컴퍼니》는 유니레버를 "세계에서 가장 매력적인 소비재 기업"으로 평가했다. 또한 글로벌 투자은행인 골드만삭스는 유니레버를 강력한 브랜드 포트폴리오, 탁월한 운영효율성, 지속가능한 성장전략 등을 근거로 유니레버의 주식을 '매수' 등급으로 평가했다.

6. 건강한 지구를 위한 신발
올버즈Allbirds

"더 나은 세상을 위한 더 나은 신발을 만드는 것"

발자국은 발에게 공격받은 지구의 상처일까?

내 발바닥을 파고든 가시는 지구의 반격일까?

우리에겐 중재자가 필요하다. 지구도 나도 서로를 공격하지 않고 서로를 위무해 주는 중재자, 지구에서 태어나 나를 감싸주는 중재자 둘 누구에게도 있는 듯 없는 듯한 중재자, 깃털처럼 가벼워 모두를 새처럼 날아오르게 하는 운동화 그런 중재자가 필요하다.

그를 만나면 우리 모두는 하늘을 나는 새가 된다.

팀 브라운Tim Brown과 조이 즈윌링거Joey Zwillinger는 2014년에 올버즈Allbirds를 공동창업했다. 팀 브라운은 뉴질랜드 출신의 전 프로축구선수였다. 그는 경기 중에 편안하고 성능이 우수한 신발을 찾기가 어려웠고, 이 경험은 그에게 신발 산업에 혁신이 필요하다는 것을 깨닫게 했다. 특히, 그는 자연 친화적인 재료를 사용하여 편안하면서도 세련된 신발을 만들 수 있는 방법에 관심을 가졌다. 이러한 생각은 뉴질랜드에서 풍부하게 나는 메리노 울로 신발을 만들어볼 수 있겠다는 아이디어로 이어졌다.

조이 즈윌링거는 바이오 테크놀로지와 재생 가능 에너지 분야에서 경력을 쌓은 산업 엔지니어였다. 그는 지속가능한 소재와 친환경적인 제조 공정에 대한 깊은 이해와 열정을 가지고 있었다. 그는 팀 브라운과 만나 그들의 비전과 가치를 공유했고, 함께 올버즈Allbirds를 창립하기로 결정했다.

올버즈는 지속가능성에 중점을 둔 신발 및 의류 브랜드로서 목적 중심 경영을 적극적으로 추구하고 있다. 그들의 기업 목적은 환경에 긍정적인 영향을 미치면서도 고객에게 편안하고 스타일리시한 제품을 제공하는 것에 있었다. 이를 위해 올버즈는 다음과 같은 주요 영역에 초점을 맞추고 있다. 올버즈는 신발과 의류를 생산하는 데 사용되는 소재의 지속가능성에 중점을 두고 있다.

또한, 올버즈는 제품의 전체 생애주기 동안 발생하는 탄소 배출량을 줄이기 위해 노력하고 있다. 올버즈는 사회적 책임을 다하기 위해 다양한 이니셔티브와 프로젝트에 참여하고 있다. 예를 들어, 그들은 기후변화와 싸우기 위해 비영리 단체와 협력하고, 지속가능한 농업과 재생 가능 에너지 프로젝트를 지원한다. 그리고 제품 제조 과정에서 공정한 노동 관행을 유지하고, 직원들에게 안전하고 건강한 근무 환경을 제공하기 위해 노력하고 있다.

올버즈는 소비자들이 구매 결정을 내릴 때 환경에 미치는 영향을 고려할 수 있도록 "이 제품의 탄소 발자국은 7.6kkg CO2e입니다"와 같은 정보를 제공한다. 올버즈는 제품의 탄소 발자국을 줄이기 위해 메리노 울, 유칼립투스 트리 섬유, 설탕수수로 만든 폼 등 친환경적인 재료를 사용하여 신발을 제작한다. 소비자들은 지속가능성을 중시하는 브랜드를 선호하며, 올버즈의 투명한 정보 제공은 이러한 소비자들의 신뢰를 얻는 데 도움이 되고 있다. 올버즈의 이런 탄소 발자국을 줄이기 목적 중심 경영은 다른 브랜드들에게도 영감을 주어, 지속가능한 패션 산업의 리더로 자리매김하게 해준 것은 "더 나은 세상을 위한 더 나은 신발을 만드는 것"이라는 숭고한 목적을 달성하기 위하여 부단히 노력한 목적 중심 경영의 산물이다.

7. 디지털 미래, 목적 중심
오디세이 마이크로소프트 Odyssey Microsoft

"지구상의 모든 사람과 모든 조직이 더 많은 것을
성취할 수 있도록 지원하겠다"

아주 작고 부드럽게 그래서 모든 사람이 좋아하게 만들겠다. 그래서 이름도 앙증맞고 보들보들하게 지었다. 이름 따라서 많은 사람이 곁에 두기 시작했다. 결국 모든 사람에게 스며들었다. 그렇게 침투한 작은 것들은 서로 연결되기 시작했고, 지구적 거인이 되고 말았다. 이름은 그대로였지만, 실체는 거대한 단단함이 되어버렸다.

사람들은 그들의 견고한 그물망에 갖혀 몸부림치게 되었고, 그물망에서 탈출해 구름에 오르길 선택하기 시작했다. 구름이 커지는 만큼 그물망은 상채기가 났다. 결국 그들도 그물망을 버리고 구름이 되기로 했다. 미세한 수분 알갱이가 모여 부드러운 구름으로 재탄생했다.

마이크로소프트Microsoft는 1975년에 빌 게이츠Bill Gates와 폴 앨런Paul Allen이 창립했다. 이들은 기술에 대한 열정, 혁신적인 사고, 그리고 기회를 포착하는 능력이 뛰어났다. 빌 게이츠와 폴 앨런은 어린 시절부터 컴퓨터에 대한 강한 관심을 가지고 있었다. 둘 다 시애틀에 위치한 레이크사이드 스쿨이라는 사립학교에 다녔으며, 이곳에서 첫만남을 가졌다. 학교에서 제공한 컴퓨터를 사용하며 프로그래밍에 대해 배우기 시작했고, 서로의 재능을 보고 매우 친하게 되었다.

졸업 후 둘은 마이크로소프트라는 회사를 창립하고, Altair 8800을 위한 베이직 인터프린터를 개발하기 시작했다. 이 제품은 큰 성공을 거두었고, 마이크로소프트의 첫 번째 주요 제품이 되었다. 1980년대 초에는 IBM PC를 위한 운영 체제인 MS-DOS를 개발했고, 이후에는 윈도우Windows 운영 체제를 출시하며 세계적인 소프트웨어 기업으로 자리매김했다. 두 사람의 숭고한 창업목적과 비전 그리고 기술에 대한 열정이 소프트웨어 회사 1위의 자리에 오르게 했다.

마이크로소프트는 세계 최대의 기술 기업 중 하나로서, 목적 중심 경영의 원칙을 채택하여 사회적, 경제적, 환경적 측면에서 긍정적인 영향을 미치려 노력하고 있다. 마이크로소프트 기업 존재 목적은 "기술을 통해 모든 개인과 조직이 더 많은 것을 이룰 수 있도록 돕는 것"이다. 이러한 목적을 달성하기 위해 마이크로소프트는 다음과 같은 주요 영역에 중점을 두고 있다.

마이크로소프트는 접근성과 포용성을 경영의 목적 중 하나로 삼고 있으며, 모든 사용자, 특히 장애를 가진 사람들이 기술을 쉽게 사용할 수 있도록 다양한 노력을 기울이고 있다. 이러한 노력의 결과로 접근성 기능들은 윈도우의 내장 스크린 리더로, 시각 장애인 사용자가 화면의 텍스트를 듣고, 앱을 사용하고, 웹을 탐색할 수 있는 내레이터Narrator가 있다. 화면을 확대하여 저시력 사용자가 더 쉽게 볼 수 있도록 하는 기능의 돋보기Magnifier, 시각 장애가 있는 사용자를 위해 화면의 색상 대비를 높이는 고선명 모드High Contrast Mode, 음성 명령을 통해 컴퓨터를 제어할 수 있는 윈도우 음성인식 Windows Speech Recognition도 제작 배포했다.

마이크로소프트의 이러한 노력은 장애를 가진 사용자가 디지털 세계에 더 쉽게 참여할 수 있도록 하며, 사회 전반의 인식을 변화시키는 데 기여하고 있다. 또한, 이러한 접근성 기능은 노인 및 일시적으로 장애를 겪는 사용자를 포함한 더 넓은 사용자층에게도 혜택을 제공한다. 마이크로소프트의 접근성과 포용성이라는 목적은 기술이 모든 사람을 위한 것이 되도록 하는 중요한 역할을 하고 있다. 마이크로소프트의 목적 중심 경영은 기술을 통해 세상을 더 나은 곳으로 만들고, 모든 사용자가 더 많은 것을 이룰 수 있도록 기여하고 있다.

8. 지식의 바다 구글링, 플랫폼 제국 구글Google

"사악하게 기업 하지 않아도 돈을 벌 수 있다는 것을 증명하겠다. 전 세계 정보를 체계화하여 누구나 쉽게 액세스하고 유용하게 만든다."

우리는 찾아야 한다.

제일 손쉽게는 기억 속에서 찾는다. 문제는 머릿속에서 내용이 변질되기도 하고, 용량의 한계로 머리 밖으로 밀려나 사라지기도 한다. 눈앞에 있으면 눈으로 찾지만, 보이지 않는 곳에 있는 것은 소리로 찾기도 한다. 냄새를 맡아 코로 찾기도 하고, 맛을 봐 혀로 찾기도 한다. 모두 한계가 있는 찾기다.

한계 없는 찾기가 필요하다. 손가락이 답이다. 손끝에 모든 것이 있다.

1998년, 래리 페이지Larry Page와 세르게이 브린Sergey Brin은 구글Google을 공동 창립했다. 초기에는 스탠퍼드 대학교의 기숙사 방에서 작업을 시작했지만, 검색 엔진의 인기가 빠르게 상승하면서 회사는 성장했다. 구글의 검색 엔진은 사용자에게 빠르고 정확한 검색 결과를 제공했고, 이것이 구글의 성공의 핵심이 되었다. 구글은 검색 엔진뿐만 아니라 다양한 인터넷 기반 서비스와 제품을 개발하며 성장을 계속했다. 지메일Gmail, 구글 맵Google Maps, 안드로이드 Android 운영 체제 등이 그 예이다.

래리 페이지와 세르게이 브린은 혁신을 추구하고 사용자 경험을 최우선으로 여기며, 이러한 원칙 아래에서 구글을 세계 최대의 인터넷 기업 중 하나로 성장시켰다. 오늘날 구글은 알파벳사Alphabet Inc. 라는 지주회사 아래에 위치하며, 래리 페이지와 세르게이 브린은 여전히 중요한 역할을 하고 있다. 그들의 창업 스토리는 기술에 대한 열정, 혁신적인 사고, 그리고 사용자 경험에 대한 깊은 이해에서 시작되었으며, 이러한 원칙들은 여전히 구글의 성공을 이끌고 있는 핵심 요소이다.

구글은 정보의 조직화 및 전 세계적으로 사용자에게 정보를 제공하는 것을 우선으로 하는 목적을 가진 기업으로 알려져 있다. 구글은 기업 목적을 수행하기 위하여 지속적인 검색 엔진의 개발과 개선으로 사용자가 정보를 보다 접근하기 쉽고 유용하게 만드는 것이었다. 그 결과 사용자가 필요한 정보를 빠르고 정확하게 찾을 수 있도록 했다.

예를 들어, 구글은 자연어 처리와 머신러닝 기술을 활용하여 검색 결과의 정확도를 향상시키고, 다양한 언어와 지역에서 사용자에게 맞춤형 정보를 제공하고 있다. 또한 구글만의 철학과 가치관을 담은 새로운 제품과 서비스의 개발, 그리고 기존 제품의 지속적인 개선을 통해 세상을 변화시키려는 목적을 가지고 있다. 그 결과로 자율 주행 자동차, 인공지능, 머신러닝, 클라우드 컴퓨팅 등의 분야에서 혁신을 이끌고 있으며, 이러한 기술들이 사회에 긍정적인 영향을 미칠 수 있는 노력을 지속하고 있다.

구글은 기술을 활용한 사회적 책임이라는 경영 목적 중 하나를 이루기 위해 정보 제공, 기술적 지원, 그리고 금전적 기부를 통해 재난에 대응한다. 구글 위기상황 대응Google Crisis Response 팀은 재난이 발생했을 때 신속하게 정보를 제공하고 피해 지역의 사람들을 돕기 위해 노력한다. 위기지도Crisis Map로 재난 지역의 지도에 실시간 정보를 표시하여, 사람들이 안전한 지역으로 대피할 수 있도록 돕고, 피해 상황을 더 잘 이해할 수 있게 한다. 공공경보Public Alerts으로 구글 검색, 구글지도Google Maps, 그리고 구글 기상정보Google Now를 통해 실시간으로 경보와 긴급 알림을 제공한다. 이러한 알림에는 날씨 경보, 지진 정보, 홍수 경보 등이 포함된다. 재난대응 서비스Person Finder는 대규모 재난 발생 시 실종자 정보를 공유하고 찾을 수 있도록 돕는 도구다. 사용자는 실종된 사람에 대한 정보를 입력하거나, 다른 사람들이 올린 정보를 검색할 수 있다.

이외에도 다양한 서비스를 제공해 구글의 사회적 책임이라는 목적 경영에 속하는 활동을 통해 더 빠르고 효과적인 구호 활동을 가능하게 하여, 재난으로 인한 피해를 최소화하고 인명 구조를 돕는 아름다운 공헌을 하는 목적 경영 기업이다.

9. 희망을 보게 해주는
와비 파커 Warby Parker

"사람들이 고품질의 안경을 저렴한 가격에
구입할 수 있도록 돕고, 빈곤 지역의 사람들에게
안경을 제공하는 것"

유리를 정성스레 다듬는다. 테를 씌워 눈앞에 대 준다. 외눈 안경의 탄생이다. 안경 없는 쪽 눈이 허전하다. 맨 유리를 더해 두 눈 안경을 만든다. 그리고 생각한다. 누군가가 안경이 필요하다면 또 다른 그 누군가도 안경이 필요하겠지.
늘 두 쌍의 안경을 만든다.

안경 브랜드 와비 파커Warby Parker는 2010년에 데이브 길보아Dave Gilboa, 닐 블루멘탈Neil Blumenthal, 앤드류 헌트Andrew Hunt, 그리고 제프리 레이더Jeffrey Raider 네 명이 창업했다. 그들은 펜실베니아 대학교의 와튼 스쿨 MBA에서 만났다. 그들은 안경 산업에 대해 조사하면서, 제조업자와 소매업자 사이의 중간 마진이 안경 가격을 높이는 주요한 요인임을 발견했다. 소비자에게 직접 안경을 판매함으로써 중간 마진을 없애고 합리적인 가격에 고품질의 안경을 제공할 수 있다는 비전을 가지고 와비 파커Warby Parker를 설립했다.

　창업 이후 10년이 넘는 시간 동안, 창업자들은 회사의 성장과 발전을 이끌었다. 데이브 길보아와 닐 블루멘탈은 CEO로서 회사의 전략적 방향을 설정하고, 와비 파커의 비전과 사회적 책임을 실현하기 위해 노력했다. 앤드류 헌트와 제프리 라더 역시 회사의 중요한 구성원으로 남아있으며, 와비 파커의 성공 스토리를 만들어 나가는 데 기여하고 있다.

　와비 파커는 안경 산업에서 혁신을 일으킨 회사로, 고객에게 스타일리시하고 합리적인 가격의 안경을 제공하는 것을 목표로 하고 있다. 목적 중심 경영 차원에서, 와비 파커의 기업 목적은 다음과 같은 여러 핵심 영역에 초점을 맞춰져 있다. 와비 파커의 주요 목적 중 하나는 고객에게 고품질의 안경을 합리적인 가격에 제공하는 것이다. 이를 통해 소비자가 스타일과 기능을 모두 만족시킬 수 있는 제품을 선택할 수 있도록 돕는 것이다. 회사는 전통적인 유통 채널을 우회하고, 디자인부터 제조, 판매까지 모든 과정을 내부에서 관리하여 비용을 줄이고, 이러한 절감된 비용을 고객에게 전달한다.

　와비 파커는 소비자에게 경제적으로 혜택을 주고 품질과 디자인을 향상시키며 사회적 선을 촉진하는 방식으로 안경 시장을 혁신한 기업이다. 와비 파커는 2022년 미국의 소비자 리뷰 사이트인 컨슈머 리포트Consumer Reports에서 안경 판매 업체 중 1위를 차지했다. 2022년 뉴스위크에서 '올해의 기업'으로 선정되기도 했다. 2022년 《포춘Fortune》지에서 '세계에서 가장 존경받는 기업' 500위로 선정되었고, 2022년 《포브스Forbes》지에서 '미국에서 가장 빠르게 성장하는 기업' 2위로 선정되었다. 와비 파커는 사회적 책임을 다하는 기업으로 세상을 더 나은 곳으로 만드는 데 도움이 되고 있는 목적 중심 경영 회사의 표본이다.

와비 파커의 원플러스 원 "Buy a Pair, Give a Pair" 프로그램은 대표적인 사회적 공헌프로그램으로 고객이 안경 한 쌍을 구매할 때마다, 와비 파커가 개발도상국의 필요한 사람들에게 안경을 한 쌍을 기부한다. 이 프로그램을 통해 와비 파커는 전 세계적으로 수백만 쌍의 안경을 기부하였고, 이는 교육, 취업, 일상생활에 긍정적인 영향을 미친 것으로 평가된다.

와비 파커의 이러한 목적 경영 활동은 안경을 통해 시력이 개선된 사람들은 교육과 경제 활동에 더 적극적으로 참여할 수 있게 되어, 지역사회 전체의 발전에 기여하고 있다. 또 와비 파커는 직원들에게 봉사 활동에 참여할 기회를 제공하며, 지역사회와 환경에 긍정적인 영향을 미치기 위한 다양한 노력을 한다. 이러한 활동을 통해 와비 파커는 단순히 상품을 판매하는 기업을 넘어, 긍정적인 사회 변화를 추구하는 친사회적인 목적 경영 기업의 역할을 충실히 수행하고 있다.

10. 친환경 세계로의 여행, 세븐스 제네레이션 Seventh Generation

"다음 7세대를 위해 세상을 건강하고 지속가능하며 공평한 곳으로 바꾸는 것이다"

나를 괴롭히는 침입자는 크게 두 종류이다. 외부 침입자와 내부 침입자.

외부의 침입은 급성이라 표가 난다. 별똥별처럼 증상이 눈에 띄기도 한다. 내부의 침입은 만성이다. 단번에 표가 나지는 않지만, 방치해 쌓이면 치명적이다.

사실 나는 자연치유 능력이 뛰어나 걱정이 없다. 내가 먹여 살리는 생명들이 걱정이다. 내 자연치유 능력이 나를 완치시키는 데 200년이 걸린다. 200년 동안에 인간은 일곱 세대가 지나간다. 그들이 내가 정화될 때까지 버텨낼지 걱정이다. 내부의 침입자 인간들이…

알란 뉴먼Alan Newman과 제프리 홀랜더Jeffrey Hollender는 1988년에 세븐스 제네레이션Seventh Generation을 설립한다. "우리는 모든 결정을 내릴 때 다음 7세대에 미칠 영향을 고려해야 한다." 브룬트렌드

위원회가 아메리카 원주민의 시각으로 정의한 지속가능성에 대한 정의이다. 이러한 사고방식을 바탕으로 에너지, 물, 자원 절약 제품을 판매하는 통신판매 회사에서 오늘날 다국적 홈 케어 브랜드로 발전했다. 천연, 안전, 유기농 세정제를 개발하여 "타협하지 않는 깨끗한 제품"을 제공하기 위해 최선을 다하는 회사 세븐스 제네레이션Seventh Generation이다.

1988년에 설립된 세븐스 제너레이션은 다음 7세대와 그 이후 세대의 건강을 키우겠다는 목표로 시작되었다. 그들은 단지 군중 속의 또 다른 얼굴이 아니라 변화의 선구자가 되기 위해 헌신하기로 했다. 세븐스 제네레이션Seventh Generation의 목적은 "다음 7세대를 위해 세상을 건강하고 지속가능하며 공평한 곳으로 바꾸는 것"입니다. 이것은 우리의 결정이 다음 7세대에 미치는 영향을 고려해야 한다는 이로쿼이로족Iroquois의 위대한 법전Great Law에서 유래한 회사 이름 자체에 반영되어 있다.

제품을 만들 때 어떤 동물도 해를 입히지 않고, 동물 실험을 하지 않는다는 약속의 증거로 리핑 버니Leaping Bunny 인증을 자랑스럽게 표시한다. 그들은 제품의 포장재에서부터 제조 과정에 이르기까지 지속가능성과 환경 보호를 고려한다. 회사는 재활용 가능하거나 재생 가능한 자원을 사용하며, 온실가스 배출을 줄이기 위해 노력한다. 이와같은 다양한 방법을 통해 세븐스 제네레이션은 환경과 동물 복지를 동시에 지키면서 책임 있는 기업의 역할을 한다.

그들은 모든 구매 결정이 다음 7세대의 건강을 키울 소비자 혁명이라는 생각을 했다. 그들의 제품은 지구와 미래 세대에 대한 헌신의 증거이다. 환경에 대한 마음을 갖고 친환경 제품으로 지속가능한 미래를 향한 길을 닦고 있는 존재 이유가 분명한 회사이다. 종업원을 채용 시에는 회사의 지속가능성 및 환경적 책임이라는 회사의 목적과 가치인 투명성, 윤리적 소싱 약속에 대한 이해와 열정을 가진 지원자를 선호한다.

"우리의 목적이 비즈니스를 이끌고 비즈니스가 우리의 목적을 이끌고 있다. 우리가 목적에 충실할수록 소비자와 환경 모두를 위해 더 나은 제품을 만들 수 있으며, 이를 통해 제품과 시장 자체를 혁신하는 데 재투자하여 다음 7세대와 그 이후의 건강을 증진한다는 우리의 사명으로 돌아갈 수 있다." 세븐스 제네레이션 CEO 조이 버그스타인의 말이다.

이러한 의도적인 행동이 소비자들의 박수만 받은 것이 아니다. 그 결과 연간 매출 2억 5천만 달러, 2006년 이후 두 자릿수 성장률, 6억 달러 규모의 유니레버를 인수하기에 이르렀다. 목적 중심 경영업체로서의 세븐스 제너레이션은 선한기업의 이미지와 소비자들이 현명한 사고방식으로 목적 브랜드 문화에 완전히 통합되어 지속가능한 비즈니스 명품브랜드로 보상받고 있다.

11. 집과 직장 사이 제3의 공간
스타벅스Starbucks

"인간정신에 영감을 불어넣고 더욱 풍요롭게 한다."

공간의 완성은 흐름이다. 3차원 체적을 만들었다고 공간이 완성되는 것은 아니다 흐름이 없는 체적에는 시간이 없다. 뭔가가 흘러야 시계가 째깍이고, 사람이 들어갈 수 있다.

아름다운 것들을 채운다고 공간이 완성되는 것이 아니다. 그곳 만의 느낌이 있어야 완성이 된다.아름다운 입자보다 고유한 느낌의 파동이 공간을 완성한다.

잘 구운 커피향은 거절할 수 없는 호객꾼이며, 그곳만의 느낌이 흐르면 제3의 공간이 된다.

스타벅스Starbucks의 성공 이야기는 목적 중심 경영의 화려한 표본이다. 그들의 목적은 단지 좋은 커피를 판매하는 것만이 아니라, 고객들이 커피를 즐기는 동안 '세 번째 공간'을 만들어 주는 것이었다.

스타벅스는 제리 볼드윈Jerry Baldwin, 고든 보커Gordon Bowker, 그리고 지브 시글Zev Siegl 세 명이서 1971년에 설립한 세계 최대의 커피 체인이다. 그 이름은 허먼 멜빌의 소설 『모비딕』에서 따온 것으로,

이는 대양을 넘는 모험과 발견의 상징이었다. 처음에는 단순히 고급 커피 원두를 판매하는 곳이었다.

스타벅스의 기업 목적은 "커피를 통해 인간 정신을 창조하고 유지하며, 그 과정에서 세상을 조금이라도 바꾸는 것"이다. 이것은 스타벅스의 공식적인 목적으로, 그들의 사명과 비전을 반영하고 있다.

스타벅스의 가장 큰 성공 요인 중 하나는, 그들이 커피를 판매하는 것보다 더 큰 목적, 즉 사람들의 생활에 긍정적인 변화를 가져오려는 노력을 통해 고객들과 진정한 연결을 만들었다는 것이다.

하워드 슐츠가 스타벅스의 CEO를 다시 맡았을 때, 그는 이렇게 말했다. "우리는 다시 스타벅스의 존재 이유와 핵심가치에 집중해야 한다. 그리고 그것은 우리의 고객들과 직원들, 그리고 커피에 대한 우리의 열정이다." 이 이야기는 스타벅스가 그들의 목적 중심 경영을 통해 어떻게 성공했는지 보여주는 좋은 예다.

그들은 고객들에게 커피를 제공하는 것을 넘어, 진정성 있는 목적을 이루기 위해 노력하는 과정에서 이룩한 목적성과가 스타벅스를 단순한 커피 체인점이 아닌, 사람들의 생활에 긍정적인 변화를 가져오는 제3의 공간으로 창출해냈다.

스타벅스 로고는 그리스 신화의 세이렌을 상징한다. 원래 세이렌은 바다에서 항해하는 사람들을 유혹하는 여신이다. 세계의 모든 스타벅스 고객이 이 여신의 유혹에 빠져있다. 나도 예외는 아니다. 하지만 유혹에서 벗어날 수 있는 방법은 목적과 가치관이 뚜렷하면 벗어날 수 있다는 것을 스타벅스에서 우리에게 경각심을 주는 것 같다.

스타벅스는 목적을 실현하기 위하여 전 세계에서 가장 좋은 커피콩을 사용하여 고객에게 탁월한 커피 경험을 제공한다. 그들은 전 세계 커피 생산자들과 공정하고 윤리적인 관계를 구축하고 유지하며, 공정무역에 의한 커피만 판매하고 커피 농부들에게 자원과 교육을 제공하며 심지어는 그들의 생활조건 개선까지도 힘쓰고 있다.

스타벅스는 2000년부터 공정무역 인증 커피를 제공하기 시작했으며, 그 이후로 공정무역 커피에 대한 지원을 지속적으로 확대해왔다. 스타벅스는 공정무역 커피를 통해 농부들이 적정한 가격을 받을 수 있도록 돕고, 지역사회를 개선하며, 환경을 보호하는 데 기여하고 있다.

스타벅스는 공정무역 커피뿐만 아니라 자체 윤리적 원두 소싱 프로그램 C.A.F.E. Coffee and Farmer Equity Practices를 운영하고 있다. 이 프로그램은 커피 생산자들이 환경 보호, 사회적 책임, 경제적 공정성을 지키도록 돕는다. 이 프로그램을 통해 스타벅스는 농부들에게 농업 기술, 지속가능한 농업 방법 및 기타 필요한 지원을 제공한다. 이러한 노력을 통해 회사는 커피 산업 전반에 긍정적인 기여하고 있으며, 동시에 소비자들에게 고품질의 커피를 제공하고 있다.

스타벅스는 또한 사회공헌 활동에도 적극적으로 참여하고 있으며, 2018년 기준으로 약 11억 달러의 사회공헌금을 기부했다. 스타벅스는 각종 전문 평가기관에서 높은 평가를 받고 있다. 2018년에는《포브스》지에서 세계에서 가장 가치 있는 브랜드 10위 안에 선정되었으며, 2019년에는 《컨슈머 리포트》지에서 가장 신뢰할 수 있는 브랜드 1위에도 선정되었다.

스타벅스는 "커피와 문화를 통해 세상을 연결한다"는 목적을 가지고 성공을 거둔 대표적인 기업이다. 스타벅스의 성공은 기업이 단순히 이윤을 추구하는 것만이 아니라 목적과 비전을 명확히 하고 이를 달성하기 위하여 종업원, 고객, 지역사회 등 다양한 이해관계자들과 함께 가치를 창출을 위한 실천으로 지속가능한 성장을 이룰 수 있다는 것을 보여주는 숭고한 사례이다.

12. 맛과 웰빙의 선한 목자
초바니Chobani

"보다 나은 음식을 많은 사람이
먹을 수 있도록 하는 것"

사람은 박테리아 같은 단일 세포가 아니다. 사람은 수많은 세포가 이룬 세포 협동체. 협동하느냐 별개로 노느냐가 건강의 갈림길이다. 암세포는 협동을 거부한 세포들의 집단 반란이다.

우리가 음식을 먹는 것은 여러 가지 의미가 있다. 그중 하나는 에너지원의 공급이고, 또 하나는 협동 세포의 합류다.

협동 세포 > 장내 유익균 > 김치 > 요거트 = 발효 식품

발효 식품을 먹는 것은 그 두 가지를 한번에 해결한다.

한국에선 김치, 미국에선 요거트. 미국의 일등 발효식품을 탐낸 터키의 양치기 초바니. 요거트 중에서도 끈적한 세포 협동체 그릭요거트.

햄디 울루카야Hamdi Ulukaya는 2005년에 그리스 스타일의 요거트로 미국의 요거트 브랜드의 대표 회사인 초바니Chobani를 창립했다.

햄디 울루카야는 터키 출신으로 터키에서 공부하고, 미국으로 이민을 왔다. 당시 미국에서는 그리스 스타일의 요거트가 널리 알려져 있지 않았으며, 울루카야는 이를 기회로 삼아 초바니를 설립한다.

울루카야는 고용 창출, 지역사회에 대한 기여, 그리고 헌신적인 직원 복지로 널리 인정받았다. 그는 직원들에게 회사 주식을 나눠주고, 그들이 성장에 기여할 수 있도록 격려했다. 또한 난민 지원과 사회적 책임에 큰 관심을 가지고 있다. 그는 난민들에게 일자리를 제공하고, 그들이 새로운 삶을 시작할 수 있도록 지원하는 다양한 프로그램을 운영하고 있다.

초바니는 요거트 및 기타 유제품을 생산하는 미국 기업으로, 기업의 존재 목적인 "더 나은 음식을 많은 사람이 먹을 수 있도록 한다"는 목적을 실현하기 위해 사회적, 환경적 책임을 다하고자 노력하는 선한 기업이다. 초바니는 무엇보다도 고객에게 건강하고 영양가 있는 제품을 제공하는 것을 목표로 한다.

그들은 천연 재료와 신선한 유제품을 사용하고, 인공 첨가물과 방부제 사용하지 않으며, 그들은 재활용 가능한 포장재 사용을 촉진하고, 온실가스 배출량을 줄이며, 지속가능한 농업 관행을 지원하는 등 건강한 식생활을 촉진한다.

터키어로 '목자'를 의미하는 이름인 '초바니'는 자신의 제품뿐만 아니라 지역공동체를 돌보려는 울루카야의 선한 의도를 담고 있었다. 초바니는 그릭요거트의 인기가 미국 전역에 폭발적으로 퍼지면서 거부할 수 없는 음식이 되었다. 초바니는 이 혁명을 주도했으며 2012년에는 미국에서 가장 많이 팔리는 요거트 브랜드가 되었고 그릭요거트는 미국 요거트 시장의 절반 이상을 차지했다. 초바니는 다양성과 포용성을 증진하고, 직원들에게 교육 기회와 커리어 개발의 기회를 제공한다.

혜성처럼 성장한 초바니는 단순히 맛있는 요거트 때문만은 아니다. 성공의 중심에는 건강한 제품 제공, 사회적 책임 실천, 직원 복지 증진, 환경보호와 지속가능한 경영에 중점을 두고 고객, 직원, 지역공동체, 그리고 환경에 긍정적인 영향을 미치고자 하는 선한 기업문화가 있었다.

지역사회를 지원하고 더 건강한 라이프 스타일을 장려하기 위한 초바니 자선단체 Chobani Foundation을 설립했다. 또 식품 산업에 대한 파괴적이고 건설적인 야망을 가진 식품 스타트업을 멘토링하고 지원하기 위해 초바니 인큐베이터 Chobani Incubator를 설립했다. 이 프로그램의 주요 목표는 좋은 음식을 만들고 모든 사람이 이용가능하며, 지속가능하고 건강에 좋은 제품을 생산하는 스타트업 회사들을 돕는 것이다.

초바니 인큐베이터는 참가하는 스타트업들에게 자본금, 멘토링, 교육, 네트워킹 기회 등 다양한 혜택을 제공한다. 프로그램의 지원 기간은 일반적으로 4개월이며, 이 기간에 스타트업 회사들은 비즈니스 전략, 브랜딩, 마케팅, 생산, 유통 등의 분야에서 전문 지식과 경험을 쌓을 수 있다.

초바니 인큐베이터는 창업자인 함디 울루카야의 사명에서 시작되었다. 그는 식품 산업에서의 혁신을 지원하고, 더 나은 세상을 만들기 위해 스타트업들을 돕고자 했다. 이 프로그램을 통해 초바니는 식품 산업의 혁신가들과 협력하며, 그들의 성장을 돕고, 더 건강하고 지속가능한 미래를 향해 나아가고 있다.

2020년에는 《포브스》에서 "미국에서 가장 혁신적인 기업 50위"에 선정되었다. 초바니는 명확한 목적을 달성하기 위한 비전은 '보다 나은 세상을 만들기 위해 사업을 이용하는 것'이었다. 기업가정신의 횃불이자 이민자 성공의 잠재력과 확고한 사회적 책임에 대한 강력한 헌신이 어떻게 회사의 재정적 성공뿐만 아니라 사회에 대한 긍정적인 영향을 주도할 수 있는지를 보여주고 있다.

13. 좋은 음식과 따뜻한 마음의 오아시스
징거맨스 Zingerman's

"훌륭한 음식, 훌륭한 서비스, 훌륭한 재정, 훌륭한
쇼핑 장소, 훌륭한 일하는 장소, 이 모든 걸 하나의
훌륭한 회사에서!"

배고픈 사람에게 음식은 허기를 채우는 것이다. 허기를 채운 사람에게 음식은 맛이 있어야 한다. 맛을 누린 사람에게 음식은 즐거움이 함께해야 한다. 즐거움이 식상한 사람에게 음식은 추억이 되어야 한다.

그 사람과 함께 했던 공간과 시간을 떠올리게 하는 음식. 사랑의 허기도, 사랑의 달콤함도, 사랑의 즐거움도, 모두 채워주고서 그 사랑을 떠올리게 하는 추억의 상징.

앤아버의 델리카트슨 징거맨스.

징거맨스Zingerman's는 1982년에 경영에 관심이 깊은 폴 새기노Paul Saginaw과 요리와 음식에 열정이 있는 애리 웨인즈웨이그Ari Weinzweig라는 두 친구가 설립했다. 고품질의 식품과 음식문화에 대한 애정과 지식을 공유하고 사람들에게 나누겠다는 창업정신을 가지고 미국

미시간주 앤 아버$^{Ann\ Arbor}$에서 설립한 음식 기업이다.

  이 두 창업자는 작은 델리 카페에서 시작하여, 최고의 품질과 고객 서비스에 대한 헌신으로 회사를 음식 기업 그룹으로 성장시켰다. 징거맨스는 품질, 예술적인 식품 제품에 대한 헌신, 그리고 고객 서비스와 비즈니스 문화에 대한 독특한 접근 방식으로 높은 평가를 받고 있다. 이 회사는 예외적인 고객 경험과 고품질 제품의 중요성을 강조하려는 다른 비즈니스에 대한 모델이 되었다.

  징거맨스의 기업의 목적은 다음과 같다. "Great Food, Great Service, Great Finance, Great Place to Shop, Great Place to Work, All in One Great Company!" 즉, "훌륭한 음식, 훌륭한 서비스, 훌륭한 재정, 훌륭한 쇼핑 장소, 훌륭한 일하는 장소, 이 모든 걸 하나의 훌륭한 회사에서!"이다.

  이를 실현하기 위한 사명으로 "We Share the Zingerman's Experience, Selling Food That Makes You Happy, Giving Service That Makes You Smile, In Passionate Organizations That Are Financially Sound." 즉, "징거맨스 경험을 나누며, 행복하게 만드는 음식을 판매하고, 웃게 하는 서비스를 제공하며, 재정적으로 건강한 열정적인 조직을 유지하는 것"이다.

  징거맨스는 창업정신을 정신을 최우선 가치로 여긴다. 고객에게 최상의 경험을 제공하기 위해 끊임없이 노력하며, 고객의 만족을 소중하게 생각한다. 장거맨스는 환경과 지역 공동체에 대한 사회적 책임을 강조하며, 지속가능한 경영을 추구한다.

고품질의 신선한 식재료와 손으로 만들어진 제품을 고객에게 제공하여 높은 품질을 목표로 한다. 징거맨스는 종업원들은 물론 공동체와 함께하는 지식 공유와 교육을 중시한다. 징거맨스 대학을 통해 직원들과 고객들에게 다양한 교육 기회를 제공한다.

징거맨스는 목적 중심 경영을 원칙으로 한다. 그들은 단순한 이윤 추구 그 이상으로 모든 활동과 서비스에는 명확한 목적이 담겨 있다. 이 목적은 승객과 고객에게 최고의 서비스를 제공하는 것, 그리고 직원들에게는 성장과 발전을 위한 기회를 제공하는 것이다. 따라서 징거맨스는 탁월한 사내 복지와 고객 서비스로 안팎으로 평판이 좋다. 그들은 고객에게 최고의 경험을 제공하기 위해 노력하며, 이를 통해 고객들의 신뢰와 충성을 얻고 있다.

놀라운 것은 징거맨스는 독립 기업으로, 그들의 독립성을 유지하며 자율적으로 경영하고 있다. 이러한 독립성은 그들의 창의성과 기업문화에 긍정적인 영향을 미치고 있다. 징거맨스는 직원들의 교육 및 개발을 높은 가치로 여긴다. 종업원들의 교육과 개발에 큰 중점을 두는 기업으로 유명하다. 그들은 직원들에게 학습과 성장을 지원하며, 파트너십 트랙과 같은 교육 기회를 제공하여 종업원들이 커리어 개발과 사업을 발전시킬 수 있도록 돕고 있다.

이 회사의 교육 과정에는 "징거맨스 사람 교육" 또는 "징거맨스 웨이인 징거맨스의 경영철학과 가치교육"이 있다. 직무 역량 향상, 리더십 발전, 팀 협력, 고객 서비스 스킬 등 다양한 주제를 다루며,

종업원들이 개인 및 직장에서의 성장을 이룰 수 있는 플랫폼 교육을 상시 지원한다.

또한 징거맨스는 종업원들이 그룹 내의 다른 사업 부문으로 이동하거나, 나중에 자신의 사업을 창업하는 것을 지원하기 위한 "징거맨스 파트너십 트랙"과 같은 프로그램을 운영한다. 프로그램 완료 후, 참가자들은 징거맨스 그룹 내에서 자신의 사업을 시작하거나 관리할 기회를 얻을 수 있다. 사업 영역과 종류에 따라 종업원들은 회사 내에서의 재창업 기회를 받을 수 있고, 자신의 경력을 확장할 수 있다. 파트너십 트랙 참가자들은 징거맨스 웨이를 준수하며, 고객 서비스와 품질에 대한 높은 표준을 유지해야 한다.

14. 교육을 통한 변화의 등대,
아짐 프렘지 재단 Azim Premji Foundation

"모든 인도인이 삶의 모든 면에서
최선의 기회를 가질 수 있도록 돕는 것"

인도는 인구가 많다. 중국을 따라잡아 세계 1위가 되었다. 인도의 GDP 순위는 세계 6위이지만, 1인당 GDP 순위는 140위다. 인구가 많아서일까? 빈부 격차가 커서일까? 해결책은 무얼까?

빈부 격차를 줄여도 인구수에 눌려 별다른 효과가 없을 것이다. 그래서 고기를 나누어 주기보다 고기 잡는 법을 나누어 주기로 했다. 누구에게나 통하는 고기 잡는 법은 교육이다.

특히 교육은 소외된 지역의 어린이들에게 필요하다. 그래서 10억 달러 이상의 부자만 할 수 있는 기부 서약을 했다. 내 재산의 절반 이상을 인도 전역의 교육의 질을 올리는 일에 내놓았다.

내 이름은 아짐 프렘지다.

아짐 프렘지 Azim Premji는 위프로 Wipro라는 IT 기업의 창립자로서 엄청난 부를 쌓았다. 위프로는 인도의 글로벌 정보기술IT, 컨설팅 및 비즈니스 프로세스 서비스 회사로 1945년 창업하여 최초에는 식용유, 비누 등을 생산하는 소규모 회사였지만, 1980년대에 IT분야로 진출하면서 급속히 성장한 회사이다. 그러나 그는 그 부를 혼자 누리기보다는, 이를 사회를 위해 사용하겠다고 결정했다. 그가 "Giving Pledge"에 서명하여 그의 재산 대부분을 기부할 것을 약속한 것은 그의 이러한 의지를 보여주는 좋은 예이다.

그의 기부 대부분은 아짐 프렘지 재단Azim Premji Foundation을 통해 이루어졌다. 아짐 재단의 존재 이유인 목적은 "모든 인도인이 삶의 모든 면에서 최선의 기회를 가질 수 있도록 돕는 것"이다. "모든 인도인이 삶의 모든 면에서 최선의 기회를 가질 수 있어야 한다"고 믿었으며, 아짐 재단을 통해 교육, 보건, 농업, 환경 등 인도 사회의 다양한 분야에 기여하고 있다.

이 재단은 교육의 질 개선과 교육의 접근성 확대를 목표로 하고 있다. 이런 목표는 프렘지가 교육의 중요성을 깊이 이해하고, 교육을 통해 사회적 불평등을 줄일 수 있다는 신념에서 비롯된 것이다. 재단은 교사 교육, 학교 리더십 개발, 교육 연구 등 다양한 프로그램을 통해 이 목표를 추구하고 있다.

이러한 헌신과 노력은 많은 사람의 삶을 바꾸는 데 크게 기여하고 있으며, 아짐 프렘지 재단은 전 세계적으로 존경받고 있는 목적 중심의 조직이 되었다. 아짐 프렘지 재단은 다양한 프로그램을 통해 인도 전역의 교육 체계를 개선하는 데 초점을 맞추고 있다. 교사 교육과 학교 리더십 개발, 교육 연구, 아짐 프렘지 대학 통해 인도의 교육과 사회적 발전에 기여하고 있다.

2013년에는 《포브스》지가 세계에서 가장 존경받는 기업 중 하나로 선정했으며, 2014년에는 유엔이 지속가능발전목표SDGs에 기여한 공로를 인정하여 SDGs 챌린지상을 수여했다. 2015년에는 컨설팅 회사 맥킨지가 인도에서 가장 효과적인 자선 재단 중 하나로 선정했으며, 2016년에는 비영리 단체 평가기관 컴패션 인터내셔널이 인도에서 가장 투명한 자선 재단 중 하나로 선정했다.

아짐 재단은 인도에서 교육 개선에 대한 긴장감을 다루는 것을 목적으로 한다. 이 재단은 모든 어린이와 젊은이들이 질 좋은 교육을 받아 성장할 수 있도록 하는 것이 중요하다고 믿는다. 이는 공공교육체계를 개선하고, 교사 및 교육자의 역량을 강화하며, 교육에 대한 연구와 정책 개발을 지원함으로써 실현되고 있다.

재단의 가치관은 공평성, 정직성, 관대함, 유연성 등을 포함한다. 이 재단은 개인의 인권과 존엄성을 존중하며, 모든 사람에게 교육 기회를 제공하는 것을 중요하게 생각한다. 또한, 이 재단은 연구를 통한 지식 창출, 협력을 통한 변화, 그리고 지속가능한 개발을 추구한다. 재단의 조직문화는 열린 통신, 협력, 배움, 그리고 연구와 실무 사이의 긴밀한 연결로 재단의 구성원들은 지속적으로 배우며, 동료들과 공유하며, 그들이 받은 교육을 실제 상황에 적용하는 데 노력한다.

아짐 재단의 성공은 목적 중심 경영의 힘을 보여주는 좋은 예다. 그들은 명확한 목적과 가치관을 가지고 있으며, 그들은 가치관을 따라 활동한다. 이 재단은 자신들의 사명 실현에 필요한 전략과 행동을 취하면서, 동시에 사회적 목표를 위해 공적 자원을 활용하고 있다. 아짐 재단이 목적 중심 조직으로 우리에게 주는 시사점은 조직의 명확한 목적과 사명이 필요하며, 사회적 목적을 추구하는 기관들은 그들의 노력이 사회에 어떻게 기여하는지 보여줄 수 있어야 한다.

15. 단지 한 조각의 스낵바가 이룬 기적, 카인드KIND

"'건강한 스낵바'를 넘어,
'건강한 삶의 동반자'가 되는 것"

K씨는 가슴을 쓸어내린다. 190까지 치솟던 혈압이 140대로 내려갔다. 혈압조절을 위해 시작한 소식이 효과를 낸 것이다. 갑자기 줄어든 음식량에 반항하는 위장을 달래는 것이 힘들다. 쉽게 꺼내 먹을 수 있는 건강한 간식이 필요하다.

간식을 찾다 마주친 캐치프레이즈 "더 친절하고 건강한 세상을 만들기 위해 작은 것부터 천천히 해가자"

스낵으로 더 나은 세상을 만든다면 믿고 먹을 수 있는 간식일 것이다.

K: Keep it natural

I: Ingredients you can pronounce

N: Nutritious and satisfying

D: Delicious and convenient

KIND 스낵은 K씨에겐 한없이 친절한 간식이다.

"내 몸에 친절한 것이 가장 친절한 것이다."

몸이 아파본 K씨의 한마디.

멕시코 출신의 다니엘 루베츠키Daniel Lubetzky는 팔레스타인과 이스라엘의 소규모 기업들을 서로 연결하여 상호 이해와 협력을 도모했다. 이 경험은 그에게 사업을 통해 긍정적인 사회적 변화를 만들 수 있다는 영감을 주었다. '한 조각의 스낵바를 넘어, 건강을 추구하는 이들의 삶의 질을 향상시키는데 기여한다'는 소명의 부름으로 2004년에 카인드KIND를 창업했다.

그는 인공 첨가물과 고당도 설탕으로 가득 찬 스낵바 시장에서, 건강한 대안을 창출하겠다는 각오로 사업을 시작한다. 루베츠키는 천연 재료로 만든 스낵바를 제공하여 사람들의 건강한 선택을 지원하겠다는 목표를 세웠고, 그것이 카인드의 출발점이었다. 카인드는 이 목적을 더욱 명확히 하기 위해, 경영의 원칙을 세웠다. 그 원칙은 이익 추구를 넘어, 사회적 가치 창출과 지속가능성, 그리고 소비자의 건강을 지키겠다는 것이었다.

카인드는 소비자의 신뢰를 얻고자 제품의 성분과 제조 과정에 대한 투명한 정보를 공개한다. 그들은 고객이 의식 있는 소비 결정을 내릴 수 있도록 지원하며, 진정성 있는 브랜드 이미지를 구축하고 있다. 카인드의 노력은 결코 헛되지 않았다. 카인드의 제품은 건강에 좋은 스낵바를 찾는 소비자들로부터 큰 호응을 받았으며, 이는 카인드를 세계적인 스낵바 브랜드로 발전시키는 데 결정적인 역할을 하였다. 그들의 제품은 현재 세계 여러 나라에서 사랑받고 있다.

그러나, 카인드는 단순히 제품을 판매하는 것 이상의 가치를 추구했다. 카인드는 사회적 문제에 대한 인식을 높이고, 지역사회의 발전을 지원하는 다양한 사회적 책임 프로그램을 구축했다. 카인드는 제품을 넘어서 소비자와 사회에 긍정적인 변화를 만들어냈다. 그들은 기업의 목적과 가치를 실현하는 동시에, 소비자들에게 건강한 스낵 옵션을 제공하여 삶의 질 향상에 이바지하고 있다.

이러한 동기부여와 목적이 그들의 제품을 고객들에게 큰 신뢰를 얻게 했고, 그 신뢰는 그들의 지속적인 성공에 큰 도움이 되었다. 카인드는 이 모든 걸 가능하게 하는 원동력이 되는 중요한 가치관들을 가지고 있다. 카인드의 기업활동은 '건강한 스낵바를 넘어, 건강한 삶의 동반자'가 되는 것을 목표로 하는 카인드의 비전과 가치관을 강력하게 반영하고 있다. 이러한 원칙과 가치들은 소비자들이 카인드와 깊은 공감대를 가지게 했다.

그들의 제품은 단순히 맛있고 건강한 스낵일 뿐만 아니라, 그들의 사명과 가치를 소비자들에게 전달하는 수단이 되었다. 카인드는 자신들의 제품을 통해 소비자들에게 더 나은, 더 건강한 선택을 할 수 있음을 보여주었다. 지금은 전 세계에서 수백만 명의 소비자들에게 사랑받는 브랜드가 되었다.

카인드 사회공헌 프로그램 KIND Causes은 매달 공동체의 삶을 개선하는 데 도움이 될 수 있는 프로젝트를 선정하여 $10,000의 기금을 제공한다. 이 프로그램은 는 교육과 관련된 프로젝트를 지원하며, 이는 학교에서 사용할 과학실험장비, 도서 등 교육 자료를 구입하거나, 교육프로그램을 개발하는 데 사용될 수 있다. 또한 건강과 웰빙에 중점을 둔 지역사회의 건강 클리닉을 위한 의료 장비를 구입하거나, 건강 교육 프로그램을 운영하는 데 기금을 사용한다. 환경 보호와 관련된 프로젝트도 지원받을 수 있다. 이는 공동체 내에서 나무를 심거나, 재활용 프로그램을 구현하는 데 사용될 수 있다. 사회적 서비스를 제공하는 비영리 단체를 지원한다. 이를 통해 노숙자를 위한 쉼터를 운영하거나, 식량 은행에 기금을 제공하는 등의 활동을 지원한다.

카인드는 교육, 건강, 환경 보호, 사회적 서비스 등 여러 분야에서 커뮤니티의 삶을 개선하려는 프로젝트에 기금을 제공함으로써 목적 경영 기업으로서 자신들의 사회적 책임을 다하고, "건강한 스낵바를 넘어, 건강한 삶의 동반자"라는 목표를 실천하고 있다.

제9장

한국에서 목적 중심 경영을 실천하는 기업은 있나?

1. 21세기 음악의 거장 BTS를 배출한 빅히트 뮤직

"Music & Artist for Healing"
"음악과 아티스트를 통해 사람들에게
위로와 감동을 준다"

청춘의 벽을 부수고
새로운 세계로 나아가는 BTS
그들의 이름은 총알을 막아내는 방패

MZ들의 고통과 편견을 막아내고
자신들의 음악적 가치를 지키겠다는
그들은 청춘의 목소리, 희망의 메신저

음악을 통해 세상을 변화시키겠다는
청춘들의 연인, 21세기 음악의 거장
방탄소년단
그들의 노래는 진정성으로 가득하다
청춘의 고민과 아픔을 내 아픔처럼
긍휼과 함께 희망을 노래한다

그들은 세계의 젊은이들의 희망
청춘의 영웅, 청춘의 목소리의 대변자
그들은 21세기 음악의 거장
방탄소년단

나는 BTS, 방탄소년단이 대한민국 젊은이라는 것이 가슴 벅차게 자랑스럽다. 어떻게 이러한 일이 가능할까? 나는 개인적으로 10년 전부터 BTS의 팬이다. '방탄소년단'이라는 이름의 뜻은 무엇일까? "방탄복이 총알을 막아내는 것처럼 살아가며 10대, 20대가 겪고 있는 힘든 일과 편견을 막아내고 자신들의 음악적 가치를 당당히 지켜내겠다"는 의미를 담고 있는 이름이 아닐까?

BTS는 본래 '방탄소년그룹Bang Tan Sonyeundan'의 준말이다. 최근 현재와 과거, 미래를 아우르는 개념으로 음악을 통해 세상을 변화시키고 싶은 그들의 의지 'Beyond The Scene'의 의미를 추가했다. 이는 매 순간 청춘의 장면을 뛰어넘는다는 의미를 가지고 있다.

그들은 전반적으로 10대와 20대 청춘들의 생각과 고민, 삶과 사랑, 꿈과 역경을 주요 주제로 하는 노래들을 통해 자신들만의 세계관을 구축하고 있으며, 연계되는 이야기를 다양한 음악을 통해 유기적으로 풀어나가는 모습을 보여준다.

방탄의 팬덤은 아미ARMY이며 청춘을 위한 사랑스러운 대표자의 방탄과 언제나 함께한다는 의미를 담고 있다. 회자되는 말로 세계의 3대 음악의 거장이 있다고 한다. 19세기에는 베토벤이 있었고, 20세기에는 영국의 록 밴드 비틀즈가 있었고 21세기에는 대한민국의 BTS가 있다고 한다. 비틀즈 시대를 흠뻑 느끼며 살아온 개인적인 견해로는 비틀즈보다 세계 젊은이들에게 주는 영향력은 비교하지 못할 정도로 물리적이나 정신적으로 크다고 생각한다.

이들의 어워드는 2018년, 2019년, 2020년 빌보드200 1위, 빌보드100 1위, 9개의 빌보드 뮤직어워드와 그래미어워드 후보에 오른 최초이자 유일한 대한민국의 음악그룹으로 거론하기 어려울 정도로 많다. 활발한 SNS 소통으로 전 세계에서 가장 많은 리트윗을 기록한 트위터 최다활동 음악그룹이다.

또한 방탄소년단은 유니세프와 '나 자신을 사랑하자LOVE MYSELF' 캠페인을 진행하면서 앨범의 판매 순이익 3%, 캠페인 공식 굿즈 판매 순익 전액, 일반인 후원금을 기부하는 등 의미 있는 사회활동과 자선활동에 참여하고 있다. 미국의 국제 흑인 인권 운동 Black Lives Matter 사회운동에 12억 원을 기부하였다. 유엔총회 연설을 2번씩이나 했으며 얼마 전에서 미국의 백악관에 초대되어 연설한 적이 있다. 자랑스러운 대한민국의 보배들이다.

방탄소년단의 예술성과 영감은 인문적 소양과 철학적 배경을 바탕으로 하고 있다. 각 앨범과 노래의 소재는 헤르만 헤세의 『데미안』에서, 〈피 땀 눈물〉이라는 곡은 프리드리히 니체의 『차라투스트라는 이렇게 말했다』에서 인용했으며, 뮤직비디오 배경에는 허버트 제임스 드레이퍼의 그림 《이카로스를 위한 탄식》과 피테르 브뢰헬의 그림 《추락하는 이카로스가 있는 풍경》과 《반역 천사의 추락》이 등장하고 있다. 《너 자신을 사랑하자LOVE YOURSELF》시리즈 음반은 주로 에리히 프롬의 『사랑의 기술 』과 제임스 도티의 회고록 닥터 도티의 『삶을 바꾸는 마술가게』에서 영감을 얻었으며, 《서울의 지도 Map of the Seoul》 음반은 머리 스타인의 심리학서 『융의 영혼의 지도』에서 영감을 얻은 작품이라고 한다.

왜 세계 젊은이들이 BTS에 열광하는지를 이제 이해할 것 같다. 오랜 역사와 인문 고전들을 공부하여 이를 7명의 아티스트를 통해 음악으로 표현했기 때문이다.

나는 세계 젊은이들에게 품격 있는 음악으로 용기와 삶의 의미를 부여하는 창업자이면서 대표인 방시혁을 존경한다. 그는 JYP 엔터테인먼트에서 작곡가로 활동했다. 2005년 2월 1일에 빅히트 뮤직을 설립하고 대표이사로 취임했다. 방시혁은 방탄소년단의 프로듀서이자 빅히트 뮤직의 수장으로서 세계적인 성공을 거두었다. 그는 2020년 포브스 선정 세계에서 가장 영향력 있는 인물 100인에 선정되었다.

전 세계 MZ세대들에게 BTS하면 떠오르는 단어에 대한 조사한 설문에서 70% 이상이 '진정성Authentic'과 '진실된Genuine'이라는 단어를 떠올렸다고 한다. 이보다 더 이상 아름다운 찬사와 신뢰가 어디 있겠는가? 이들의 21세기 세계적인 음악의 거장이라는 말에 더 이상 어떠한 믿음과 신뢰가 필요할까? 코로나가 끝나면 가장 가고 싶은 나라 1위가 대한민국이라고 한다. 얼마 전 뉴스에서도 일본 젊은 이들이 비자를 받기 위해 한국대사관 앞에 천막을 치고 밤새 기다린다고 한다.

　수많은 세계 젊은이들이 BTS가 부르는 노래를 한국어 떼창으로 따라 부르며 이들이 부르는 노래의 뜻을 알기 위하여 영어, 중국어도 아니고 한글을 배우기 위해 난리라 한다. 세계적으로 한국어 교사 품귀현상이란다. 문화 중에 제1의 문화가 언어이다. 세계 젊은이들이 우리의 문화에 빠져있고 이에 깊은 관심을 갖고 배우길 원하고 있다. 이 현상은 그렇게 간단히 간과하고 넘어갈 일이 아니라 생각한다. 우리 대한민국 젊은 아티스트들이 세계의 젊은 청년들에게 희망과 꿈과 위로를 주고 있다.

　대한민국 역사상 누가 이런 일을 해왔고 할 수 있단 말인가? 영국은 비틀즈에게 작위까지 부여한 점을 잊지 않았으면 좋겠다.

　그룹 리더인 RM부터 진, 슈가, 제이홉, 지민, 뷔, 정국 등 7명의 멤버들은 1997(24세)년생부터 1992(29세)생으로 이제는 대한민국 청년으로서 국방의 의무에서 자유롭지 못하다. 정치가들은 표를 의식해서 더 이상 이들이 병역 문제를 미루지 않길 간절히 바랐다. 국가와 정치권은 후회하지 말고 정치적 이권과 당을 초월하여 진정 국가의 이익을 생각해서 BTS병역 문제를 슬기롭게 해결하길 간절히 바랐지만 그 실망이 크다.

　사욕으로 가득한 정치가들의 국가관, 세계관, 문화관, 인문학적 소양의 한계를 여실히 보여주는 것 같아 안타까울 뿐이다. 그들이 어른이었다. 그들은 국가에게 아무런 불만 없이 떳떳하게 보라는 듯이 차례로 군에 입대하고 있다. 그 모습이 아름답기까지하다. 이를 무시하고 정치적으로 이용하려던 위정자들은 반드시 역사적인 평가를 받게 될 것이다.

　방탄소년단 소속사 방시혁 대표가 이끄는 빅히트 뮤직은 대한민국에서 목적 경영을 하고 있는 대표적인 연예기획사이다. 우리는 한 번도 우리 스스로가 처음으로 창조하여 세계적으로 1등을 해본 적이 없는 나라이다. 그저 선진국의 사례를 벤치마킹하기에 바빴다. 어떻게Know-How의 저주에 빠져 베끼거나 흉내 내기에 총력을 다했고 지금도 학교에서도 '어떻게 공부'에 여념이 없다. 이 공부법의 한계는 절대 원천기술을 낳지 못한다. 원천기술은 '왜'라는 물음에서 탄생한다. 〈서울대에서 누가 A+학점을 받는가〉라는 연구에 따르면 지금까지의 서울대는 '어떻게 공부법' 공장이었다 한다. 대한민국의 한계는 여기까지이다. 하지만 방시혁 대표는 달랐다.

　나는 개인적으로 그를 만나본 적이 없지만 회사 홈페이지나 그의 활동을 보면 창업할 때 분명한 '왜'를 가지고 있었다. 그는 분명한 회사의 목적선언문(사명)과 핵심가치를 가지고 시작했다. 빅히트엔터테인먼트는 "Music & Artist for Healing", "음악과 아티스트를 통해 사람들에게 위로와 감동을 준다"는 목적적 스토리는 세계 최고 수준의 엔터테인먼트 라이프스타일 플랫폼 기업을 지향한다. 회사구성원들과 목적의 공유를 성공적으로 내재화에 성공한 플랫폼조직으로 글로벌 트렌드를 이끌고, 콘텐츠와 고객인 팬을 최우선으로 두는 가치관이 오늘날 방탄소년단을 21세기 음악의 거장으로 만든 기적을 일으켰다고 생각한다.

세계적인 음악 아티스트를 배출한 빅히트 뮤직은 2020년 10월 15일에 미국 뉴욕 증시에 상장했다. 상장 이후 빅히트 뮤직의 이름은 '하이브'로 변경되었다. 하이브는 빅히트 뮤직 외에도 레이블 SJ, 플레디스 엔터테인먼트, 이타카 홀딩스 등을 소유하고 있다.

빅히트 뮤직은 세계적인 평가가 매우 높다. 2022년 빌보드 선정 '세계 음악시장 리더'에 선정되었으며, 2023년 《포브스》 선정 "세계에서 가장 가치 있는 엔터테인먼트 회사" 4위에 올랐다. 빅히트 뮤직은 방탄소년단과 같은 세계적인 아티스트를 보유하고 있으며, 뛰어난 콘텐츠 제작 능력과 글로벌 마케팅 능력을 인정받고 있다.

빅히트 뮤직 소속 아티스트들은 빌보드 차트에서 많은 성과를 거두며, K-POP의 위상을 높이고 있다. 방탄소년단[BTS] 소속사인 빅히트 뮤직은 목적 중심 경영방식으로 세계적으로 성공한 기업으로 인정받고 있다. 그들의 여정은 엔터테인먼트 산업과 그 이상의 시사점과 인사이트를 주고 있다.

첫째, 방탄소년단은 음악과 퍼포먼스를 통해 자신의 정체성을 포용하고 자신을 진정성 있게 표현함으로써 팬들과 강한 유대감을 형성해 왔다.

둘째, 방탄소년단은 음악과 자선 활동을 통해 정신건강, 자기 사랑, 사회적 압력과 같은 의미 있는 사회적 문제를 다루고 돕는다.

셋째, 방탄소년단은 성공적으로 언어와 문화적 장벽을 초월하여 그들의 음악, 안무, 시각적 스토리텔링으로 전 세계 다양한 청중 특히 젊은이들에게 다가갔다.

넷째, 방탄소년단은 소셜미디어 플랫폼, 팬 이벤트 및 개인 상호작용을 통해 ARMY로 알려진 팬층과 적극적인 소통으로 팬에게 강한 공동체 의식과 소속감을 주어 팬들이 가치 있고 인정받는다고 느끼게 했다.

다섯째, 방탄소년단의 성공은 각 구성원은 자신의 고유한 강점을 적극 활용하고 합의를 통해 의사결정을 내린다.

여섯째, 방탄소년단의 긍정적인 메시지와 사회적 참여는 전 세계적으로 청소년 문화에 상당한 영향을 미쳤다. 그들은 세계의 젊은이에게 롤 모델이 되어 꿈을 추구하고 다양성을 포용하며 변화를 만들도록 영감을 준다.

여전히 K-POP은 세계적으로 인기다. 방탄소년단도 처음에는 판에 박힌 듯한 아이돌을 만드는 공장이라는 가혹한 평판과 비난을 받았다. 예술성과 테크닉도 물론 중요하다. 하지만 방시혁 대표가 이끄는 방탄소년단이 그들의 혹평에도 불구하고 세계적으로 존경받는 K-POP 그룹으로 우뚝 설 수 있었던 이유는 방탄소년단이 왜 존재해야 하는지를 분명히 알고 이 약속을 지키기 위해 고난과 시련의 과정을 이겨낸 목적성과 임을 알아야 한다. 깜빡하고 사라지는 그룹들이 얼마나 많았는가?

지속가능은 성과우위가 아니다. 조건적 자신감이 아닌 근원적 자신감은 존재우위에서 나온다. 부디 빅히트 뮤직을 이끄는 방시혁대표와 가족들은 목적과 초심 잃지 말고 지속가능한 세계 최고의 아티스트를 보유한 엔터테인먼트 기업으로 대한민국을 문화의 강국으로 이끄는 데 큰 역할을 해주길 바란다. 이 책을 빌어 진심으로 대한민국을 빛내준 BTS에게 '존경하고 사랑한다'는 말을 전한다.

2. 대한민국에 목적 중심 경영을 실천하는 중소기업 CDE

우리는 자동차 엔프라모듈부품 히든 챔피언 기업이
되어 대한민국이 세계 제일의 자동차 강국이 되는데
기여한다

나침반 바늘의 떨림이 여행을 부추긴다.
차에 올라 네비에 북극성 좌표를 찍는다.
액셀을 밟아 비전을 향해 박차를 가한다.
브레이크의 완급조절이 지속가능을 보장한다.
핸들은 가치관 차선을 지키며 목적을 쫓는다.
급진적 거북이의 갈지자 여행은 즐거움이다.
타이밍 체인 가이드, 파워 윈도우 기어 등등.
K-자동차 곳곳의 쇠보다 강한 엔프라 부품들
북극성 여행 동반자 CDE Inc.의 숨결이다.

처음 보는 이상한 회의

경기도 화성에 중소기업의 목적 중심 경영으로 조용한 혁명을 준비하는 중소자동차 부품 제조업체가 있다. 매주 월요일 아침 7시 종업원이 50명인 한 중소기업의 회의실이다. 회의실 각자의 테이블에 마련된 김밥과 커피를 마시면서 가벼운 대화들이 오가는 이 회사의 중간관리자들의 얼굴이 밝다. 잠시 후 "지금부터 CDE의 주간 '목적성과지표 공유회의'를 시작하겠습니다. 서로 인사를 나누겠습니다." 라는 사회자 멘트와 동시에 "반갑습니다, 사랑합니다"라는 인사로 회의실 분위기가 밝아진다. 언젠가 대표이사가 "반갑습니다"라는 말은 순우리말로 당신은 나의 반쪽과 같다는 의미라고 설명했다.

  회의 진행은 매주 각 부서가 돌아가며 준비하고 진행한다. "이번 주 회의를 주관하게 된 품질보증부 구한별입니다. 오늘 회의는 0월 0주 차 목적성과지표 공유회의입니다. CDE의 목적 경영성과를 달성하기 위하여 한 주 동안 계획하고 실행했던 성과를 리뷰하고 금주의 WIG$^{Weekly\ Important\ Goal}$의 공유와 협조를 통하여 회사 공동의 목적과 목표를 달성하는데 있으며 회의 시간은 1시간을 예정하고 있습니다. 사회자는 연이어 지금부터 CDE의 목적선언문을 다 같이 낭독하고 회의를 시작하겠습니다." 사회자 멘트와 동시에 회의에 참가한 모든 관리자들은 "우리는 대한민국이 세계 제일의 K-자동차 강국이 될 수 있도록 자동차 엔지니어링 플라스틱 모듈 부품 히든 챔피언 기업이 되어 국가와 사회에 기여한다."고 선언했다.

  이어서 "① 모든 업무의 의사결정권자는 목적이다. ② 목적의 실현으로 변화와 성과를 만든다. ③ 목적 중심 인게이지먼트 조직문화를 계승한다. ④ 전문가가 될 수 있는 학습놀이터를 제공한다. ⑤ 히든 챔피언 5item을 매년 확보한다. ⑥ SQ를 모체로 1000ppm의 품질목표를 달성한다. ⑦ 자발적 ESG 비전지표를 달성한다." 예순여섯 자로 이루어진 목적선언문과 3문장의 가치관과 4문장의 비전을 마치 한 사람이 읽는 것처럼 능숙하게 읽어 내려간다. 이 모습은 하루 이틀 연습해서 되는 정도가 아니다. 2000년부터 매주 이 회사의 월요일 아침에 일어나고 있는 모습이다.

여기서 끝이 아니다. 이어서 대표이사가 "여러분 주말 행복하게 지냈습니까?"의 인사말과 동시에 대표이사 자신의 목적선언문을 진지하게 또박또박 읽어 내려간다. 읽는다기보다는 이미 암기한 것을 말하는 듯하다. "나는 종업원들과 생계를 넘어 진정성 있는 회사의 목적을 위해 소명으로 협업할 수 있는 놀이터 자동차 부품 히든 챔피언 기업을 만들어 국가와 사회에 기여하겠습니다." 이어서 임원의 목적선언문 낭독과 회사 목적을 달성하기 위한 '주간 공동 목표'의 지난주 실적과 리뷰, 금주 공동의 목표를 공유한다.

이어서 고객지원부(영업)부터 경영지원부(관리)에 이르기까지 해당 부서장의 목적선언문을 낭독하고 해당 부서의 지난주 주간 목적성과와 금주 목적성과계획을 공유한다. 이 회사는 관리자라면 누구나 WIG$^{Weekly\ Important\ Goal}$이라는 주간 주요업무 목표달성을 계획서를 작성한다. 이 계획서 좌측 상단에는 본인의 목적선언문이 붙박이로 탑재되어 있다. 상단 중앙에는 주간 회사의 공동의 목표가 있고 상단 가장 우측에는 자신의 금주 중점목표 3~4항목이 기재된다. 이후 하단에는 요일별 목표 달성을 위한 세부 시행 내용이 소요 시간과 함께 기록된다. 이 세부 업무들은 회사의 목적과 자신의 목적과 화살표가 그어진다. 쉽지 않아 보이는 업무 보고서와 시스템이다.

우리 회사를 방문한 분들은 목적 중심 경영의 업무 방침에 너무 어려울 것 같다는 표정을 지으며 부정적인 피드백을 한다. 하지만 이 WIG는 회사 공유시스템에 의하여 공유되고 현관 전실에 누구나 눈에 볼 수 있도록 자랑스럽게 게시된다. 관리자들은 거의 본인이 약속한 업무를 진행한다. 진행하지 못한 업무는 반드시 리뷰된다. 이 양식에서 주목할 만한 것은 계획서 가장 하단에는 타부와의 업무협조와 이 회사의 품질시스템 SQS와 관련된 공유와 협조 내용이다. 회의는 현안으로 제기되고 있는 협력업체별 개발 아이템의 진행현황과 고객의 품질현황, 내부 공정품질현황의 공유와 토론을 한다. 마지막으로 타 부서와의 업무협업에 관하여 정보를 주고받는다.

  이 회사는 부서 이기주의가 없다. 타 부서 업무협조는 자기 부서 일을 우선한다는 가치관을 바탕으로 하는 조직문화가 있다. 결국, 회사의 목적성과는 한 부서의 월등한 성과가 아니라 회사의 목적을 달성하기 위한 협업으로만 가능하고 효과적이며 지속적일 수 있다는 것을 이 회사 관리자들은 잘 알고 있다. 협조와 협동과는 다르다. 협업은 목적이라는 매개체가 있을 때만이 가능하다. 좀처럼 볼 수 없는 중소기업의 회의 방식과 내용이다. 이 회사의 회의 분위기는 서로를 지극히 존중하는 분위기다.
  이 회사도 이전에는 타사처럼 에고와 갈등, 큰소리 등의 과거도 있다. 회의 이름부터가 목표가 아니라 "목적성과지표 공유회의"이다. 이 중소기업은 10년 전부터 최고경영자가 목적 경영을 선포하고 이에 도전하고 있다. 강한기업이 살아남는 것이 아니라 살아남는 기업이 강한 기업이라 했다. 이 회사는 1997년 창업 이래 25년을 수성해오고 있다.

  회의는 여기서 끝이 아니다. 본 회의를 마친 후 짧게는 30분 길게는 40분 정도 다 같이 읽는 독서 시간이 있다. 방법은 한 권의 책을 정해서 끝날 때까지 다 같이 돌아가며 낭독으로 책을 읽는다. 이 과정만큼은 대표이사가 주관한다. 이 회사만의 필독서가 여러 권이 있고, 필요에 따라서는 신간을 선정하여 함께 낭독하며 독서한다. 이 회사 대표이사만의 독서에 대한 철학이 있다.

  독서는 지식을 얻기 위한 유의독서가 아닌 자신이 지금까지 잘못 알고 있는 남의 지식과 시대에 뒤떨어진 지식을 버리기 위한 무의 독서를 권장한다. 따라서 시중에 범람하는 자기계발서와 리더십 관련 서적에는 관심이 적다. 독서를 처음 시작했을 때는 구성원들이 책을 소리 내어 읽는 것이 익숙해하지 않았다. 하지만 이제 모두가 프로급으로 능숙하게 또박또박 잘 읽는다. 대표이사는 마음에 와닿거나 중요하다고 생각하는 부분에서는 읽기를 중단시키고 밑줄을 긋게 한다. 관리자들이 이해하기 어려울 것 같은 부분에서는 이해 여부를 그들에게 묻기도 하고 직접 설명하며 이해시켜주려고 애쓴다. 이렇게 월요일 주간 목적성과 회의는 끝난다. 매주, 매월, 매년, 같은 시간 같은 장소에서 같은 일이 10여 년간 반복되지만 결과가 똑같지는 않다. 이 반복이 많은 차이를 만들어 냈고, 이 차이가 또 다른 반복으로 이어져 신화를 만들어내고 있다. 국내에서는 처음 시도하고 있는 이 회사만의 고유한 목적 경영이 뿌리를 내리고 있다.

오후 5시가 되면 월요일 제외한 화, 수, 목, 금 4일간 오후 5시가 되면 부서장들이 자연스럽게 회의실에 모인다. 이후 20분간 자유로운 분위기 속에서의 당일 업무에 관한 이슈를 주제로 클로징 미팅을 한다. 클로징 미팅의 주관자는 따로 없다. 주제도 없다. 하루에 있었던 긴급하거나 소중한 업무 중심으로 정보를 주고받는다. 고객품질 문제, 사내 공정품질 문제, 긴급원자재 수급 문제, 납기 지연 문제, 종업원 근황, 고객 대응 등 다양한 문제 등 여느 회사에서도 있을 수 있는 현안들이다. 하지만 이 회사는 어느 경우에도 회의 최종의 결정권자는 '회사의 목적'이라는 것을 잘 알고 있다. 참 이상한 회의가 맞다.

이 회사의 마법의 문장… 목적선언문

이 회사에 들어오면 로비의 센터에 자리잡은 85인치 모니터에서 "당사 방문을 환대합니다"라는 슬라이드에 이어 몇 초 간격으로 회사의 목적선언문, 대표이사 목적선언문, 종업원 스스로 묻는 셀프 코칭 질문 7가지, 올해의 히든 챔피언 아이템 5가지가 슬라이드 쇼로 반복되어 보여진다. 회사 곳곳에 회사 목적선언문, 부서 목적선언문, 관리자 목적선언문 등이 게시되거나 배너 형태로 놓여있다. 회사 곳곳마다 플래카드가 보인다.

나는 이 일을 왜 하는가? / 나는 회사의 목적에 자긍심을 갖고 있는가? / 나는 회사의 목적과 내일을 연결하고 있는가? /

나는 목적으로 모든 결정을 중재하고 있는가? / 나는 목적 중심으로 조직을 이끌고 있는가? / 나는 계속 학습의 자극을 받고 있는가? / 나는 긍정적 에너지 소유자인가?

'목적선언문'이라는 단어는 외부인에게는 익숙하지 않다. 다른 회사에서는 홈페이지 등에서 남에게 보여주기 위한 사명과 비전 등이 그럴싸한 문장으로 게시되어 있는 것을 흔히 볼 수 있다. 그런데, 이 회사의 목적선언문은 무엇일까? 이 회사는 최고경영자가 목적 중심 경영을 선언한 지 11년째이다. 개인에게 살아가야 할 존재 이유가 있는 것처럼 회사가 몇 번의 어려운 각성 사건을 경험한 후에 회사가 왜 존재해야 하는지 의문을 품기 시작했다.

그러던 중 대표이사는 스티븐 코비 박사의 『성공하는 사람들의 7가지 습관The Seven Habits of Highly Effective People』이라는 책과 만났다. 코비 박사가 근대 세계사 중에서 세상을 크게 바꾼 영향력 있는 사람들을 연구했다. 그 결과 7가지 정도의 공통적인 습관을 가진 사람들이라는 사실을 밝혀냈다. 이러한 7가지의 바람직한 패러다임을 가지고 사는 습관을 생활화하면 리더로서 영향력을 행사할 수 있다는 내용과 실천법을 소개하는 경영학 도서이자 자기계발서에 속한다. 이 회사 대표이사는 7가지 습관에 심취되어 결국에는 이 습관을 전파하는 퍼실리테이터가 되었고, 2003년 그 당시 중소기업으로서는 고가의 교육비에도 불구하고 전 종업원에게 이 교육을 이수시켰다.

이 책에서 말하는 첫 번째 습관은 주도적 삶의 습관으로 삶에 '모든 선택에는 자유가 있고, 그 선택의 책임은 오로지 자신에게 있다'는 내용이다.

두 번째 습관은 '끝을 생각하며 시작'하는 습관으로 모든 일에는 계획이 우선이고 후에 실천이 있어야 한다는 내용이다. 설계 도면을 그린 후에 건축시공에 들어가야 하듯 사람의 인생도 미래에 대한 계획이 먼저이며 그러한 계획 없이 산다는 것은 무모하다는 것이다.

세 번째 습관은 '소중한 것을 먼저' 하는 습관이다. 이 습관은 다른 말로는 '시간 관리의 습관'이라고도 불린다. 특히 이 습관은 나에게 삶에서 가장 소중한 것부터 먼저 하는 것이 시간을 효과적으로 활용할 수 있다고 말한다. 100% 공감되는 이야기이다. 여기서 사람마다 다르겠지만 나에게 가장 소중한 것이 무엇일까? 질문을 받으면 독자들은 어떠한 답을 하실지 궁금하다. 여기까지의 세 가지 습관에 익숙해진 사람은 자기 자신을 규제하는 능력이 뛰어난 셀프 리더의 조건을 갖춘 사람이다.

네 번째 습관은 '승–승을 생각'하는 습관이다. 이 습관은 사람들의 상호작용은 6가지가 있다. '승–패, 패–승, 패–패, 승–승, 승, 승–승' 아니면 '무거래'가 있다. 우리는 대부분 가정에서나 직장에서 승–패 또는 상대방 입장에서 패–승의 경험을 많이 한다. 하지만 스티븐 코비 박사는 '승–패'나 '패–승'이 계속되면 결국 모두 '패–패'로 갈 수밖에 없다고 주장한다. 그래서 우리는 '승–승'으로 갈 수밖에 없는데 이는 쉬운 일이 아니다. 그래서 이 습관의 방점은 '승–승'을 생각하라Think Win-Win이며 'Think'가 핵심이다.

다섯 번째 습관은 '상대 먼저 이해'하고 다음에 내 입장을 이해시키는 것이다. 소통의 습관 또는 공감적 경청의 습관이다. 소통은 상대가 무슨 생각을 하는지 알아내는 것이다. 그러기 위해서는 말하기보다 듣기, 그것도 공감하며 들어주기가 우선이다.

여섯 번째는 시너지를 내는 습관이다. 이 습관은 둘 이상의 사람이 모여서 어떤 일을 하면 각자 한 일의 물리적 합보다 품질이 좋아지거나 수량이 많아지면 시너지가 났다고 한다. 이처럼 둘 이상의 사람이 같이 일을 할 때는 각자의 다양성과 차이점을 소중하게 여기는 창조적인 협력이 시너지를 낸다고 주장한다. 이 세 가지 습관을 잘 실천할 수 있는 사람은 대인관계 리더십이 뛰어나다고 말한다. 그래서 전반 세 가지 습관은 셀프 리더십에 속하고 후반 세 가지 습관은 대인관계 리더십에 속한다.

마지막으로 일곱 번째 습관은 '끊임없이 쇄신하기'다. 나는 개인적으로 쇄신이라는 용어보다 업그레이드라는 말을 즐겨 쓴다. 지금까지 설명한 여섯까지 습관의 삶을 살려면 끊임없이 자신을 정신적, 육체적, 사회적, 영적 차원에서 균형 있게 그것도 지속적으로 업그레이드해야 한다고 주장한다. 이 여섯 가지 습관은 성숙의 연속성이 있어 처음에는 선형적으로 습관을 익혀야 하지만, 익숙해진 후에는 자신이 중요하거나 약한 부분을 비선형적으로 보완해 갈 수도 있다.

구태여, 이 책을 소개한 것은 이 회사 대표이사가 목적 경영을 시작하게 된 배경과 동기를 설명하기 위해서다. 이 회사의 경영자는 이 책에 매료되어 그 당시에 매우 낯설었던 개인의 사명과 가치관을 만들고 나아가서는 '가족 사명서'까지 만들기에 이르렀다. 이 7가지 습관을 실행하며 살기 위해서 프랭클린 플래너를 쓰기 시작했고 지금까지 22년간을 플래너와 동행의 삶을 살고 있다. 22년간의 플래너 바인더가 대표이사실 책장에 보관되어 있다. 사람들은 마침내 이 회사 대표이사를 '걸어 다니는 7 Habits'이라는 별명까지 붙였다고 한다.

그도 그 말이 싫지는 않았다고 한다. 그는 개인 사명을 넘어 조직의 사명을 만들어 종업원들과 실천하면 어떨까를 생각했고 급기야는 회사의 사명서를 만들어 종업원에게 공표했고 실천에 들어갔다. 그러던 중 숙명과 같은 또 한 권의 책과의 만남이 이 회사를 본격적인 목적 중심 경영조직으로 만들어냈다. 그 숙명과 같은 책은 이화여대 윤정구 교수가 쓴 '진성리더십'이다. 이 회사 대표이사는 원래 기계설계학을 전공한 공학도이다. 한때는 베스트셀러였고 지금은 스테디셀러인 『표준도해 기계용어사전』의 저자이다. 한 개인이 기계용어사전을 출판한다는 것은 쉬운 일이 아니다. 연구소 초년병 시절에 겪었던 불편함을 후배들과 기계를 전공하고 연구하고 개발하는 분들에게 도움이 되고 싶었던 의지의 산물이다.

그러던 그가 평생교육 & HRD전공 박사과정에서 진성리더십의 저자 윤정구 교수와의 기적같이 만나 〈중소기업 최고경영자의 진성리더십이 조직효과에 미치는 영향(긍정심리자본이 매개된 GWP조직문화의 조절효과를 중심으로)〉라는 주제로 교육학 박사학위를 받았다. 이후 연구자로서 중소기업경영자로서, 지속적인 학습을 바탕으로 진성리더십과 목적 중심 리더십, 목적 중심 경영 등에 관심을 갖고 한국조직개발경영학회 수석부회장으로 연구와 강연 활동을 하고 있으며 중소기업 경영자를 위한 목적 경영학교를 설립하여 대한민국 목적 경영 전파에 활발한 활동을 하고 있다.

그는 『목적 중심 리더십』과 『목적 중심 경영』의 역자이기도 하다. 결국 '목적 중심 경영 측정도구개발 및 타당화'를 논문으로 검증해 냈다. 윤정구 교수님의 든든한 후원과 지도의 산물이다. 이 연구는 국내는 물론 국제적으로도 처음으로 시도한 연구이다. 그는 '목적 경영 도구 개발'의 최초의 연구자이며 직접 목적 경영을 실천하고 있는 중소기업 경영자이다. 그는 이 도구가 목적 경영 프로그램을 평가하고 개발하는 도구로 유용하게 활용되길 바라고 있다. 이 책의 마지막 장에 부록으로 수록되어 있다.

이 회사가 목적 경영을 처음 시작할 때는 관리자들과 종업원들도 몰랐다. 대표이사만의 생각과 의지로 듣지도 보지도 경험하지도 못했던 목적선언문을 여기저기 걸어놓고 회의 시작할 때 읽게 하고 종업원들의 황당해하는 모습이 지금도 눈에 선하다고 한다. 처음에는 대표이사 혼자만의 의지로 시작했다. 시간이 지나 해가 더 해가며 중간관리자들이 사장이 하는 짓이 진실성이 있다는 것을 조금씩 깨달으며, 이 회사는 달라지기 시작했다. 그렇다, 목적 경영을 성공하기 위해서는 최고경영자가 진성리더의 검증을 통과해야 한다. 경영자는 진정성 있는 목적적 스토리를 종업원과 공유하고 이를 지키기 위한 처절한 어려움을 극복하는 과정에서 종업원들의 정서적 반향을 일으키고 영감을 주어야 한다.

  이 회사 경영자는 기회를 놓치지 않고 중간관리자들에게 진성리더십과 목적 경영을 적극 교육하기 시작했다. 조직 목적의 중요성과 개인 목적의 중요성을 알렸고 이 회사의 중간관리자들에게 그들의 목적선언문을 스스로 찾도록 코칭했다. 조직이든, 개인이든 존재의 이유인 목적은 만드는 것이 아니라 찾는 것이다. 목적은 고유한 것이기에 더욱 그렇다. 천재 조각가 미켈란젤로는 바위 속에서 아기천사를 보았고, 이후에 바위를 쪼아서 아기천사를 자유롭게 했다고 표현했다. 그처럼 조직이든 개인이든 목적을 찾는 것은 산고를 겪는 만큼 어려운 과정을 통해서 찾아진다.

  이렇게 갖게 된 중간관리자들의 목적선언문은 회사 곳곳에 게시가 되고 그들의 책상에 심지어는 앞에서 설명한 WIG^{주간 주요 업무계획서}에도 삽입되어 있어 항상 그들과 함께한다. 벌써 10년 가까이 된다. 이제 회사의 목적선언문도 그들의 자신의 목적선언문에도 익숙하다. 이제 그들이 이 회사, 그 자리에 왜 있어야 하는지를 잘 안다. 회사의 목적에 자긍심을 가지고 있다. 이제 그들에게 직장은 생계를 넘어 심리적 안정감이 있는 제2의 가정이다.

  그들에게 목적선언문은 회사의 최종 의사결정권자로 작동하고 있다. 그들에게 목적선언문은 학습의 자극을 주고 있다. 그들에게 목적선언문은 조건적 자신감이 아니라 근원적 자신감을 갖고 일하게 만든다. 그들은 목적선언문으로 그들의 조직을 이끌고 있다. 그들에게 목적선언문은 그들을 조직의 에너자이저로 만들어준다.

그들에게 목적선언문은 전통적인 근로계약이 아니라 조직과 자신의 성공을 위한 리더십 서약이다. 이들이 행하고 있는 다른 기업이나 조직에 볼 수 없는 이러한 행위들을 기존의 전통적인 경영과 구분하여 목적 중심 경영이라 한다. 이 회사는 더 이상 종업원을 목표를 달성하기 위하여 당근으로 도구적 몰입을 시키지 않는다. 이러한 전통적 카리스마 경영은 더 이상 지속가능하기 어렵다. 이 회사 경영자는 조직의 진정성 있는 철학과 목적을 종업원과 공유하고 이를 지키기 위한 일관되고 치열한 모습을 보여왔다. 그 모습을 지켜본 종업원들의 마음에 정서적 반향을 일으켜 그들이 인게이지먼트 되어 생계가 아닌 소명으로 일하도록 했다. 이 회사 구성원의 직업적 소명은 영혼과 역할을 연결해주는 그 무엇이다. 구성원이 소명으로 일하는 조직만이 경험할 수 있는 것이 인게이지먼트이다. 자신의 고유한 목적과 조직의 목적이 맥락을 이루고 있다.

회사의 목적선언문에는 존재 이유의 목적선언문 전문과 세 가지의 가치관과 네 가지의 비전이 동사형 문장으로 구성되었다. 목적선언 전문과 가치관은 바뀌지 않지만, 비전만큼은 매년 반드시 바뀐다. 비전은 최종 목적지에 다다르기 위한 당해 연도 구체적 목표이기 때문이다. 관리자들의 목적선언문도 같은 패턴이지만, 이 회사의 목적 중심 경영의 비밀은 여기에 숨겨져 있다. 이들의 목적선언문 역시 목적선언문 전문과 두 가지의 공통된 가치관과 4~5개의 비전이 있다. 두 가지 가치관은 회사의 세 가지 가치관과 함께 이 회사의 조직문화를 유지하고 있다.

첫 번째가 업무의 최종 의사결정권자는 목적이다. 두 번째, 타 부서와의 협업에서는 자기 부서 일을 우선한다. 다른 회사나 다른 조직에서는 생각조차 하기 힘든 일일 것이다. 하지만 이 회사에서는 이것이 아름다운 조직문화로 자리 잡았다. 더 중요한 것은 각 부서마다 다른 비전이다. 이 4~5가지 비전들은 주간, 월간 성과지표 항목으로 정해져 매주, 매월 정량적 지표로 관리되고 있다. 회사의 목적과 부서의 목적과 연계된 구체적인 목표인 비전의 실천이다. 최고경영자가 보아도 이것은 신의 한수다. 향후 목적 중심 경영에 관심 있는 경영자들은 주목해야 할 부분이다.

이 회사 사업계획은 다르다. 연말이 되면 목적선언문 리비전 Revision이 사업계획의 전부다. 그중에서 비전이 중요하다. 일상 업무는 구태여 사업계획에 들어가지 않는다. 회사의 목적을 달성하기 위해서 당해 연도 자신의 부서가 회사에 기여할 수 있는 비전을 설정하는 것이다. 자신들이 정하고 자신들이 실천한다. 최고경영자는 최종 목적선언문이 결정될 때까지 목적선언문을 근거로 한 멘토 역할을 할 뿐이다.

이들은 영혼을 집에 두고 오는 다른 회사의 종업원들과 달리 영혼과 함께 출근한다. 그래서 이들은 얼굴이 유난히 밝다. 그 회사의 좋고 나쁨은 종업원 이직률을 보면 안다고 했다. 세계적인 경영평가기관에서도 이직률 지표를 중시한다. 최근 세계적으로 대기업들은 조용한 사직이 유행이라 한다. 이 회사는 지방에 있는 열악한 중소 제조업임에도 불구하고 최근 4~5년간 이직자가 한 명도 없다. 중소기업에서 정말 쉽지 않은 일이다. 퇴직자는 정년퇴직자뿐이다. 그들은 거의 재계약으로 계속 근무하고 있다.

이 회사는 목적 중심 경영으로 종업원들이 인게이지먼트^{Engagement} 되어있다. 최근 HRD 화두는 리더십도 코칭도 아닌 인게이지먼트가 단연 선두에 위치하고 있다. 학계나 논문에서는 인게이지먼트를 '직무 열의'라고 번역하지만, 이 회사 경영자는 '인게이지먼트'를 고집하고 있다. 인게이지먼트는 목적 경영이 최고의 선물을 줄 수 있는 종속변수이기 때문이다. 인게이지먼트는 종업원이 몸과 마음, 생각이 온전하게 통합된 상태에서 소명으로 자신의 업무를 수행하는 상태를 말한다. 이 회사 구성원들은 여느 중소기업과 마찬가지로 그리 좋은 학벌을 가졌거나 속칭 엘리트 출신은 없다. 하지만 그들은 계약된, 정해진 8시간이 중요한 것이 아니라 1시간을 일해도 몸, 마음, 생각이 통합된 온전한 자신을 가지고 일한다. 적어도, 그들 스스로 왜 그 자리에서 일하고 있는지를 이해하고 있다. 그리고 최고경영자는 이러한 종업원을 자랑스럽게 생각한다. 이 중소기업은 그들만의 고유하고 진정성 있는 목적으로 무장한 한국 최초의 목적 중심 경영 중소기업이다.

이 회사 왜 이렇게 깨끗해요?

이 회사는 화성이지만 밀집된 공업지역에 있지 않고 한가한 조그마한 산자락에 있다. 이 회사에 들어서면 '진성카페'와 '진성도서관'

간판이 눈에 보인다. 진성? 회사 이름과 다르게 왜 '진성'인지가 궁금해진다. 이 회사 대표에게 진성眞性에 대해 물었더니, 진성은 리더가 가진 품성으로서 리더의 철학과 스토리를 실체적 체험을 통해 믿음으로 전환되어 나타나는 말, 행동, 정서이며 이것이 인간의 본질적 속성이 믿음으로 내재화된 '목적의 향기'라고 말한다.

귀 기울여 들어도 이해하기 쉽지 않은 뜻이다. 말하자면 리더십의 크기는 진성의 크기와 같다는 말이다. 진성의 크기는 성품의 깊이와 같다. 그러한 목적의 향기로 손님을 맞이하는 곳이 진성카페이다. 바로 옆의 진성도서관에 들어서면 정면으로 "사람은 성장하는 동안에는 늙지 않는다"는 김형석 교수의 글귀가 눈을 사로잡는다. 이 회사는 모든 건물이나 시설에는 돈을 많이 들여 만든 듯한 화려함은 없다. 하지만 주어진 여건을 가지고 최대한 성의 있게 가꾸었다는 생각이 든다. 이 진성카페의 카페장은 대표이사라 한다. 카페 내의 디자인, 소품, 부착물 모두가 대표이사 작품이다. 커피와 차, 음료 모든 준비는 대표이사 몫이다. 종업원들은 마시고, 즐기기만 하면 된다.

원두커피 머신, 믹스커피 머신, 국산 차 등, 대형 냉장고를 열면 각종 음료가 준비되어 있다. 커피 원료는 세계적인 목적 경영회사 스타벅스로부터 공수 해온다. 물론 카페 이용이 무료다. 아이스아메리카노를 마실 수 있는 제빙기까지 설치되어 있고 음악과 TV도 설치되어 있다. 한여름에는 다양한 빙과류도 준비되어 제한 없이 먹고 싶은 만큼 먹을 수 있다. 가끔 실사 차 방문하는 대기업 협력업체 분들도 이 분위기에 부러워한다. 대표이사는 종업원들에게 자주 카페의 방문을 해달라고 적극 홍보까지 하고 있다.

타 중소 제조업체와는 달리 정문 밖의 주차장은 비교적 넓다. 이 회사 초기에는 대중교통이 쉽게 닿지 못하는 곳이라 종업원 모집에 어려움을 겪었다. 그래서 1년 전까지만 만해도 통근버스를 운행했다. 하지만 이제 2023년 6월부터는 이 회사 종업원 전원이 100% 자가운전으로 출퇴근하는 회사다. 철저한 장기계획으로 운전면허가 없는 주부사원도 운전면허를 취득하여 자가운전 할 수 있을 때까지 기다려주었다.

작년까지만 해도 외진 곳이고 24시간 공장이 가동되기 때문에 회사의 경비가 있었다. 이제 정문 차량 출입 차단기부터 모두 무인경비 시스템으로 바뀌었다. 경비가 있을 때와 변함이 없다. 다른 중소제조업보다는 운동장이 넓은 편이면 아스팔트포장이 되어있다. 20여 년이 지났지만 아스팔트 위가 먼지가 없을 정도로 너무나 깨끗하다. 회사 출입차량이 정문을 들어올 때 젖은 패드가 차량 바퀴의 흙과 먼지를 1차로 걸러준다. 이 회사는 비가 올 때 운동장에 비질을 한다. 때가 되면 피는 봄꽃과 가을꽃으로 군데군데 큰 화분으로 단장을 한다. 누가 간섭을 안 해도 늘상 자연스럽게 반복되는 일이다.

정문에 들어서면 우측에 경비 없는 경비실이 있고, 복지관으로 1층에는 종업원용 식당과 2, 3층은 기숙사가 있다. 식당은 중소제조업체 식당이라기보다는 호텔 레스토랑 같은 분위기이다. 방문자들이 그렇게 이야기한다. 필요에 따라서는 교육장으로 쓸 수 있도록 85인치 모니터와 와이파이를 비롯한 첨단시설이 잘 갖추어져 있다. 다른 중소기업에서는 보기 드문 종업원용 식당이다. 참고로 이 식당의 요리를 책임지고 있는 분은 한식, 양식조리사 자격이 있는 분으로 20년째 이 회사 종업원들의 건강을 책임지고 있다. 이 회사의 모든 화장실은 모두 호텔 수준이다. 종업원이 환대받는 느낌이다. 이 회사 대표이사의 지론은 '가장 지저분해야 할 곳이 가장 깨끗해야 한다'이다. 이 회사는 언제 어디는 후미진 곳을 가도 정말 깨끗하다. 방문 고객들에게 부럽다는 말을 자주 듣는다.

　이는 하루아침에 이루어지지는 않았을 것 같다. 정리, 정돈은 이 회사의 조직문화로 자리 잡은 듯하다. '필요할 때 쓸 수 있도록 언제나 있어야 할 곳에 있어야 할 물건이 있어야 한다.' 실내화를 갈아 신고 로비로 들어서면 정면에 "Leading from Purpose MMⅡ"라는 흰색 아크릴 문자가 눈에 들어온다. 목적 중심 경영 업체임을 암시하는 문구이다. MMⅡ는 Mental ModelⅡ, 정신모형Ⅱ를 의미하며 회사의 목적 또는 목적선언문을 말한다. 모든 일은 회사의 목적으로 이끌어간다는 말이다.

　그 외에도 목적 경영이 실제 일어나고 있는 현장을 로비에서 한눈에 볼 수 있다. 회사 목적선언문, 대표이사 목적선언문, 부서 목적선언문, 관리자들의 목적선언문, 부서의 핵심적 역할, WIG[주간 중점 목표] 등이 게시되어 있다.

　2, 3층으로 오르는 계단에는 계단과 계단 사이 수직면에 생산성이 아닌 인문적 명언들이 눈에도 마음에도 들어온다. 회의실, 사무실마다 더 이상 깨끗할 수 없을 만큼 정돈된 분위기에 회사 목적선언문, 부서 목적선언문 등이 종업원들에게 마법의 문장이 되어, 의

식의 무의식이 작동되도록 어느 곳에 가도 있다.

　이러한 눈으로 보는 관리가 한때 유행이었다. 낮은 단계의 관리방법이다. 하지만 이렇게 시작한 목적 중심 경영이 실천과 개선을 통해 종업원에게 내재화되면 그 조직은 기적이 일어난다. 이 회사는 자동차부품을 제조하는 중소기업이다. 중소기업 공장이 그러하듯이 생산 현장의 환경이 쾌적하기란 쉽지 않다. 이 회사를 방문하는 분들이 공장을 들어서면서 공통적 반응은 와! 이다. 본인이 생각했던 공장이 아니어서 당황했다는 표현이다. 그렇다 이 회사는 건축물이 화려하거나 크지는 않다 돈을 많이 들여 가꾸지 않았다. 주어진 여건에서 하드웨어보다는 소프트웨어에 중점을 두는 회사이다.

　공장의 밝기부터 다르다. 공장 천장에 빼곡한 LED등이 공장 어느 곳에도 800룩스의 밝은 조명을 만들어 주고 있다. 이 정도면 일반인들이 느끼기에는 공장이 이처럼 밝을 수 있나 정도로 사람의 기분을 좋게 할 정도이다. 바닥은 밝은 녹색의 에폭시 페인트로 사무실처럼 깨끗하다. 생산설비들은 무선네트워크로 연결된 컴퓨터가 장착되어 있고 로봇이 장착되어 생산품의 취출과 정리를 돕고 있다. 극히 적은 인원의 작업자들만이 품질이나 기계 상황을 살피거나 제품이동과 포장에 시간을 할애하고 있다.

　이 회사는 정말 조용하게 24시간이 가동되고 있다. 이 회사는 한마디로 절간처럼 조용한 회사이다. 40여 대의 기계와 원재료를 자동으로 조건을 맞추어 공급해 주는 부대설비, 금형제작을 위한 기계가공 설비, 3차원 측정기(접촉, 비접촉)를 비롯해서 아무리 복잡하고 어려운 제품도 측정할 수 있는 측정 장비들이 가득하다. 이러한 기계와 장비도 어제 구입한 장비처럼 깨끗하다.

생산부를 거쳐 품질보증부, 금형을 제작하고 유지관리 해주는 생산기술부, 이어 회사 제품을 최종 품질로 마무리해서 이 회사의 철학과 가치를 담은 제품을 마무리해서 포장하는 제조2부다. 제조2부는 전부 10여 명의 주부 사원으로 구성되었다. 이들의 평균 근속연수는 15년 이상이다. 22년 차에 정년퇴직하고, 계약직으로 근무하는 종업원도 있다. 대표이사는 이분들의 칭찬에 입이 마른다. 대한민국은 주부 사원의 승리다. 이들은 우리 회사 제품의 품질을 아주 잘한다. 심지어는 생산 현장에서 생산되고 있는 제품까지도 미리 찾아가서 직접 품질까지 체크한다. 매 순간 정말 진지하게 근무한다. 정말 고마운 분들이다. 이들에게는 생계를 위한 직장이 아니다. 소명으로 업을 따르는 종업원이고 이들에게는 직장이 전문가가 되기 위한 각자의 놀이터이다.

제10장

목적 중심 경영은
어떻게 실천할 수 있나?

제10장은 책 전반에 걸쳐 조용한 혁신인 목적 중심 경영에 대하여 내가 아는 바를 정리했다. 경쟁우위가 아닌 존재우위의 지속가능한 경영이 어떠한 것인지를 말하고싶었다. 최고의 경영자는 최상의 실적보다는 조직문화와 족적을 남기는 것이라 했다. 이제 우리는 아는 내용을 실천에 옮겨야 하는 숙제가 있다. 나라는 개인의 실천을 넘어 조직문화로 자리 잡게 해야 한다. 이제 우리가 하려는 실천은 일부는 어려울 수 있지만, 모두 종업원, 고객, 커뮤니티, 투자자 등 우리가 직간접적으로 영향을 미치는 모든 이해관계자를 포함하는 목적 중심기업의 성공에 기여할 것이다.

조직에 활기를 불어넣기 위해서는 조직의 목적을 최우선 순위에 두어야 한다. 회사는 모든 직원에게 회사의 목적과 가치를 공유하고 회사가 이것을 지키고 있다는 것을 확인할 수 있도록 해야 한다. 생계를 넘어 사회와 공동체, 자신이 속한 조직에 의미 있는 일을 하고 있다는 자부심을 갖게 해야 한다. 그러기 위해서는 종업원은 목적에 대하여 정확히 알아야 하고 각자의 직무는 달라도 공통 목적을 갖고 있다는 것을 인지하도록 해야 한다. 공통의 목적이 있으면 회사를 통합하고 온전한 조직문화를 만들어 갈 수 있다.

1. 경영자는 목적의 촉진자가 되어야 한다

목적 중심 경영을 실천의 시자은 경영자의 목적을 구성원과 공유하는 것이다. 자신이 조직의 목적을 달성하기 위한 진정성 있는 스토리를 주기적으로 메시지를 전달하고 공유해야 한다. 결국은 구성원들의 영혼과 역할을 연결해야 한다. 그들은 매일 하는 일과 삶의 목적을 일치시키기를 갈망한다. 결국, 목적과 의미로 가득 찬 삶은 우리 모두가 원하는 것이다. 대부분의 사람은 삶의 목적과 일의 목적이 일치하지 않는다. 사우스웨스트 항공, 디즈니, 애플 등 자신의 이유를 알고 이를 실천하는 기업이 가장 성공적인 기업이다. 이들 기업은 고유한 존재 이유에 따라 생각하고, 행동하고, 소통한다. 단순히 직업이나 경력, 명성이나 재산을 위하지 않는다. 그리고 기업 차원에서 인생의 진정한 목적을 찾고 추구하도록 이끌며 일상의 업무에 구성원들의 삶이 반영되도록 하는 것이다.

직업적 소명은 내가 누구인지, 내가 왜 여기에 있는지, 깊이 연결하여 인간의 존엄성과 가치에 끊임없이 도전하는 사회에서 성공할 수 있도록 하는 그 무엇이다. 직업적 소명은 자신의 고유한 목적 또는 인생의 일을 충실히 추구하는 대담함이다. 일상의 업무와 인생의 일을 일치시키는 데 필요한 어려운 결정을 내리는 데 필요한 명확성과 헌신이다. 이는 자신의 목적 여정을 이끌어가는 원동력이기도 하다.

의미와 목적 지향적인 삶을 살기 위해서는 커리어 개발뿐만 아니라 직업적 소명이 필요하다. '소명'이란 단순히 '경력'의 다른 말이 아니다. 직업이나 업무 활동뿐만 아니라 '삶의 소명'에 관한 것이다. 여러분이 아침에 침대에서 일어나게 하는 원동력이다. 그것은 여러분이 하는 일을 하는 이유이자 존재 이유이다. 소명은 받을 수 있는 선물인 동시에 걸어가야 할 여정이기도 하다.

하지만 살아갈 가치가 있는 소명에는 불편함이 따른다. 이를 잘 수행하기 위해서는 미래에 대한 어려운 결정을 내릴 수 있는 용기가 있어야 하기 때문이다. 구성원에게 목적의식의 함양과 목적에 맞는 의사결정을 하는 방법도 공유하여야 한다. 구체적으로 어떻게 실천하고 헌신하고 있는지를 전달하여야 한다. 구성원 자신이 조직의 목적에 어떻게 기여하고 있는지도 깊이 생각하도록 영감을 주어야 한다. 팀과 개인의 일상 업무를 조직 목적의 큰 그림과 연결시켜 영감을 확산시킬 수 있다. 예를 들면 제약회사에서 약품 개발을 담당하는 직원은 자기 업무로 개발된 제품이 사회에 얼마나 기여하는지 잊기 쉽다. 따라서 제약회사는 그들의 업무가 환자들의 삶에 어떠한 변화를 가져오는지 깨닫게 해야 한다. 직원과 팀이 자신의 업무가 동료, 고객, 사회, 지구를 위해 어떻게 세상을 더 나은 곳으로 만드는지 알 수 있도록 촉진자가 되어야 한다.

2. 최종 의사결정권자는
목적이 되어야 한다

모든 의사결정은 목적에 따른 결정이 되어야 한다. 성공적인 목적 경영 기업으로 알려진 유니레버의 CEO 폴 폴먼Paul Polman은 《맥킨지 쿼터리》에 기고한 글에서 목적에 따른 결정이 조직의 엄청난 족쇄를 제거할 수 있는 큰 성과를 얻었다고 했다. 그는 장기적으로 유니레버에 최선의 이익에 부합하는 것은 혁신을 추진 할 때, 목적과 가치를 기반하여 공통점을 찾도록 돕는 것이 무엇보다 중요하다고 했다.

의사결정과정에서 목적을 중심에 두면 사람들은 항상 "우리 회사가 추구하는 공동선에 어떻게 기여하고 있는가?"라는 질문을 던지게 된다.

회사나 팀의 규모와 관계 없이 리더로서 모든 변화를 우리의 존재 이유와 연결할 때 마법이 일어난다. 목적 경영 기업으로 알려진 세븐스 제네레이션의 CEO인 조이 버그스타인은 "조직의 목적과 사명과 비전(중간목표)을 인센티브와 연결하면 관심을 기울이는 대상이 늘어나며 이를 달성하기 위해 시간, 에너지, 자원을 투입하도록 동기를 부여할 수 있다"고 했다. 또한 팀이 목적과 사명을 달성하기 위한 방법을 모색하면서 혁신과 새로운 아이디어를 자극한다. 경영자는 중요한 결정을 내릴 때는 언제나 자신에게 물어보아야 한다. '내 결정이 회사 목적과 일치하는가? 이 결정에 대하여 자랑스럽게 이야기 할 수 있을까?' 목적 경영을 이루고 싶다면 직급관 관계없이

리더인 우리 모두 이 간단한 질문을 던져야 한다:

'내가 지금 내리는 결정이 우리 조직의 더 높은 목적에 부합하는가?'

3. 조직의 모든 메시지에 목적을 포함해야 한다

목적 중심 리더십에서 가장 중요한 것은 조직에서의 모든 소통과 메시지는 조직의 목적과 연결되어야 한다. 전통적 경영조직에서는 경영 목표에 대해서만 평가하고 보고서를 작성한다. 하지만 실상은 회사의 목적에 대한 평가를 하는 기업은 찾아보기 힘들다. 회사의 목적과 이윤과 균형을 유지해야 하는 것이 중요하다. 회사의 비즈니스가 고객과 사회를 어떻게 변화시키는지, 고객에게 미치는 영향을 생생하게 보여줄 수 있는 지표와 스토리를 찾아야 한다. 우리 회사가 어떤 사회 및 환경 프로그램에 참여하고 있는지, 탄소 발자국을 줄이거나, 보다 지속가능한 공급망을 구축하거나, 지역사회에서 활동하고 있는지?

예를 들면 한 제약회사는 자사 의약품을 통해 생명을 구하거나 상태가 호전된 실제 환자들의 사진을 사무실에 게시하여 이를 실천하고 있다. 회사 본관 로비에 조직이 하는 좋은 일과 의미 있는 방식으로 다른 사람들의 복지에 기여하는 방법을 지속적으로 상기시킨다. 이런 회사의 종업원은 나 자신보다 더 큰 선善의 일부가 된 듯한 기분이 들 수밖에 없다.

한 병원에서는 환자가 받은 치료에 대한 고객 스토리를 녹화하여 조직의 모든 부분에서 목적과 사명이 실행되고 있는 사례를 보여주었다. 직원들에게 자기 행동이 환자의 삶에 실질적인 변화를 가져오는 방법을 설명하고 모든 직원이 병원의 더 깊은 사명과 목적을 촉진하는 방식으로 생각하고 느끼고 행동하도록 영감을 주는데 이러한 동영상를 사용한다. 조직의 더 높은 목적과 연결될 수 있도록 돕기 위한 온보딩의 일부로 사용할 수 도 있다. 중요한 것은 목적의 메시지를 일관되게 유지하고 때로는 중복되는 것처럼 보일지라도 규칙적이고 명확하게 전달하는 것이다.

4. 조직의 모든 회의에도 목적이 있어야 한다

사회적 선의 시대에 지속가능한 존재우위 기업으로 남기 위해서는 규모나 참석자에 관계 없이 모든 회의에서 사명과 목적을 의제로 삼는 것이다. 이 시간을 활용하여 같이 목적선언문의 같이 공유하고 회의를 시작하며, 목적과 관련된 업무, 활동, 기회 및 성공에 대한 업데이트를 제공해야 한다. 모든 회의에서 누군가가 자신의 목적과 사명에 대해 이야기할 수 있도록 시간을 할애하는 것은 매우 바람직하다. 한 종업원의 목적과 사명을 성공적으로 수행한 사례를 정기적으로 공유하는 것은 다른 종업원에게 성찰과 영감을 줄 수 있다

회의 시간을 활용하여 회사의 더 높은 목적에 기여한 직원들의 공

로를 인정하거나 보상하라. 프로젝트와 운영 성공에 기여한 직원을 인정하는 것처럼, 사명과 목적에 기여한 직원의 역할에 대해서도 인정하라. 팀원 중 커뮤니티 프로젝트에 자원봉사를 한 사람이 있는가? 그렇다면 그들의 자신의 경험, 무엇을 했는지, 어떤 변화를 가져왔는지, 그리고 그것이 조직의 목적과 사명에 어떻게 부합하는지 공유할 시간을 주는 것은 더 깊은 동기를 부여하고 팀원들에게 영감을 준다.

5. 모든 구성원이 영향력을 발휘하도록 지원하라

모든 구성원이 자신의 업무를 더 큰 무언가와 연결하고 자신의 기여가 조직의 사명과 목적에 어떤 변화를 가져오는지 확인할 수 있도록 도와줘야 한다. 리더는 구성원과의 개인적 대화와 코칭을 통하여 구성원 개인의 목적의식을 조직에서의 업무와 연결할 수 있도록 서포트해야 한다.

또한 구성원 개개인의 목적의식과 의미를 활성화할 수 있는 프로젝트, 역할, 자원봉사 기회 또는 부서 간 이니셔티브를 찾아야 한다. 다른 업무 기술, 역량, 경험에 대해 논의할 때와 마찬가지로 이 부분을 학습 및 개발 논의의 일부로 삼아야 한다. 종업원의 커리어 개발 경로로서 배우고, 성장하고, 개인적인 목적에 기여할 수 있는 기회를 제공하는 것은 매우 중요하다.

회사 또는 부서가 지역사회에 활발히 활동하고 기여하고 있는지 사회적 또는 환경적 노력의 긍정적인 결과를 보여주어야 한다. 자원봉사 시간 50만 시간 또는 지역 공원 청소 100회 등과 같은 비전을 설정하고 성과를 응원과 축하를 하고 그들이 목적과 가치의 긍정적인 영향을 행동으로 느낄 수 있도록 하라. 이러한 성공적인 활동의 짧은 동영상과 콘텐츠를 구성원들이 공유할 수 있도록 네트워크를 제공하라.

6. 모든 부서에도 목적이 있어야 한다

회사의 모든 부서가 왜 존재하는지에 대한 날카로운 질문을 던져라. 그리고 각 부서만의 설득력 있고 고유의 목적을 찾게 하고 회사의 목적과 조직의 목적을 연계시켜라. 이 목적은 매년 개정되고 발전시켜야 한다. 또한 회사조직과 고객에게 그들만이 기여할 수 있는 가치가 무엇인지를 표현할 수 있어야 한다. 그 목적을 달성하기 위하여 매년 무엇을 달성할 것인지를 정량적으로 표현된 비전이 있고 이를 성과지표로 관리 할 수 있도록 하라. 결국 회사와 부서의 목적을 정량적으로도 평가할 수 있을 것이다.

어떻게 그들의 부서가 하는 일을 통해 회사의 사명과 목적을 발전시킬 수 있을까? 부서의 물리적 인원을 넘어 초월적인 특성을 생각할 수 있도록 격려하고 독려하라. 다른 성과지표처럼 부서의 목적에 대해 깊은 관심을 가지고 주간, 월간 등 정기적으로 논의하고 비전을 설정하라. 모든 부서원에게 자신이 수행하는 업무에 대하여 의미를 찾을 수 있는 개인의 목적선언문을 갖게 하라. 정기적으로 부서원들 각자의 업무가 회사의 사명 및 목적과 어떻게 연결되는지 공유해야 한다. 종업원들의 개인적 가치와 목적에 대해 열린 자세로 임하고, 그들이 관심 있는 대의명분이나 사명에 대해 책임감을 가질 수 있도록 하라. 부서의 의미 있는 일이 회사의 목적에 기여함으로써 어떻게 목적을 달성하는지 보여주는 것은 매우 중요하다.

다음은 부서의 목적을 찾기 위한 토론이나 워크숍에서 활용할 수 있는 유용한 질문들이다.

- 우리 부서는 회사에 왜 존재할까?
- 커뮤니티, 사회, 지구를 위해 어떻게 변화를 만들 수 있을까?
- 고객, 이해관계자들에게 가치를 더하려면 어떻게 해야 할까?
- 회사의 목적, 사명과 비전에 어떻게 기여할 수 있나?

7. 우리가 세상을 바꿀 수 있는 것처럼 행동해야 한다

사회적 선의 시대에 성공하기 위해서는 목적 중심 조직문화를 선도해야 한다. 그렇게 할 수 있다면 최고의 인재를 확보하고, 최고의 고객을 확보하고, 이를 지지하는 투자자를 유치할 것이라 확신한다. 하지만 혁신은 이 모든 것보다 더 큰 것이다. 여러분의 비즈니스가 세상을 바꿀 수 있는 것처럼 행동해야 한다. 비즈니스는 사회 정의, 환경, 지속가능성과 공동체의 상실 등 인류 사회가 직면한 과제를 해결하는 데 있어 고유한 역할을 담당해야 한다. 대부분의 국제적인 플랫폼기업은 전 세계를 상대로 비즈니스를 수행한다. 현재와 미래에 더 나은 세상을 만드는 데 초점을 맞춰 회사의 목적을 갖게 된다면 우리는 함께 우리 시대의 가장 큰 과제를 해결하는 데 도움을 줄 수 있다.

한때, 월마트가 공급망의 지속가능성을 높이기 위해 노력하기 시작했을 때, 이러한 움직임은 전 세계에 긍정적인 반향을 불러일으켰다. 이 한 기업이 지속가능한 미래를 만드는 데 큰 영향을 미치고 있는 것이다. 여러분도 세상을 바꾸기 위해 회사를 움직이는 사람이 될 수 있다. 2017년 미국이 파리 기후 협정에서 탈퇴를 결정했을 때, 수많은 CEO와 주요 기업들은 지속가능한 미래와 기후변화 대응을 위해 계속해서 앞장서겠다는 성명을 발표했다. 이 혁명은 단순히 더 많은 비즈니스나 더 많은 참여를 이끌어내는 것이 아니라 경영자로서의 우리의 유산에 관한 것이다.

이 목적 경영의 혁명은 목적이 업무에 스며들고, 비즈니스가 선의의 힘이 되며, 세상에 중요한 일을 하고 있다는 깊은 자각으로 인해 우리 각자가 더 행복해지고 더 연결되는 새로운 미래의 일부가 될 수 있는 기회를 갖는 것이다. 이러한 변화는 대기업뿐만 아니라 전 세계의 중소기업과 작업 현장에서도 일어날 것이다.

캐나다 통신회사 텔러스TELUS의 CEO 대런 엔트위슬은 "목적이란 경쟁정신을 죽이는 것이 아니라 좋은 일을 하기 위해 경쟁하는 것이다. 나는 사람들에게 우리 회사가 동종 업계에서 가장 친환경적인 부동산 플랫폼을 보유하고 있다고 말할 수 있는 것이 좋다."라고 직설적으로 표현했다. 세상을 바꿀 수 있는 것처럼 행동한다는 것은 바로 이런 의미이다. 우리 모두 얼마나 좋은 일을 할 수 있는지 경쟁해보자는 것이다. 목적 혁명에서 가장 중요한 것은 이처럼 아름다운 경쟁이다.

부록

우리 회사의
목적 중심 경영 수행 평가 리스트

이 책에서 읽은 내용을 생각하면서 우리 회사의 목적 중심 경영을 위한 리더십이 어느 정도 수준인지를 있는 그대로 평가해보자. 다음 항목들을 읽고 3점 척도로(1은 '아니다', 2는 '어느 정도 수행한다', 3은 '수행한다')로 적어 보자.

_____	나는 구성원들과 정기적으로 저의 목적과 가치에 대해 이야기한다.
_____	나는 정기적으로 부서의 목적과 우리 업무가 어떻게 변화를 가져오는 지에 대해 이야기한다.
_____	나는 회의에서 우리의 목적이 미치는 영향력에 집중할 수 있는 별도의 시간을 준다.
_____	나는 일대일 회의에서 구성원들이 목적과 자신의 업무가 변화를 가져오는 방식에 대해 이야기 할 수 있는 시간을 준다.
_____	나는 구성원들에게 동기를 부여할 때 프로젝트나 업무가 그들의 가치관과 연결되도록 돕는다.
_____	나는 각 구성원의 가치와 목적에 맞게 업무, 역할, 임무를 부여하려고 노력한다.
_____	나는 구성원들이 직장에서 자신의 소명을 찾도록 돕고, 그들의 가치와 열망, 그리고 그들에게 의미를 부여하는 요소에 대해 알아보는 시간을 갖는다.
_____	나는 구성원들이 자신의 일과 업무의 더 높은 목적에 연결될 수 있도록 돕는다.
_____	나는 부서의 업무를 회사의 목적과 연결하고, 목적에 대해 이야기하고 우리 부서가 이를 어떻게 지원하는지 이야기한다.
_____	나는 부서의 업무를 고객과 연결하고, 우리 업무가 고객에게 어떤 변화를 가져오는지에 대한 이야기와 정보를 공유한다.

_____	나는 부서의 업무를 공동체에서 우리가 하는 좋은 일과 연결하고, 우리 부서가 사회나 환경을 변화시키는 데 어떻게 기여하는지에 대해 이야기한다.
_____	나는 목적이나 가치와 관련된 업무와 공헌을 한 사람들을 인정한다.
_____	나는 부서와 협력하여 한 해의 목적과 관련된 목표를 설정한다.
_____	나는 부서원들과 함께 회사의 사회 및 환경 프로그램을 탐색하여 팀이 참여할 수 있는 새로운 방법을 찾는다.
_____	나는 회의시간에 구성원들에게 자원봉사 활동이나 기타 목적과 관련된 일을 공유할 수 있는 시간을 준다.
_____	예를 들어, 변화를 만들기 위한 팀의 노력을 인정하기 위해 부서 축하 행사나 이벤트를 후원하는 등 목적을 축하한다.
총	점
16~24점	의도적으로 시작할 시간이다. 목록을 살펴보고 집중력과 추진력을 얻기 위해 시작할 세 가지 항목을 선택하라.
25~35점	잘 진행하고 있는 편이다. 위로 올라가려면 세 가지 항목을 선택하여 더 많은 작업을 수행하거나 시작하라.
36~48점	계속 노력하라! 더 많은 일을 시작할 수 있는 것이 무엇인지 살펴보고 알고 있는 것을 공유하라.

고마움의 글

배운다는 것은 자기를 낮추는 것입니다.
가르친다는 것은 다만 희망에 대하여 이야기하는 것입니다.
사랑한다는 것은 먼 길을 함께하는 아름다운 동행입니다.

존경하는 신영복 선생님이 저에게 연학(研學)을 격려해 주시며 시서화에 담아 주신 글입니다. 베이비부머 시대에 태어나 대한민국 산업사회 시대의 증인으로서 하고 싶은 일보다는, 해야만 하는 보편적이고 현실적인 삶을 지속해왔습니다. 일과 삶의 균형이라는 학술적 용어는 사치로 알고 한길만 보고 열심히 살아왔습니다. 이제 인생의 3막을 시작하는 전환점에서 지나온 삶을 되돌아보며 성숙의 삶을 실천하며 살고 싶었습니다.

하지만 저에게는 영원히 다다를 수 없는 보편적 사고와 경험만 가득하다는 것을 깨닫게 되었습니다. 세상이 내가 살아가는 터전이고 나 또한 세상 속의 존재임에도, 저에게는 세상을 있는 그대로 바라볼 수 있는 능력이 부족하다는 것을 알게 되었습니다. 그래서 저에게 애정을 가진 분들의 만류를 뒤로하고 늦게 만학의 길에 기꺼이 뛰어들었습니다. 숨 쉴 수 있을 때까지 학습할 수 있는 그 길을 선택했습니다.

배워서 나누고 싶었습니다. 단 한 번뿐인 삶, 세상에 태어나서 내가 가진 고유한 역량과 재능을 나 자신만을 위해서만 살다 가기에는 아깝다는 생각이 들었습니다. 세상을 맑고 밝게 만들기 위한 문화적 족적을 남기고 싶었습니다.

이제 기업인이 아닌 학자로서 끊임없는 학습과 차분한 열정으로 이 세상을 원칙이 통하는 바른 사회로 만드는 밀알이 되고 싶습니다. 평생을 공공의 선을 위하여 이타적 행동을 실천하며 사는 진보인이고 싶었습니다. 이제 자신의 명예와 영달을 위한 삶보다는 자신만의 고유한 목적을 가지고 남의 성공을 크게 도우며 살기로 했습니다.

운이 좋게도, 대한민국의 진성리더이며 진성교수인 윤정구 교수와의 만남이 나의 삶의 변환점이 되었습니다. 저는 저의 삶의 목적을 찾았습니다.

"나는 대한민국 중소기업 목적경영 디자이너로 그들만의 민주화 경영으로 100년 기업의 족적을 남길 수 있도록 돕겠다."

이 말은 죽을 때까지 나의 목적이자 사명입니다. 그래서 비영리 목적경영학교를 창업하여 성공적으로 교육을 진행 중입니다. 이 책을 출간하게 된 동기도 나의 목적을 검증받고 실현하기 위해서입니다. 이 책이 대한민국의 중소기업 경영자, 소상공인 들의 필독서가 되어 경쟁우위가 아닌 존재우위의 기업으로 국가와 사회에 선한 영향력을 행사하며 종업원들과 함께 지속가능한 100년 기업으로 거듭나길 간절히 바랍니다.

오늘의 제가 있기까지 멘토로서 진정성 깃든 삶의 모습을 보여주신 이시형 박사님 존경하고 고맙습니다. 이 책이 출간되기까지 학문의 스승으로 가르침을 주시고 동기부여와 독려를 아끼지 않았던 이화여자대학교 윤정구 교수님과 기쁨을 같이하고 싶습니다. 고맙습니다. 또한 목적경영학교를 위해 애써주시는 이태우, 전미숙, 윤애경, 배정미, 이군상 셀파님 고맙습니다. 한국조직경영개발학회 회원님들에게도 감사드립니다. 언제나 소명을 가지고 자신의 위치에서 회사를 위해 헌신하고 있는 우리 회사 첨단엔프라의 모든 가족에게 고맙습니다. 사랑하는 아내 심미자, 소중한 큰딸 한보영, 하늘나라에서 기쁨을 같이해 줄 작은딸 한보슬 우리 가족에게 고맙습니다. 마지막으로 이 책의 출간을 위해서 최선을 다해주신 도서출판 청어의 이영철 사장님과 이설빈 편집장님 그리고 청어 가족분들에게도 진심으로 고맙습니다.

저자 한영수

사장님! 왜 사업을 하십니까?

한영수 지음

발행처	도서출판 청어
발행인	이영철
영업	이동호
홍보	천성래
기획	남기환
편집	이설빈
디자인	이수빈 | 김영은
제작이사	공병한
인쇄	두리터

등록   1999년 5월 3일
　　　(제321-3210000251001999000063호)

1판 1쇄 발행   2024년 1월 30일

주소　　　서울특별시 서초구 남부순환로 364길 8-15 동일빌딩 2층
대표전화　02-586-0477
팩시밀리　0303-0942-0478
홈페이지　www.chungeobook.com
E-mail　　ppi20@hanmail.net

ISBN   979-11-6855-217-3(03320)

이 책의 저작권은 저자와 도서출판 청어에 있습니다.
무단 전재 및 복제를 금합니다.